ブリッジブック 国際法

〔第3版〕

Bridgebook

植木俊哉 編

信山社

Shinzansha

第3版へのはしがき

　本書の初版は2003年，第2版は2009年にそれぞれ刊行されました。幸いにもこの間，予想以上に多くの読者の方々に本書を手にしていただき，このたび新たに第3版を刊行できましたことは，編者として非常にうれしく思います。

　世界で新たな事件が日々発生し，国際情勢が目まぐるしくする中で，「国際法」という国際社会のルールの基本を理解し，次の段階の専門的学習につなげることが『ブリッジブック』としての本書の目的です。国際法のダイナミズムと面白さ，そして同時に難しさの一端を，本書を通して伝えることができたとすれば幸いです。

　なお，本書全体を通じての一定の用語の調整等は編者の責任において行いましたが，本書中の記述は各執筆者の個人的見解であり，それは各執筆者が所属する機関の見解を示すものではありません。

　第3版の刊行に際しても，これまで同様に信山社出版編集部の柴田尚到氏に大変お世話になりました。ここに記して心より御礼申し上げます。

　2016年3月

植 木 俊 哉

はしがき

　法科大学院や公共政策大学院といった専門職大学院の設置が現実のものとなり，日本の法学・政治学に関する大学教育は，大きな変革の時期を迎えつつあるように思われます。とりわけ，法科大学院の設置は，法学の分野における大学での教育の力点を，学部段階での基礎的な法学教育から大学院段階での専門的・実務的教育へとシフトさせ，また法学教育の内容に関しても，いわゆる「六法」関係の実定法科目の教育がいままで以上に重視されて，国際法のような実定法ではないと「誤解」されがちな科目は，軽視される傾向が強まる可能性があります。

　しかし，インターネットが普及し，国境を越えて世界が瞬時にコンピューターで結ばれるグローバル化した現代社会では，民放，刑法，憲法といったいわゆる「実定法」とよばれる法も，国内法のみで完結した法秩序を形作るものはないといっても過言ではありません。国境を越えた契約関係や身分関係，国境を越えた犯罪や捜査，国境を越えた人権保障など，現代の「実定法」は，いずれも国際法との関係を正確に理解することなしにその全体像を把握することは不可能です。「実定法」さえ勉強すれば「国際法」など勉強しなくとも法律は完璧に理解できる──，このような誤った考え方をもった法曹実務家や大学教員が実は少なくありません。しかし，今後，社会のグローバル化がいっそう進み，国際法と国内法の相互浸透が不可避的に拡大していけば，このような考え方が完全に「時代錯

誤」のものであることに，法学を少しでも真剣に学ぶ人は必ず気が付くようになるでしょう。そして，そのような時代は現に到来しているように私には思われます。

　本書は，国際法の全体像を体系的に叙述した「体系書」ないしは「教科書」では必ずしもありません。大学に入学してこれから国際法の勉強を始めようとする人をおもに念頭に置き，国際社会でのさまざまな問題や事件，現象などが国際法によってどのようにとらえられ，規律されているのかを，可能なかぎり具体的にわかりやすく論じたものです。しかし，部分的にはかなり高度な内容の説明も織りこまれており，学部の専門課程の段階での，さらにその後の法科大学院や公共政策大学院等での，より専門的な国際法の勉強に問題関心がつながるよう工夫がされています。このような工夫がどの程度成功を収めているかは，読者の皆さんのご判断を仰ぐしかありませんが，本書が読者の皆さんの国際法に対する知的興味を刺激し，国際法のさらなる専門的な勉強への「架橋」をはかるものとなれば，編者として大変うれしく思います。

　本書は，以上のように通常の国際法の教科書や体系書とは若干異なる意図をもって企画されたものですが，執筆者の先生方にはこのような意を十分にお汲み取りいただいた上でご多忙な中で執筆にご協力をいだき，編者として心より感謝申し上げます。本書全体を通じての用語の調整等は編者が行いましたので，その責任は編者にあります。なお，本書中の記述は，各執筆者の個人的見解に基づくものであり，各執筆者が所属する機関等の見解を示すものではありません。

　最後になりましたが，本書をこのような形で世に送ることができるのは，企画段階から出版の最終段階にいたるまで，細心の注意を

払いながら編者を叱咤し続けていただいた信山社出版編集部の柴田尚到氏のご尽力の賜物です。この場を借りまして心より御礼申し上げます。

　2003 年 3 月

植 木 俊 哉

ブリッジブック国際法 第3版　Bridgebook

目　次

第3版へのはしがき

はしがき

第1講義　国際社会におけるルールのかたちとはたらき ····· 1
　　　　　　——大国も小国も法に従う

1　「条約集」に掲載されたものだけが国際法ではない（*1*）

2　国際社会にも「慣習」は存在する（*4*）
　　　　——国際慣習法の意義と限界

3　国際法がますます目に見えるようになる（*7*）
　　　　——国際法の法典化の意義と展望

4　国家による条約の締結と強行規範（*Jus Congens*）の形成（*10*）
　　　　——国家の併存と国際社会の一元化

5　どう考える国際法と国内法の関係（*13*）
　　　　——国際人権条約を素材として

第2講義　国家も約束をする ·· 17
　　　　　　——条約とはいかなるものか

1　条約は単なる口約束か（*17*）

2　さまざまな手続を経て条約は結ばれる（*21*）
　　　　——条約の締結と国会の役割

3　条約は一括して受け入れる必要がある？（*25*）

v

目 次

　　　──条約に対する留保

4 条約の締結と第三国の利害 *(29)*

　　　──条約の第三国に対する効力

第3講義 国家を軸に国際法は動いている ……………………… *34*

　　　──国際法主体としての国家

1 国際社会に存在する「国家」の現実 *(34)*

　　　──膨大な格差の存在

2 国際法は「国家」をどうとらえてきたか *(35)*

　　　──その歴史的展開

3 すべての国家には同じ法的権利が認められる？ *(37)*

　　　──国家の「基本権」

4 国家の主権は，どこまで及ぶのか？ *(39)*

　　　──国家の主権が及ぶ空間

5 国家の「平等」とは何か *(41)*

　　　──国家平等権と主権平等原則

6 国家は"永遠に不滅"ではないのか *(44)*

　　　──承認（国家承認・政府承認）と承継をめぐる問題

第4講義 外国の中に「母国」がある？ ……………………… *49*

　　　──外交官と領事官

1 生身の人間が担う国家の対外的活動 *(49)*

　　　──「外交官」と「領事官」

2 外交官と領事官の役割と任務 *(50)*

　　　──その異同

3 なぜ認められる外交特権と領事特権 *(53)*

目 次

———その根拠と具体的内容

4 亡命希望者の保護と外交使節・領事機関の公館 (*57*)

———「外交的庇護権」

5 国家元首・政府高官の国際法上の特権免除 (*59*)

———個人の国際法上の刑事責任の追及

第5講義 国際法に違反すれば責任を負う ……………… *61*
———国家の国際責任（国家責任）

1 国際法も「法」であるから (*61*)

———「国家責任」という1つの結果

2 誰の行為が国際法に違反したかというのか？ (*67*)

———国家責任の発生要件

3 被害を受けた国が責任を追及する (*74*)

4 被害国も納得する責任の果たし方 (*76*)

———国家責任の解除の方法

第6講義 地球規模でスタンダードを形成する ……………… *80*
———国際組織の発展とその役割

1 なぜ国際組織は生まれたのか (*80*)

———国際組織の登場

2 国際組織はどのように発展を遂げてきたのか (*82*)

———国際組織の歴史的発展

3 国際組織とは何か (*87*)

———国際組織の定義と要件

4 現在ではどのような国際組織が存在するのか (*89*)

———国際組織の類型

vii

5 グローバル化の中で国際組織は？（*91*）

──国際組織の今後の課題と展望

第7講義　人が住まないところには，"利害"が棲む……… *94*

──海と宇宙についての国際法

1 陸地以外の空間にも利益が隠されている（*94*）

2 海に関するルールとはどのようなものか（*96*）

──国連海洋法条約について

3 船舶の航行はどこまでも認められる？（*101*）

──旗国主義と無害通航権

4 海の資源をめぐって国家は対立する（*104*）

──資源をめぐる日本と世界

5 宇宙にもルールが存在する（*110*）

第8講義　国際環境を法が守る………………………… *115*

──環境問題と国際環境法

1 環境問題は変化し拡大している（*115*）

──国際的な環境保護と法

2 環境保護のために有効な規則を作るには（*118*）

──条約と「ソフト・ロー」

3 環境をめぐる争いを予防し解決する（*121*）

──国際的な環境問題の解決システム

4 「環境」と「経済」は切り離せない（*128*）

──環境の保護や保全と経済発展

目 次

第9講義 国際法がヒトを守る ……………………………………… *135*
　　　　　——人権の国際的保障

1 国際法は国家だけのものではない（*135*）

2 国家と人（*138*）

3 国際社会はなぜ人権を国際的に保障することにしたのか（*142*）
　　　　　——第二次大戦からウィーン会議まで

4 人権の国際的保障の仕組み（*148*）
　　　　　——国連と人権

5 地域的人権保障と今後の展望（*154*）
　　　　　——ヨーロッパとアジア

第10講義 国際社会の構造変革はまたヨーロッパから？ …… *158*
　　　　　——ヨーロッパの統合

1 「ヨーロッパ統合」（*158*）
　　　　　——その歴史的な背景と意義

2 「ヨーロッパ統合」半世紀の歩み（*160*）
　　　　　—— EC と EU の発展

3 21 世紀における「ヨーロッパ統合」の次なる段階（*163*）
　　　　　——その将来像の模索

4 「EU」とは何であるのか（*166*）
　　　　　——「EU 法」の法的性質

5 ウエストファリアからマーストリヒトへ，そしてどこへ？（*168*）
　　　　　——「ヨーロッパ統合」の国際法上の意義とわたしたち

第11講義 武力を用いずに紛争を解決する ……………………… *171*
　　　　　——紛争の平和的解決

ix

1 武力を必要とする前に解決する （*171*）

  ——国際社会と紛争

2 国際紛争を裁判で解決する （*175*）

  ——国際的な裁判制度

3 実際の国際紛争とその解決プロセス （*183*）

第12講義　戦争違法化は安全保障につながるか ……………… *194*

  ——国際社会と安全保障

1 かつて戦争は正当な行為だった （*194*）

  ——武力行使の禁止の実現への道のり

2 集団安全保障とはどのようなものか （*198*）

3 集団安全保障体制の限界を補完する （*204*）

  ——安全保障と総会，地域的機関，PKO

第13講義　食卓は世界につながる ………………………………… *213*

  ——自由貿易体制と国際法

1 貿易なしでは立ちゆかない （*213*）

2 貴重な役割を果たした GATT （*216*）

  ——その歴史的展開

3 ようやくできあがった WTO （*220*）

4 日本と WTO （*225*）

第14講義　国際法は人類の幸せに寄与するか ………………… *229*

  ——難民・犯罪・インターネット・テロリズム・NGO

1 国際社会が変われば国際法も変わるのか （*229*）

2 人は国境を越える （*231*）

目 次

3 犯罪も国境を越える (*236*)

4 テロとの闘い (*245*)

5 個人も国際法に寄与できる (*247*)

第15講義 戦争であっても許されないことがある ………… *251*
　　　　——国際人道法というルール

1 禁止されても戦争はなくならない (*251*)
　　　　—— 1990 年代以降の新しい戦争

2 「人道」が残虐な行為の防波堤となる (*254*)
　　　　——国際人道法の基本原則

3 国際人道法とはどのようなルールか (*257*)
　　　　——兵器の使用の禁止と犠牲者の保護

4 国際人道法を守らせるためには (*263*)
　　　　——履行確保と国際刑事裁判所

第16講義 日本と国際法 ……………………………………… *270*

1 戦後は国際法とともに始まった (*270*)

2 日本の領土問題 (*273*)

3 日本が条約を結ぶには (*279*)

4 日本の中で国際法を使う (*284*)

欧文略語一覧

事 項 索 引

xi

〈執筆者紹介〉

五十音順

植 木 俊 哉*（うえき・としや）　　東北大学理事，大学院法学研究科教授
　　　　　……………第 3 講義，第 4 講義，第 6 講義，第 10 講義

尾﨑久仁子（おざき・くにこ）　　国際刑事裁判所（ICC）副所長，判事
　　　　　………………………第 9 講義，第 14 講義，第 16 講義

河野真理子（かわの・まりこ）　　早稲田大学法学学術院教授
　　　　　………………………第 8 講義，第 11 講義，第 12 講義

坂 本 一 也（さかもと・かずや）　　岐阜大学教育学部准教授
　　　　　………………………第 5 講義，第 7 講義，第 15 講義

山 本　　良（やまもと・りょう）　埼玉大学大学院人文社会科学研究科教授
　　　　　…………………………第 1 講義，第 2 講義，第 13 講義

＊編者

Bridgebook

第1講義
国際社会におけるルールのかたちとはたらき

大国も小国も法に従う

1 「条約集」に掲載されたものだけが国際法ではない

❖国家はさまざまな規範によって規律されている

　国際社会において，国家が何らかの行動をするとき，その行動はさまざまな規範によって規律されている。その規範は，たとえば，条約のような明確な国家間の合意のときもある。あるいは，国連総会決議のように，国家に対して必ずしも具体的な権利を付与したり，義務を課したりするものではない文書のときもある。

　一般に，条約 とは，国家間の文書の形式による合意で，国際法により規律されるものをいう（条約法条約2条(a)）。大学の国際法の講義では「条約集」を用意することが求められると思うが，条約集は国際社会における重要な条約と，日本が結んでいる主要な条約を集めたものである。国内法の勉強に「六法」が必携であるのと同様に，国際法の勉強には条約集は不可欠である。

　もちろん，国際法の勉強は条約集をそのまま「暗記」することではない。ただし，重要な条約とその条文に関しては，正確な文言を覚えていなくても，ある程度その内容を理解しているほうがよい。

1

それは，ちょうど日本国憲法を勉強するときに，第1章は「天皇」を扱い，第3章は「国民の権利及び義務」（つまり人権）を扱っているということを知っているほうがよいのと同じである。

ところで，条約集に掲載されている条約だけが国家の行動を規律しているわけではないことも，容易に想像がつくだろう。それでは，国家の行動はいかなる規範により規律されているのだろうか。ここでは国際社会の構造の特徴にまでさかのぼって，この問題を考えてみることにしよう。

◈国際社会での法のつくられ方は国内社会とはこんなに違う‼

今日では，多くの人々は，地球上の諸国家の総体を「国際社会」と呼ぶことにあまりためらいを感じない。実は，こうした国家の集まりを「国際社会」と呼ぶことができるかどうかに関しては，従来議論があった。しかし，今日一般的な意味では，多くの国家に共通な価値や利益が存在しており，諸国家の総体は本当の意味で「社会」と呼ぶにふさわしい実体を備えているといってよいだろう。

この国際社会の構造は，国内社会とは非常に異なっている。国内社会のような議会（立法機関）もなければ，政府（行政機関）もないからである（裁判所は存在するが，その仕組みは国内裁判所とは大いに異なる。第11講義参照）。国連という組織は存在するものの，それは世界政府ではないし，国連総会も国際的な立法を行う権限を認められた議会ではない。

したがって，国家の行動を規律する規範は，国際社会において統一的につくられるわけではないのである。地球上のすべての国家を当事国とする多数国間条約は未だかつて一度も存在したことがないし，これからもおそらく存在しないだろう。

また，国際社会における国家の行動を規律する規範は，一元的につくられるわけでもない。一般国際法としての役割を果たしているとされる国際慣習法は，自生的な（spontaneous）性格をもっているからである。つまり，極端にいえば，国際社会では「国家の行動を規律する規範は何か？」という問題が常に議論の対象とされ，時代とともにその解答が変化していくような社会なのである。

◈それでもやはり国際法は「法」だ

このように述べると，国際社会はずいぶん法的に不安定な性格の社会だと感じる人が多いかもしれない。「万物は流転する」と述べた古代ギリシアの哲学者のヘラクレイトスではないが，まるで何一つ確かなものがないかのような印象を受けるかもしれない。しかし，国際社会を国内社会と対比して考えるとき，国内社会やそこにおける法を無意識のうちに過度に安定的，固定的なものと考えてはいないだろうか。逆に，国際社会や国際法を必要以上に不安定で流動的なものと考えてしまってはいないだろうか。それらはいずれも正確な理解ではない。

国内法も，時代や社会の移り変わりとともに変更されることはいうまでもない。また，制定法の改廃とは異なり，判例の変更のようにその仕組みが必ずしも秩序だってはいないものもある。逆に，国際法の場合，多数国間に共通する利益の保護を目的とした条約が，今日ではある程度組織的に形成されるようになってきている。また，条約以外の不文の規範も，いやしくもそれが法の名に値するためには，満足しなければならない要件が定められているのである。つまり，国際法は分権的な性格をもつ国際社会に存立するものではあるが，それでもやはり法と呼ばれるにふさわしい形式と実体を備えて

いるのだ。

それでは，今日の国際社会において国家の行動を規律する規範は何だろうか。何を「国際法」と考えればよいのだろう？ これに関しては一応の合意がある。それが「国際法の法源」である。

❖国際法の法源とは何だろう

「法源」という言葉は，国内法と同様に，国際法でも用いられる。その意味内容は多義的であるが，一般的には法の形式的な存在形態を意味する。すなわち，「どのような形で法が存在するか」ということである。一般に，国際法の場合，条約，国際慣習法，そして文明国が認めた法の一般原則 が国際法の法源とされる（国際司法裁判所規程 38 条 1 項）。このうち，特に重要なのは，条約と国際慣習法である。法の一般原則とは，世界の主要な法体系に属する諸国の国内法に共通の原則で国際関係に適用可能なものをいうが，条約や国際慣習法と比べれば補助的な法源にとどまる。条約に関しては第 2 講義でまとめて取り上げるので，次の節では国際慣習法について述べてみよう。

2 国際社会にも「慣習」は存在する
──国際慣習法の意義と限界

❖国際慣習法はすべての国家に適用される

地球の表面の約 70％は海洋であるが，海洋は広い公海と，国家の沿岸につらなった比較的狭い領海に分けることができる（排他的経済水域はここでは一応除外して考える）。そして，公海には，いかなる国家といえどもその海域を自分の領海に編入することができな

いと同時に，いずれの国家も自由に海洋を使用することができるという「公海自由の原則」が妥当している（第7講義参照）。

また，国家の領土と領水（領海，内水および群島水域の総称）の上空は領空と呼ばれる。いずれの国家の航空機も，他国の領空を許可なく飛行することは禁止されている。許可なく飛行すれば，領空侵犯として即刻退去を求められる。軍用機の場合は，攻撃を受けたとしても文句はいえない。これら2つの国際法上の基本的な規則は，いずれももともとは国際慣習法として成立したものである。

「慣習」という言葉は，それ自体一定の行為の反復や継続という意味を含んでいる。そして，統一的な立法機関が存在しない国際社会では，国際慣習法が，地球上のすべての国家に適用されるものとして，実は非常に大きな役割を果たしてきたのである。

❖国際慣習法はどのように成立するのだろう

もっとも，条約が形成される手続と比較すると，国際慣習法の形成の仕方はあまり明確ではない。国際慣習法は具体的にどのようにしてつくられるのだろう？　国家が習慣として反復している行為はたくさんあるが，そのうちのどれが国際慣習法であるといえるのだろうか。こうした疑問がわいてくるのは当然だろう。

このような疑問に対して，国際裁判所の判決や学者が用意した解答は，国家が習慣として繰り返している行為が「法」と呼ばれるためには，次の2つの要件を満足しなければならないというものであった。すなわち，大多数の国家が同じような作為または不作為を繰り返しているという意味での「一般慣行」と，そうした作為または不作為が法により命じられ，あるいは禁止されているとの認識の下に行われているという意味での「法的信念」（*opinio juris*）（「法的確

信」ともいう）が存在しなければならないというものである。

❋人間でもないのに国家は「信念」をもつのか？

けれども，さらに進んで考えてみると，自然人ではない国家の「行為」とは何だろうか。さらに国家の「信念」とはいったい何だろうかという疑問がわきおこってくるであろう。

国際慣習法の存否を判断した国際裁判所の判決や学説を点検してみると，実にさまざまなものが国家の行為とみなされていることがわかる。船舶の拿捕といった具体的・物理的行為から，条約の締結や関連する国内法令の制定，国内裁判所の判決，外交文書や国際会議などで表明される国家の立場，国際機関における投票行動，さらにはマスメディアに対する政策の表明といったかなり抽象的なものまでが，時と場合に応じて国家の行為と考えられているのである。

また，国家は人間ではないのだから，国家に対して人間と同じ意味での心理的な「信念」を求めることはナンセンスである。そこで，法的信念とは，国家が一定の行為を一貫して繰り返しているということから，一定の行為を反復することが法律上求められていると当該国家が考えているとみなされる，という趣旨のものであることがわかる。つまり，一種の法的擬制（legal fiction）である。「一般慣行」と「法的信念」というこれら2つの要件は，国際社会において国際慣習法を認識するために編み出された法技術なのである。大国だけでなく，小国といえどもこうした2つの要件の成立に対して貢献することができるため，国際慣習法の成立のプロセスは，実はたいへん「民主的」であるということもできるだろう。

❖しかし国際慣習法にも欠点がある

国際慣習法は伝統的に非常に重要な役割を果たしてきたが，何よりも不文法であるため限界もある。すなわち，個々の国際慣習法規則の成立時期を特定することは，しばしば容易ではない。それどころか，ほかならぬ特定の問題に関する国際慣習法規則の内容自体が，必ずしも明確ではないことも稀ではない。条約と比べて，これは大きな欠点といわなければならない。

そこで誰もが連想するのは，国際慣習法をより明確にすべきではないかということである。そして，国際慣習法は不文法であるため，文書の形に書き写せばその内容がより明瞭になり，弱点が克服されるのではないかと考えられた。一般に，国際法に限らず，不文法を体系的に成文化することを「法典化」という。そこで，節を改めて，国際法の法典化の問題を論じることにしよう。

3 国際法がますます目に見えるようになる
—— 国際法の法典化の意義と展望

❖いままで国際法の法典化はどのように行われてきたのだろう

国際法の分野で法典化を初めて提唱したのは，「最大多数の最大幸福」を唱えた英国の功利主義哲学者として名高い ベンサム であった。彼は国際法の内容がしばしば不明確であることから国家間の紛争が生じると考え，国際法の内容を明確にすれば国際紛争を回避することができると考えたのである。また，必要な場合には国際慣習法の内容を改善すべきだとも考えた。

もっとも，ベンサムのような個人の主張は，たとえどんなに核心を衝いたものであっても，それだけでは国際法の形成にはいたらな

7

い。学者の主張は，それだけで新たな国際法をつくったり，それを修正することができるわけではない。国際法を形成する能力をもつのは，基本的には国家である。

それでは，国家が主体となって行われた重要な法典化としては，過去にどのようなものがあったのだろう？　その代表例は，19世紀から20世紀へ移り変わる時代に開催された2度のハーグ平和会議（1899年および1907年）と国際連盟の主催により開催されたハーグ国際法典編纂会議（1930年）である。ここでは，その詳しい内容については述べないが，少しマクロ的な観点からこれらについて論じてみたい。

19世紀末から20世紀にかけて，当時の国際社会のほとんどの国家が参加したハーグ平和会議という一大国際会議が開催されたことは，きわめて示唆に富むといえるだろう。国際関係の歴史を概観してみると，世界規模の大戦が行われ，その講和会議が開催され，結果として戦後秩序が形成されるというパターンが繰り返されてきた。近代国際社会の誕生の契機とされる三十年戦争後の1648年のウエストファリア講和会議がその例であるし，ナポレオン戦争後の1815年のウィーン会議もまた然りである。国連をつくった1945年のサンフランシスコ平和会議も，その例にもれない。しかし，2度のハーグ平和会議は大戦の講和会議として開催されたのではない稀有な例である。それはなぜだろうか。

やや大胆に単純化して述べると，国際社会が共同で取り組むべき問題の存在やその意義が，ちょうどこの頃から認識されるようになったからである。それ以前の時代には，国家と国家の関係は，相互依存関係がいちじるしく進展した今日のように緊密なものではなかった。それは，あたかも空間のなかに散在する「原子」のようなも

のであったとたとえられることもある。しかし，国家が単独では十分に処理しえない問題が存在することが認識されるようになり，そうした問題が次第に増えるようになると，複数の国家が力を合わせてその解決に取り組むようになる。その結果，複数国家に共通する利益の存在が認められ，多数国間条約によって規律することが行われるようになる。まさしく，20世紀が多数国間条約の締結の飛躍的増加により特徴づけられる所以である。ハーグ平和会議やそれに引き続く国際法典編纂会議の開催こそ，そうした国際社会の変化を体現した一大国際会議であったということができよう。

◈現在では国際法委員会によって国際法の法典化が行われている

　それでは，今日の国際法の法典化は，主にどのような機関によって行われているのだろう？　その答えは，国際法委員会（ILC）である。ILCは，「国際法の漸進的発達及び法典化」の奨励（国連憲章13条1項）という目的のために，1947年に国連総会の補助機関として設立された。ILCは世界の主要文明および法体系を代表する形で，個人的資格で選任された国際法に有能な委員から構成される。その趣旨は，ILCは専門家の集団であり，権力政治的なやり取りを行う場ではないということである。当初，委員の数は15名だったが，国連加盟国の増大にあわせて次第に増員され，現在では34名となっている。このILCこそ，国際法の法典化について，今日まで多大な成果を上げてきた機関である。

　手元にある条約集に目をとおしてみよう。「外交関係に関するウィーン条約」や条約法条約（「条約法に関するウィーン条約」）が収録されていると思うが，これらはいずれもILCが草案を作成したものだ。また，国連海洋法条約（「海洋法に関する国際連合条約」）がつ

9

くられる以前は，1958年のジュネーヴ海洋法会議で採択された4つの条約が海洋法の基本的なルールを定めていた。これらの条約も，ILCが草案をつくったものである。もちろん，ILCだけが国際法の法典化を行っているわけではなく，国際人権規約や先ほどふれた国連海洋法条約のようにILCが関与することなしにつくられた重要な条約もある。しかし，それでもILCの果たしてきた役割は，決して過小に評価されるべきではない。それは，国際社会一般の利益を念頭においた法形成であると考えることができるからである。

◈これからの法典化はどうなるのだろう

ただ，ILCが国際法の法典化を進めてきた結果，法典化を行う必要性があり，かつ十分な先例や慣行が存在するトピックスがだんだん少なくなってきたことも事実である。そのため，最近では，「ILCはもはやその任務を終えた」という意見も一部でささやかれることがある。筆者自身はそうは思わないが，この点は大学の先生と演習などの機会に議論してみたらよいのではないだろうか。

4 国家による条約の締結と強行規範 (*Jus Cogens*) の形成
——国家の併存と国際社会の一元化

◈国際社会と国内社会はどのように違うのだろう

先ほど，ILCにより法典化された条約として，条約法条約を取り上げた。この条約では，実は重要な意義をもつ条文が設けられた。一般国際法上の強行規範に関して規定した53条である。この条文自体については後でもう少し詳しく述べることにして，ここでは国際社会と国内社会の構造的な違いについてもういちど述べておこう。

今日では，地球全体に関わるような問題がますます増加する傾向にある。たとえば，環境保護の問題がそうであるし，経済的に貧しい国々をどのように援助するかという問題も，そういうことができるだろう。けれども，他方では，わたしたちはそれぞれ個々の国家に帰属して，毎日の生活をおくっている。ここでいう「帰属」とは，国籍という「絆」を通じて，日本人であれば日本という国家に，米国人であれば米国という国家に法的に結びついているという意味である。海外旅行をする際にパスポートを取得すれば，このことは一目瞭然である。

国家であればそこには必ず政府か存在し，法が制定される。犯罪が生じた場合には，犯人がとらえられ，裁判が行われて処罰されるというような形で，社会の秩序が保たれているはずである。つまり，国家は絶大なる権力をもっているわけで，近代国家が誕生した頃は，国王にその権力が集中していた。現代では，ほとんどの国々で民主的に選ばれた人々から構成される政府にこうした権力が負託されている点が異なる。もっとも，一定の領域とそこにいるヒトやモノに対して権力による支配がなされていることには，変わりはない。

ところが，国際社会にはこうした政府が存在しないのである。つまり，権力が集中していないのである。そのため，国際社会は，「分権的社会」であるといわれる。それは，たとえば対等な者どうしの集まり，リーダーのいない集団，ちょっと先生が席を外した小学校のクラスとでも考えればいいかもしれない。

◇国家は何を合意しても自由だった‼

こうした国際社会では，国家間に結ばれる条約は，国内での私人間の契約と同じようなものと考えられた。大学の法学の講義では，

第 1 講義　国際社会におけるルールのかたちとはたらき

近代法の原則として「**契約自由の原則**」を習うと思うが，国家と国家もお互いに納得すれば，どのような内容の条約を締結しても自由であると考えられてきたのである。

　もっとも，国内社会でも，契約自由の原則は完全に貫かれているわけではない。たとえば，当事者が納得したからといって，人身売買を目的とする契約が認められないのは当然である。また，出資法（「出資の受入れ，預かり金及び金利等の取締りに関する法律」）に定められているように，金銭の貸付けを業とする者が一定以上の非常に高い利息をとることは，たとえ当事者が納得したとしても処罰の対象とされている。なぜだろう？　その理由は，このような契約は，かりに当事者の納得ずくであったとしても，社会全体の秩序を脅かすからである。それゆえ禁じられ，処罰されるのである。つまり，国内法の中には当事者の合意によって逸脱することができる規範（「**任意規範**」といわれる）と，たとえ当事者が合意したとしても逸脱できない規範（「**強行規範**」といわれる）の 2 種類があることがわかる。

　ところが，国際社会では，もっぱら任意規範だけが存在し，強行規範は存在しないと考えられてきた。なぜならば，強行規範が存在するための前提としては，国家により構成される「社会」が存在し，尊重されるべき「秩序」が存在しなければならない。しかし，そうした社会や秩序の存在が，国際社会では否定的に考えられてきたからである。いわば，『ベニスの商人』でシャイロックが結んだような相手の胸肉 1 ポンドを借金のかたとする契約も，認められる社会であるとされてきたのである。

12

◈条約法条約と国際法の強行規範

さて，条約法条約に話を戻そう。この条約は，1969年に採択されたが， 条約の無効原因 を列挙したところで一般国際法上の強行規範と抵触する条約は無効であると規定した（53条）。強行規範とは，いかなる逸脱も許されない規範として，国際社会全体が受け入れかつ認めた規範である。つまり，国際社会にも，任意規範だけでなく強行規範があることを明確に承認したのである。これは，国際社会の構造に関する認識において，コペルニクス的転回が生じたということを意味している。もちろん，このときに強行規範が突然出現したわけではない。しかし，以前から学説などで主張されてきた考えが国際社会の実態に合致するものとして認められ，多くの国家がそれを受け入れた点が重要なのである。

ところで，国際法上の強行規範とは具体的に何を指すのだろう？実は，この点に関しては条文の中で述べられていない。しかし，その内容に関して，ある程度の合意はある。たとえば，侵略戦争の禁止や，力による植民地支配の禁止などがその典型的な例である。したがって，こうした規範に反する合意は，たとえ当事者が結んだとしても，はじめから無効である。このことは，やはり国際社会が「本当の意味」での社会に成熟しつつあることの，ひとつの証しであると考えてよいだろう。

5　どう考える国際法と国内法の関係
──国際人権条約を素材として

◈国際法と国内法の関係にはみんな悩んできた

最後に，第1講義の締めくくりとして，国際法と国内法の関係

について述べておこう。国際法と国内法は，どのような関係にあるのだろうか。国家は条約を締結することにより国際義務を負うが，その義務と対立する内容の法律が国内にある場合，どうなるのだろうか。また，国際慣習法と国内法はどのような関係にあるのだろうか。

このような問題は，国際法が同盟条約や講和条約の締結といった国家と国家のあいだだけの問題ではなく，人権の保障などの国家の内部の問題にまで浸透するようになるにつれて，次第に意識されるようになった。そして，多くの学者にとって，実はこの問題は非常に長いあいだ悩みの種だったのである。

ただ，国際法と国内法の関係を理論的あるいは哲学的に把握することと，国家が実際にどのように条約を国内的に受容し，国際義務を実現しようとしているかという問題は，必ずしも同じではない。国家が条約を結ぶことにより，国内法秩序は確かに影響を受ける。けれども，条約に入ることによって個々の国家の国内法が自動的に一元化されてしまうとは限らないのである。

◈条約によって国内法の体制は変わる？

国家が条約を締結する際には，条約の内容と国内法とがぶつかり合う（「抵触」という）ことのないように，きわめて慎重な検討が行われるのが普通である。日本の場合，条約の内容に応じて，関係各省庁との協力のうえ，外務省や内閣法制局が中心となってその任に当たる。そして，最終的には，条約規定と国内法とのあいだに抵触が存在する場合は，国内法を改正したり，新たな規定を設けることが必要となるのである。たとえば，**女子差別撤廃条約**（「女子に対するあらゆる形態の差別の撤廃に関する条約」）を批准する際，日本は国籍法を改正して，国籍の付与の仕方を従来の父系優先血統主義から

父母両系血統主義に改めた。これは国内法の改正により，国際義務と国内法の調和をはかった例である。

　また，国内法を改正するのではなくて，政府のような行政機関の措置を通じて，国際義務と国内の法体制が矛盾しないようにすることもある。さらに，解釈という手法を通して，条約規定と国内法の抵触が回避されることもある。以上から明らかなように，条約を結ぶことによって，国家の国内法体制は影響をこうむるのである。

　もっとも，国家が国際義務をどのような形で国内的に実現するかに関しては，基本的には各国家に任されている場合が多い。国家が条約を結ぶことによって，国内的に立法のような特定の措置をとることが要求される場合は，それほど多くはない。その結果，国家は自国にとって最も適切な方法で——自らの裁量に基づいて——条約の内容を実現するのである。

　つまり，国家がどのような形で国際義務を受容するかに関して決めるのは，国際法ではなく各国の憲法体制である。そして，人権の国際的保障に典型的にみられるように，国家の国内法体制が異なることを前提とした上で，国際基準の平準化をはかろうとするのが今日の国際社会の姿なのである。それは別段「病理的」なことではなく，今日の国際社会を構成する約200の国家が，各々異なる憲法体制をとっていることの「生理的」な反映といえるだろう。西ヨーロッパにおいて，現在のような国家が初めて誕生してから350年以上がたった。これは人類の歴史全体からみれば，それほど長い期間とはいえないかもしれない。しかし，国家が併存するというこのような状況は，今後も相当程度継続すると考えられよう。

15

❖わたしたちの「暮らし」と国際法

このようにひとすじ縄ではいかない形ではあるが，わたしたちの「暮らし」が国際法による影響をますます受けるようになっていることは確かである。それは食生活一つをとってみても明らかであるが，わたしたちが享受する権利を考えれば，なおさらそのようにいうことができるだろう。このことを念頭において，次の講義に進むことにしよう。

〔参考文献〕

田畑茂二郎『国際法の話』（日本放送出版協会，1966）

石本泰雄「国際法と国内法の関係」寺沢一・内田久司編『国際法の基本問題（別冊法学教室）』（有斐閣，1986）

田畑茂二郎「国際法におけるユス・コーゲンス」『現代国際法の課題』（東信堂，1991）

村瀬信也「国際法委員会における立法過程の諸問題」「現代国際法における法源論の動揺」『国際立法』（東信堂，2002）

Bridgebook

第2講義

国家も約束をする

条約とはいかなるものか

1 条約は単なる口約束か

❖史上最古の条約

　第1講義の冒頭でふれたように，条約とは国家間の文書の形式による合意で，国際法により規律されるものを指す（条約法条約2条1項(a)）。実は，国家間の合意が口頭で行われた例も存在するが，今日では重要な合意はほとんどすべての場合文書の形式をとるといってよいだろう。

　国家間で合意が行われた例は，実は非常に古くから存在する。国際関係の歴史をひもといてみると，すでに紀元前3000年頃にメソポタミアの都市国家間に「条約」が結ばれていたという。それは粘土板にくさび形文字で刻まれたものであった。もちろん，こうした条約が現代の条約と質的に同じであるというわけではない。当時の国家は，今日の国家とは大いに異なる。それゆえ，当時の国家間に結ばれた合意も，今日の条約とただちに同一視することはできないのである。

　それでは，現在の国際社会やそこにおいて機能する国際法の起源

17

はいつ頃かというと，通常は17世紀中頃の西ヨーロッパに求められる。国際法は，もともとそこでの対等な主権国家間の合意として成立してきたものだ。そして，国家は，実際の国土の大小や政治力・経済力の強弱にかかわらず，法的・形式的に平等とされた。その結果，こうした国家間に締結される合意（条約）は，ちょうど国内での対等な私人間に結ばれる合意（契約）に類似したものと考えられたのである。

　このような経緯から，国際法の解釈や適用をするときは，しばしば国内法，それも私法が参照された。それは，中世ヨーロッパに継受されたローマ法の影響を大きく受けたものでもあった。それゆえ，こうした方法や思考様式に注目した学者が，それを「私法類推」と命名したのである。

　もちろん，条約と契約を類似したものとしてとらえる方法は，二国間条約に対してはうまくあてはまるが，多数国間条約の場合には必ずしもそうはいかない。したがって，今日のように多数国間条約が隆盛を極めている時代では，「私法類推」が昔日のように威力を発揮しているわけではない。しかし，国際法の勉強を進めていくと，いくつかの鍵となる概念にラテン語が用いられていることに気付くだろう。国際法に限らず，これは今日の法律学がいかに多くをローマ法に負っているかということの何よりの証拠である。

◈「合意は拘束する」

　ところで，国内社会でも，約束（契約）はきちんと守られることが前提とされるからこそ，人々は売買や貸借，その他さまざまな問題の処理のために契約を結ぶ。もし，契約を結んでも人々がその神聖性（sanctity）を尊ばずに，簡単に無視してしまうのであれば，

契約を結ぶ意味がない。

国際社会でも事情は同じである。「**合意は拘束する**」（*pacta sunt servanda*）というラテン語の法諺が国際法の根本規範とされることがあるのは，このためである。また，国内社会と比較すると，国際社会には整備された履行強制の仕組みが存在しない。それゆえ，なおさら合意が尊重されなければならないといえそうである。

たしかに，「条約は一片の紙切れに過ぎない」というような国際法に対する露骨きわまりない侮蔑がなされたことも，過去にはあった。けれども，今日ではこうした考えをとる人はひとりもいないだろう。また，このようなかたよった考え方は，現状の説明としても正しくない。

◈ほとんどの場合，実は条約はよく守られている

「条約はよく守られている」というと，あるいは首をかしげる人もいるかもしれない。しかし，それは初学者が国際法の「脆弱さ」という先入観に毒されがちだからである。国際法の勉強を進めていくと，条約（および国際慣習法）は，実はよく守られていることがわかる。たしかに，国際法がきちんと遵守されていることを，統計的に示すことはむずかしい。しかし，この点に関しては国内法も同じである。また，自動車の速度規制のように，国内法でも実際にはほとんど守られていないものもあることに鑑みれば，国際法の遵守の程度は国内法に比べても遜色はないといってよいと思う。

ただ，条約に反して国家が中立を破って他国に攻め込んだとか，外交官を人質に取ったというようなマスメディアに大々的に取りあげられるようなケースが現実に存在し，その結果がしばしば非常に重大な場合があることは，たしかに事実である。また，こうした事

例から、「国際法は強制力がない」といった印象が流布することもあった。しかし、これは条約がきちんと遵守されないケースだけが、しばしばクローズ・アップされる場合が多いことによるものだともいえる。「犬が人に咬みついてもニュースにならないが、人が犬に咬みつけばニュースになる」のと同じ理屈である。

さらに、より重要な点として、国家が条約を守らないときでも、必ずといってよいほど、そのような国家は国際法に基づいて自らの行為の正当化を行っている。たとえば、それが国際違法行為に対して被害国が正当に行使できる対抗措置であるとか、条約締結の際に合意の不可欠の基礎をなしていた事情が変更したという具合にである。

逆に、今日ではどんなに極端な考え方をもつ国家指導者といえども、「条約は破っても構わない」などとは決していえない。このことは、たとえ散発的に国際義務が遵守されないことがあるとしても、国家が国際法を全体としては拒絶しない（拒絶できない）ことの何よりの証拠なのである。

◈国家が条約を守るのはなぜか？

国家が条約を遵守する理由は他にもある。それは、条約を締結するのは、ほかならぬ国家自身であるということだ。つまり、国家は自らの利益にかなうからこそ、条約を結ぶ。それゆえ、条約を守ることは、実はその国家自身の利益につながるのである。

国内社会において、法をつくるのは最終的には主権者の意思である。しかし、実際の手続としては、国民の代表からなる議会によって法が制定される。そのため、今日の大衆社会を前提とすれば、国民自らが法をつくっているという実感をもつことは、ほとんど不可能なのではないだろうか。

これに対して，国際社会では，法を制定する主体（国家）がほかならぬ法適用の対象でもある。つまり，国際社会には統一的立法機関が存在せず，国際法を定立する能力をもつ国家が，国際法の適用対象でもある。こうした国際社会の構造的な脆弱性は，逆に国際法がきちんと守られる内在的な理由であるということもできよう。

　もちろん，このように述べたとしても，「国家は自分の利益に合致するときだけ条約を守るのであって，条約内容と国益が調和しなくなれば直ちに条約を破棄するではないか」と反論する「皮肉屋」がいるかもしれない。しかし，相手国家も条約を維持することにもはや何の利益も見出さないのであれば別だが，条約を守らなければ，国家は条約の相手国による対抗措置の行使の対象とされうる。そのような危険を回避するためには，やはり条約をきちんと遵守することになるのである。

　かつて，コロンビア大学の**ヘンキン**教授は，国家の行動に対して国際法がいかに多くの影響を及ぼしているかを論じた書物の中で，「ほとんどすべての場合，ほとんどすべての国家は，ほとんどすべての国際法の原則と，ほとんどすべての義務を遵守している」と喝破した。このセリフは，今もってその意義を失っていないということができる。

2　さまざまな手続を経て条約は結ばれる
　　　——条約の締結と国会の役割

❖いやしくも国家が約束するのは大変なこと

　それでは，条約はどのような手続を経て締結されるのだろう？また，どのような形で，効力をもつのだろう？　条約の締結手続は，

21

古典外交の中心地であったヨーロッパでの経験を中心として，長年の経験を踏まえて形成されてきた。

はじめに，国家はまず外交交渉を行い，これから締結する条約の内容を検討する。その際，国家の代表が提示すべきものが**全権委任状**である。ただし，外務大臣や総理大臣は，職務の性質上，国家を代表することが明らかなので，全権委任状の提示は不要である。また，国家代表がいきなり相手国の代表と会合して，白紙の状態から条約を起草するということは，現実にはありえない。あらかじめ，締結すべき条約の全体像が事務レベルでまとめられているのが普通である。

次に，当事者が最終的に合意した条約文を採択し，署名を行う。これにより，一般的に，条約文が確定される。さらに，条約を**批准**し，批准書の交換や寄託が行われる。批准とは，国家が条約に拘束されることに対する最終的な同意の表明である。この制度は，もともとは国家の代表が合意した内容を本国に持ち帰り，それを君主がもう一度検討するために発達したものである。古典外交が華やかであった当時は，交通手段が未発達でメイルはもちろん，電話やファクスもなかったため，交渉の成果を実際に本国に持って帰り，本当にこの内容でよいかどうかを国家元首が検討する必要があったのである。

そして，批准書の交換や寄託の後，一定の時間の経過あるいは相当数の国家による批准書の寄託などの条件が満たされて，はじめて条約は発効する。つまり，晴れて正式な効力をもつようになるのである。なお，現在では，国際法委員会（ILC）が草案を作成した条約法条約（「条約法に関するウィーン条約」）が，このような手続を含む条約に関する国際慣習法を法典化した条約として，一般的に依拠

されている。

ルイ14世の時代に交渉家として活躍した**カリエール**は，その著書である『外交談判法』のなかで，「有能な交渉家ならば，主君の権利や主張に有利なすべての条件を，きわめて明瞭に条約の文面に表現させなければならない」と述べている。条約の締結にあたり，国家の代表が自国の国益を極大化すべく努力し，慎重に交渉を重ねるのは，昔も今も変わらないといえよう。

※わたしたちが条約の締結にも関わっている

ところで，条約が締結される際，今日では，多くの国々で議会の承認を経ることが求められている。たとえば，日本国憲法を見ると，73条の内閣の職務を定めた規定の三で，「条約を締結すること。但し，事前に，時宜によつては事後に，国会の承認を経ることを必要とする」と規定されている。こうした規定の趣旨は，条約の締結，つまり外交を民主的にコントロールしようとすることにほかならない。

条約の締結において，国家の安全保障上の重大な権利義務が規定されることがある。また，条約の締結により，国民の暮らしそのものも影響される場合がある。つまり，条約の締結により，国内法は一定の影響をこうむるのだ。したがって，条約の締結などを外交官や専門の官僚だけに独占させるのではなく，国民自身が関与すべきであるという考えが次第に有力になった。1918年に，米国の**ウィルソン大統領**が上下両院合同会議で行った「14ヵ条の宣言」として知られる有名な演説は，国際連盟設立の基礎となった。そこでも，条約の締結に一部の人たちだけがたずさわり，結果も公表されないような「秘密外交の廃止」が謳われたのである。

もっとも，実際には，国民一人ひとりが実際の外交に携わることは困難である。外交交渉には，素人のあずかりしらない極意や儀礼的側面もある。また，何よりも，実際の交渉に多人数が口を挟むことは不可能でもある。そこで，外交という概念に含まれる対外政策の決定という側面と，それを実現するための交渉という側面を区別し，前者に関しては議会で公に議論し，外国と合意したことは公表すべきであるが，後者の交渉に関しては，専門家に委ねるべきであると考えられるようになった。

こうした「外交の民主的コントロール」という考えは，イギリスの元外交官であり外交史家でもあった**ニコルソン**がその著書『外交』において理論化したことによって，一般に知られるようになった。議会による条約の承認は，まさしくこうした民主的コントロールを具体化したものである。つまり，主権者である国民の代表により構成される議会の承認を経ることにより，間接的ながらも国民一人ひとりが条約締結にかかわることが担保されているのである。

◈簡単な手続の条約

もっとも，国家が他国と結ぶ合意すべてを議会で承認することは，実際にはかなりむずかしい。なぜならば，議会での条約の承認は一定の時間を必要とする。しかし，それでは変転著しい国際社会に大して，スピィーディーに対応することができない。また，議会自身の物理的な能力の問題もあるからである。その結果，およそ国家が結ぶ条約のすべてを議会で承認するのではなく，その中でも重要なものに限って議会で承認すべきであると考えられるようになるのは，自然ななりゆきである。

逆に，重要でないというわけではないが，迅速な手続によって処

理すれば十分なものは，議会で承認すべき必然性がないと考えられるようになる。後者の類型は，一般的に 行政協定 と呼ばれている。議会の関与を経ることなく，行政府のみにより締結することができる合意だからである。

　日本では，1974 年以降，法律事項を含むものや財政支出を含むもの，および国家間関係を規律するという意味で政治的に重要な国家間の合意は，国会で承認されるべきことが了解された（当時の大平正芳外相が示した「大平三原則」）。もっとも，国会での承認を必要としない行政協定は，年々増加傾向にあり，事情は諸外国でも同じようである。その結果，日本の場合，一年間の締結される全条約のうち，国会での承認に付されるものは，わずか１％にも満たなくなっている。こうなると，外交の民主的コントロールの中でも最も重要な制度的保障である国会による条約の承認という手続も，少し割り引いて評価しなければならないのかもしれない。

3　条約は一括して受け入れる必要がある？
　　　　──条約に対する留保

❖国家の国内事情はさまざまに異なる

　国家は条約を締結することにより，自国の法や制度などを条約規定の内容に合わせるように求められることがある。たとえば，女子差別撤廃条約を批准する際，日本は国籍法を改正したほか，学習指導要領を改訂して教育課程における男女平等の確保に努めた。その他にも，男女共同参画社会の実現をはかるべく，さまざまな改革を行ったことは周知のとおりである。

　もっとも，日本の国技とされる大相撲では，女性が土俵に上がる

ことは御法度とされている。それゆえ，少し前の話であるが，2001年の横綱曙の断髪式のときも，曙関の愛娘は土俵に上がらなかった。また，一定の土木工事現場などでは，「女人禁制」が未だに行われている場合もあるようだ。

これらが，文化的伝統に裏づけられた守るべき価値のある習俗なのか，それとも単なる因襲なのかは議論が分かれよう。しかし，およそ国家は，例外なくさまざまな国内事情を抱えている。その中には，以上のような民間の習俗はもとより，法律や公の制度も当然含まれていて，一朝一夕には改めることがむずかしいものも少なくない。そして，それらが条約の締結の際に，障害となる場合が少なくないのである。条約全体の趣旨には賛同できても，特定の規定内容と国内事情がどうしても両立しないというような状況である。

条約締結の障害となる特定規定の存在にもかかわらず，国家がその条約に入ろうとするときに駆使される法的なテクニックが「**留保**」である。すなわち，留保とは，条約の自国への適用上，国家が特定の規定の法的効果を排除したり変更したりすることを目的として条約への署名や批准の際に行う声明である（条約法条約2条1項（d））。

たとえば，日本は，第二次大戦前に **不戦条約**（「戦争放棄に関する条約」）を批准する際に留保を行った。1条の「其ノ各自ノ人民ノ名ニ於テ」という文言が，当時の明治憲法と両立しないのではないかと考えられ，国内世論もこの点を問題視したためである。また，1979年に **社会権規約**（「経済的，社会的及び文化的権利に関する国際規約」）を批准する際にも，「公の休日についての報酬」の確保（7条（d））等に関していくつか留保を行った。それらが当時の日本社会の状況とは合致しないと考えられたためといえよう。

26

3 条約は一括して受け入れる必要がある？

※できるだけ多くの国に条約に入ってほしい

多くの場合，留保は多数国間条約の締結に際して行われる。したがって，多数国間条約が数多く締結されるようになった20世紀以降，留保の制度も次第に確立したということができる。二国間条約に対する留保の例は存在するが，稀である。なぜならば，二国間条約であれば，留保ではなく，条約文の採択以前に文言自体を修正するなり条約を改正すればすむからである。

国家が留保を付してまでも条約の締結を行うのは，条約の細部には異論があるにもかかわらず，条約全体の趣旨には賛成しているからである。また，ある国家が留保を付した上で条約を批准するのをその他の締約国が認めるのも，当該国家が条約に加わることが望ましいと考えるからにほかならない。

このことは，多数国間条約が単に締約国に分解されてしまう利益の算術的な総和を扱うのではなく，国際社会の一般的な利益を扱う場合が増えていることと相関をなしている。言い換えれば20世紀になってから多くの立法条約が締結されるようになったことに関連をなしているということができよう。すなわち，こうした条約の場合には，できるだけ多くの国家が締約国となって条約の普遍性が高くなることが重要と考えられるため，留保が許容されるようになったのである。また，留保する側の立場からいえば，留保という手段を通じて国内事情と条約の特定の規定との衝突を回避することができる。つまり，留保とは，国内法体制を維持するための主張であるということもできるだろう。

※そんなわがままな「言い分」は認められません

もっとも，たとえば**自由権規約**（「市民的及び政治的権利に関する

国際規約」）を批准した国家が，表現の自由や思想・良心の自由の保障に関しては留保すると宣言したらどうだろう？ また，国際司法裁判所（ICJ）の管轄権を規程36条2項（「選択条項」という）に基づき受諾した国家が，裁判所が管轄権をもつかどうかは，裁判所ではなく自らが判断すると留保したらどうだろう？

　一般的な感覚としては，そんな身勝手な主張は認められないというのが普通ではないだろうか。つまり，留保とは特定の条約規定の適用を排除したり修正したりすることにより留保国をいわば「特別扱い」するのであるから，条約の趣旨に反するような留保を無限定に認めてしまうのであれば，そもそも条約を結ぶ意味自体がなくなってしまう。そこで，どのような留保であれば認められ，逆にどのような留保は認められないのかという基準の設定が，かねてより試みられてきた。

　このような基準の変遷の詳細は，ひとことでいえば，戦前の非常に厳格な「全員一致」の基準から，相対的に緩やかな現行の基準（「両立性の原則」）へと徐々に移り変わってきたといえる。これは，国際社会における国家の数の増加とも，相関をなしているということができよう。いずれにせよ，それは，条約の当事国ができるだけ同じ権利義務に服すべきであるという考え（「一体性の要請」）と，できるだけ多くの国家が条約の当事国となるのが望ましいという考え（「普遍性の要請」）の均衡点を模索する営みであったといえる。

　なお，最近では，国連海洋法条約のように，あらかじめ留保が禁止されている条約がある。また，国際組織の基本条約も，一般的に留保を行うことができないタイプの条約と考えられている。こうした条約が留保を禁止しているのは，条約に基づく権利義務の一体性を確保することが，より強く要請されているからである。

もっとも，このことは，海洋法の分野では個々の国家の国内事情がもはや存在しなくなったということを意味するわけでは全然ない。そこで，各国は留保ではなく，解釈宣言という手法で難関を切り抜けようと腐心している。**解釈宣言**とは，条約の規定が複数の解釈を許容している場合，その中のいずれかを選択するために行う宣言である。ここにも，国内法体制維持のための主張を読みとることができるのである。

4　条約の締結と第三国の利害
　　──条約の第三国に対する効力

◈隣の国が結ぶ条約には無関心というわけにはいかない

　最後に，第2講義の締めくくりとして，条約の第三者に対する効力に関して述べておくことにしよう。「合意は拘束する」という法諺から導かれる当然の帰結として，**「条約は第三者を害しも益しもしない」**（*pacta tertiis nec nocent nec prosunt*）というのが，もう1つの重要な原則である。

　たとえば，**日米安全保障条約**（「日本国とアメリカ合衆国との間の相互協力及び安全保障条約」）が，韓国や中国など東アジアの近隣諸国に対しても，政治的に重大な影響を及ぼすことがありうることはまぎれもない事実である。この条約の効果的運用のために，1999年に**周辺事態法**（「周辺事態に際して我が国の平和及び安全を確保するための措置に関する法律」）が制定されたが，その際に近隣諸国から沸き起こった懸念や反発はこの点を例証するものといえる。

　けれども，それはあくまで政治的ないし事実上の影響であって，法的なものではない。近隣諸国からみて，少なくとも法的観点から

29

は，日米安保条約はあくまで自らとは無縁な第三者間になされた行為（*res inter alios acta*）に過ぎないのである。このような合意の相対性も，国際社会が分権的性格をもつことの1つの帰結である。

◈国際社会でも隣との「境界問題」はやっかいだ

もっとも，この原則にも例外はある。条約が当事者をこえて，単なる事実上の影響力以上の効力をもつ場合である。その例は，国境画定や領土の割譲を規定する条約である。

たとえば，二国間で領域を画定する条約が結ばれる場合，第三国に対しては条約に基づく国境線が有効でないとすれば，関係国家間の法関係は著しく不安定なものとなってしまうだろう。そこで，この種の条約は，「条約は第三者を害しも益しもしない」という原則とは別扱いとされるのである。これは，国内法においても物権が絶対的効力をもつことが認められているのと同じように考えることができよう。

◈権利が付与されるのは結構なこと，義務を課されるのは御免こうむる

さらに，実際には，条約が第三者に権利を付与したり，義務を課したりする場合は少なくない。たとえば，国連憲章35条2項は，国連非加盟国が国際紛争の当事国である場合，国連の安保理または総会の注意を喚起できることを規定している。これは，国連憲章が第三者の権利を規定した例である。また，**上部サヴォアとジェクス自由地帯事件** などの国際判例では，条約により第三者に課された義務の問題が問われた。

条約により第三者が益する場合（つまり権利を付与される場合）と，害される場合（つまり義務を課される場合）では，事情が大きく異な

30

ることは誰の目にも明らかである。なぜならば，同意なしに国家が義務を負うというのであれば，国家の主権や平等という国際社会の基本原則が脅かされてしまう。これに対して，権利を付与される場合には，こうした緊張関係は必ずしも生じないからである。

こうした性格の差を踏まえて，条約は同意なしには第三者に義務を課さないという原則は，国際裁判所などによってきわめて厳格に適用されてきた。条約法条約35条も，書面による明示の同意を要求して，こうした立場を継承している。

これに対して，権利を付与する場合は，第三者の同意が必要か否かに関して，意見の対立がある。条約法条約36条1項は，第三者が「同意しない旨の意思表示がない限り」同意が推定されるという形で，この問題の解決をはかった。

❖実は，条約の効力が第三国におよぶことは多い？

最後に，もう1つだけ「条約は第三者を害しも益しもしない」という原則の例外について述べておこう。それは，ある条約規定が国際慣習法化した場合であり，条約法条約も38条でこうした現象を認めている。

前にもふれたように，統一的な立法機関を欠く国際社会では，伝統的に国際慣習法が大きな役割を果たしてきた。そして，国際慣習法には，条約規定をもとに生成したものが実は少なくないのである。たとえば，2度にわたって開催されたハーグ平和会議で採択された諸条約の多くは，今日では国際慣習法になったと考えられている。また，スイスの永世中立制度 を規定するさまざまな条約も，国際慣習法化したものと考えられている。

もちろん，条約規定の国際慣習法化を通じて第三国が条約に拘束

31

されるようになるとしても，厳密にいえば，それは条約規定によってではなく，国際慣習法規則によるものだと考えることは可能である。しかし，実際には，両者を区別することは，限りなく困難であるといわなければならない。

　このような条約と国際慣習法の相互作用といえる現象は，実際には，以前から存在していた。もっとも，条約法条約の採択（1969年）や，時を同じくしてICJが下した北海大陸棚事件判決で条約と国際慣習法の関係がクローズアップされたため，こうした現象が一躍脚光を浴びたのである。すなわち，同事件では，北海の大陸棚の境界画定をめぐり，当時の西ドイツ，オランダおよびデンマークの間で生じた国際紛争に対して判決がくだされた。その主たる争点は，大陸棚の境界画定に関して等距離原則を規定した大陸棚条約6条2項は，国際慣習法を法典化したものといえるかどうかであった。かりに，この答えが肯定的であるとすれば，西ドイツは大陸棚条約の当事国ではないが，等距離原則に従い大陸棚の境界画定を行うことが求められることになる。これに対して，ICJは，大陸棚条約の規定が国際慣習法としての性格をもつことは否定したが，条約規定が短期間のうちに国際慣習法化しうること自体は否定しなかった。いずれにせよ，この判決が条約法条約の採択と同じ年にのべられたことは極めて示唆的であり，これ以降，条約と国際慣習法の相互作用という現象がひろく認識されるようになったのである。

〔参考文献〕

経塚作太郎『条約法の研究』（中央大学出版部，1967）
経塚作太郎『続条約法の研究』（中央大学出版部，1977）
岩沢雄司『条約の国内適用可能性』（有斐閣，1985）

小川芳彦『条約法の理論』（東信堂，1989）
坂元茂樹『条約法の理論と実際』（東信堂，2004）

Bridgebook

第3講義
国家を軸に国際法は動いている

国際法主体としての国家

1 国際社会に存在する「国家」の現実
―― 膨大な格差の存在

◈ロシアもツバルも同じ国家

　現在の国際社会には，約 200 にのぼる国家が存在する。これらの国家の中には，人口が 13 億人を越える中国や約 10 億人のインドといった国がある一方で，人口はわずか 1 万人強というツバルやナウルといった太平洋の島国などもある。また，国土の面積が 1700 万平方キロメートルを越えるロシアや，約 1000 万平方キロメートルのカナダといった広大な領土をもつ国家が存在する一方で，国土の面積が約 1.5 平方キロメートルのモナコや約 21 平方キロメートルのナウル，約 26 平方キロメートルのツバルといったきわめてわずかな領土しかもたない国家も存在する。このように，現代の国際社会に存在する国家は，現実にはきわめて大きな物理的差違をもっているにもかかわらず，たとえばここで挙げたモナコ，ツバル，ナウルといったいわゆる極小国家にも，中国やインド，ロシアやカナダなどと同様に「国家」として国連への加盟資格が認められている。したがって，ごく単純に比較すれば，面積では 1000 万倍以上

34

（ロシアとモナコ），人口でもおよそ 10 万倍以上（中国とツバルまたはナウル）という非常に大きな差違をもった存在が，国際社会では同じく「国家」という言葉で表現されていることになる。

　現実の国家の「大きさ」に関するこのような客観的な大きな差違は，単に人口や面積といった数値で表されるものにとどまらない。実際には，それ以上に重要な意味をもった大きな「格差」が，現実の国際社会に存在する国家のあいだには存在している。それは，現代の各国家間に現存する経済力や軍事力に関する大きな格差であり，また各国家間の貧富の格差である。米国や日本といったいわゆる主要先進国では，国民 1 人あたりの GNP（国民総生産）が年間 3 万ドルを超える国家も存在する一方で，この数値が年間 100 ドル以下という国家もアフリカ等では珍しくない。各国家の国民所得に関する数字を正確に把握して比較することはむずかしいが，現実には 300 倍以上の格差がそこには存在していると考えることができる。つまり，貧しい発展途上国が 1 年間かけて生産するすべての富の量を，先進国は毎日わずか 1 日で生産してしまうほどの大きな経済的な格差が，現代の国際社会に存在する現実の国家間には厳然として存在しているのである。

2　国際法は「国家」をどうとらえてきたか
　　　──その歴史的展開

※「文明国」のみが国家とされた時代もあった
　すべての国家は，「領土」をもち，その国の国籍をもった「人民」（すなわち国民）をもつと同時に，その領土と人民を統治するための実効的な政治組織である「政府」をもつ。この「領土」「人

35

民」「政府」という３つは，古くから「国家の３要素」として理解され，そのいずれかを欠くものは国際法上の主体としての「国家」とは認められないと考えられてきた。逆にいえば，この３つのものを兼ね備えてさえいれば，「領土」がどれだけ狭いものであろうと，またその「国民」の数がいかに少ないものであろうと，さらに「政府」権力がどのような手続や形式で確立したものであろうと，それは国際法主体たる「国家」として扱われることを意味していた。

しかし，19世紀から20世紀初頭までの伝統的な国際法学の中では，このような要件を満たすものがすべて国際法主体としての「国家」として認められたわけでは必ずしもなかった。実際に20世紀初めまでの国際法学は，いわば当時の欧米列強の利益を反映した内容のものとなっており，欧米の「文明国」のみが国際法上の「国家」と認められ，アジア・アフリカの「非文明国」は，いかにそれが固有の文化と社会を形成していたとしても，当時の欧米諸国の基準に照らして「文明国」と認められない場合には，国際法上の「国家」とは認められなかった。その結果，これらアジア・アフリカの大部分の地域は，そこに住民が実際に暮らし，一定の社会共同体を形成していた場合であっても，当時の国際法上は，「文明国」としての「国家」が成立していない土地として「無主地」と位置づけられ，欧米列強の「植民地」として支配されることが国際法理論上正当化されることになったのである。

このような国際法主体としての「国家」の認定に関する当時の国際法学の「欧米中心主義」は，第一次大戦から第二次大戦を経て「民族自決」原則が国際法上の権利として次第に確立していくにつれて，徐々に修正されていくこととなった。国連憲章は，国連の目的の１つとして「人民の同権及び自決の原則」を掲げ（１条２項），

36

国際連盟における委任統治制度（連盟規約 22 条）に代わって創設された国連による **国際信託統治制度**（国連憲章第 11 章）も，「自治又は独立に向かっての住民の漸進的発達を促進すること」をその目的の 1 つとするものとなった（憲章 76 条 b）。この国連による国際信託統治制度の下におかれた「**信託統治地域**」は，実際には施政権者（憲章 81 条）となる国連加盟国が統治を行ったが，その後次々に独立を達成していき，1994 年のパラオの独立によってすべての信託統治地域が独立を達成した。このようにして，現在では，それ以外の植民地や海外領土に関しても，少なくとも現地の住民の意思を無視した形での「植民地」支配または海外領土の保持は，「人民の同権及び自決の原則」に反し国際法上許されないものと理解することができる。

3　すべての国家には同じ法的権利が認められる？
──国家の「基本権」

※ちょうどすべての人間に同じ人権が認められるように？

先に *1* で述べたように，現代の国際社会に存在する国家は，現実には大きな違いをもっている。また，法的にみた場合にも，それぞれの国家が現実に有する国際法上の権利や義務の内容は，千差万別である。しかし他方で，国際法は，およそ国家である以上一般的に認められる権利や義務といったものを設定している。国家が一般的に国際法上有するものと考えられるこのような基本的な権利義務を，国家の国際法上の「基本権」と呼ぶ。

それでは，**国家の基本権** の具体的な内容としては，どのようなものが考えられるであろうか。国家は，一般的に「国家主権」を有す

るものと考えられてきたため，この国家の「基本権」の内容は，国家の有する「主権」の内容としてしばしば議論されてきた。「国家主権」といった場合，それは対内的な側面の問題（いわば国内的な「国家主権」の問題）と，対外的な側面の問題（いわば国際法上の「国家主権」の問題）とに二分することができるが，ここで問題とされる「主権」の内容とは，後者の問題である。対外的な国家主権は，「対外主権」と呼ばれる場合もあるが，そこから導かれる国家の一般的な権能としては，国家の独立不可侵性から導かれる「独立権」，国家の主権が相互に尊重されるべきであるとの観点から認められる「平等権」，「名誉権」，「（国内）管轄権」といったものが挙げられる。これらの国家の権能は，非常に一般的かつ抽象的なものであり，国家の「平等権」を具体化した国際法上の原則として「主権平等」原則 があり，国家の「（国内）管轄権」を具体化した国際法上の原則として「国内事項不干渉（国内問題不干渉）」原則 がある。これらの国際法上の原則について，たとえば国連憲章は，「主権平等」原則を憲章2条1項で，「国内事項不干渉」原則を憲章2条7項で，それぞれ規定している。さらに，これらの「主権平等」原則および「国内事項不干渉」原則の具体的内容については，国連発足25周年の1970年に国連憲章の解釈指針として採択された友好関係原則宣言（「国際連合憲章に従った諸国間の友好関係および協力についての国際法の原則に関する宣言」，国連総会決議2625（xxv））の中でも詳しくその内容が説明された。この1970年の友好関係原則宣言は，諸国間に妥当する7つの国際法上の基本原則を列挙し（1．武力不行使，2．紛争の平和的解決，3．国内事項不干渉，4．国家の相互協力義務，5．人民の同権および自決，6．国家の主権平等，7．憲章義務の誠実履行），それぞれの原則の内容を詳細に規定したが，この7つの原

則は，現代国際法上の国家の基本権として一般的に認められる権利義務の内容を整理したものであると評価することもできよう。

　以上のような一般的な権能に加えて，国家には，自衛権，外交権，使節権といった国際社会においてその存立を保ちさまざまな活動を行っていくための権能が国際法上認められる。したがって，国家は，これらの国際法上の権能が平等に認められているという限りにおいて，実際の面積，人口，経済力や軍事力等の大小を問わず，法的には「平等」であるということができるのである。

4　国家の主権は，どこまで及ぶのか？
──国家の主権が及ぶ空間

◈「領土」「領海」「領空」と国家の領域主権

　先に 2 で述べたように，すべての国家は一定の「領土」を有する存在であり，その領土に対して「領域主権」と呼ばれる排他的な支配権を有する。「領土」に隣接する一定範囲の海域は「領海」と呼ばれ，領土と同じく当該国家の領域主権が及ぶ（国連海洋法条約（「海洋法に関する国際連合条約」）2 条）。現在では，「領海」は陸地から 12 カイリの範囲内の海域とされている（国連海洋法条約 3 条，なお，「領海」の内側には「内水」と呼ばれる水域があり（国連海洋法条約 8 条），「領海」と「内水」をあわせて「領水」と呼ぶ。正確には，「領土」と「領水」の上空が「領空」である）。国家の「領土」および「領海」の上空で宇宙空間に至るまでの範囲が「領空」であり，国家はこの「領空」に対しても排他的な領域主権（領空主権と呼ばれる）を有する。ただし，領海や領空に対する国家の領域主権は，他国の船舶や航空機の通航や飛行を全面的に排除するものではなく，領海

においては外国船舶に無害通航権が認められ（国連海洋法条約17条〜32条），領空においても外国の民間航空機には二国間や多数国間の協定に基づいて飛行の権利が認められる。このように，各国家の領域主権が及ぶ領土，領海および領空の総体が，国家領域を構成することになる。

◈国家の領域主権が及ばない空間

このようにして，国家の領土，領海，領空に属する空間に対しては，当該国家の領域主権が及び，原則として当該領域国が排他的な管理権を行使することになる。これ以外にも，たとえば排他的経済水域や大陸棚といった海域や海底に対しては，沿岸国が（領域「主権」そのものではないものの）主権的権利を有するものとされる（国連海洋法条約56条，77条，第7講義参照）。他方で，これら以外の地球上の空間，たとえば公海や深海底，さらに南極等に関しては，特定の国の排他的権利が及ばない空間であると考えられる（公海に関しては国連海洋法条約第7部，深海底に関しては同条約第11部参照）。とりわけ，深海底は，国際法上「人類の共同の財産」と位置づけられたことが，法的には注目に値する（国連海洋法条約136条，第7講義参照）。他方で，南極についての国際法上の枠組みを定めた南極条約（1959年署名，61年発効）では，南極地域に対する領土権・請求権の主張がいわば凍結された状態にとどまっていることに留意する必要がある（南極条約4条）。これに対して，領空の外側の空間である宇宙空間については，月その他の天体を含めて，宇宙条約（「月その他の天体を含む宇宙空間の探査及び利用における国家活動を律する原則に関する条約」，1966年採択，67年発効）において国家による領有の対象とならないことが明記されている（宇宙条約2条）。

5 国家の「平等」とは何か
——国家平等権と主権平等原則

1 で述べたように，国際社会に存在する国家は，実際には大きな差違をもった存在である。しかし，国際法上は，国家に対して認められる権能を等しく有するという意味で「平等」であるといえる。他方で，「平等」という概念については，国内社会と同様に国際社会においても，さまざまに異なった意味や解釈が存在する。国家に「平等」な法的権能が認められるという意味での「**国家平等権**」，あるいはこれを法的原則として具体化した国際法上の「**主権平等**」**原則**とは，どのような内容を意味するのであろうか。

◈国際法の「定立」段階での国家間の「平等」

国家の「平等」という問題に関しては，3つの段階の問題が存在しているものと考えられる。その第1は，国際法の「定立」，すなわち国際法を作り出す段階において，国家が平等に国際法の定立に関与するという意味での平等である。国際法は，条約にせよ国際慣習法にせよ，国家が自ら「合意」したルールについてのみこれに拘束されるというのが伝統的な考え方である（ここでは取りあえず「強行規範」（*Jus Cogens*）の問題は除外して考え，また「国際慣習法」は国家の「黙示的な合意」に基づくものであるととらえる）。この考え方の基礎にあるのが，「**合意は拘束する（合意は守られなければならない）**」（*Pacta sunt servanda*）という原則（条約に関するこの原則については，条約法条約（「条約法に関するウィーン条約」）26条参照）であり，このような意味での国際法の定立面における国家の平等は，現代の国

際社会において十分に保障されているということができる。

◈国際法の「適用」段階での国家間の「平等」

国家の「平等」に関する第2の問題は，このようにして作り出された国際法の「適用」面での平等である。これは，大国であれ小国であれ，「平等に」国際法の適用を保障されるというものであり，この意味での「平等」とは，いわば国際法における国家間の「**法の下の平等**」を意味するものであると考えることができる。戦争や武力行使が禁止されていなかったかつての国際法の下では，大国はその国際法上の権利を自らの力によって執行し実現することができたのに対して，小国はその国際法上の権利を自らの力によって実現することができず，いわば「泣き寝入り」せざるをえないような場合も現実に存在していた。戦争が違法化され，国連憲章によって武力不行使義務が確立した現代国際法の下では，このようないわば国家の「実力」の差違に基づく国際法の「適用」面での不平等は原則として解消され，大国であれ小国であれ，国家は平等に自らの国際法上の権利を（紛争の平和的解決手続や国際裁判等を通じて）実現することが認められている。ただし，現在においても，国家の権利の具体的実現には，それぞれの国家が有する「力」（軍事的な意味での力のみではなく，政治的，経済的な意味での力のほうが現代ではむしろ大きな意味をもつ）の大小が，それぞれの国家の有する権利の実現可能性に影響を与えないわけではない。制度的にも，たとえば国際司法裁判所（ICJ）の判決に従わない国に対する判決の強制的な執行は，国連の安全保障理事会がこれを行うこととされている（国連憲章94条2項）が，この判決履行のための安保理の決定は非手続事項の決定として常任理事国のいわゆる拒否権行使の対象となりうる

（国連憲章 27 条 3 項参照）。したがって，これら常任理事国に対する ICJ の判決の安保理による強制的な執行は事実上不可能である。このように，国際法の「適用」面における国家の「平等」に関しては，現実には完全な平等が制度的に保障されているとは言い切れない部分も残されている。

※具体的な権利義務の内容に関する国家間の「平等」

第 3 に，各国家が有する具体的な権利義務の内容に関して，その「平等」が現代の国際法において保障されているかが問題となる。この意味での「平等」は，実質的意味での国家の「平等」の保障を意味する。現代の国際法の下では，武力による威嚇または武力の行使による国家に対する強制の結果締結された条約は，無効とされる（条約法条約 52 条参照）。したがって，たとえば 19 世紀の多くのアジア・アフリカにおいてみられたように，欧米列強による「砲艦外交」の結果として締結を余儀なくされたような「不平等条約」は，かりに当時の国際法の下では有効とされたものであっても，今日において同様な形で締結を「強制」された条約があれば，そのような条約は無効とされよう。しかし，それは当該条約の内容が「不平等」であるから無効とされるわけではなく，あくまでも条約締結の過程において「武力」による強制が存在したために無効とされるものである。今日でも，条約の起草・審議・採択の過程では，各国が少しでも自国に有利な内容の規定を当該条約に盛り込もうとして，さまざまな交渉の場で（「武力」の行使または威嚇にわたらない範囲内で）相手国に対して「圧力」をかけるわけであり，だからといってそのような交渉の結果として採択された条約が無効とされるわけではない。このようにして締結された条約の具体的な規定の内容は，

完全にすべての国家にとって「平等」な内容の権利義務を保障するものではない。ごく一般的・抽象的な国際法上の原則や国家の権利義務を定めた一般条約（たとえば，**条約法条約**，**外交関係条約**（「外交関係に関するウィーン条約」），**領事関係条約**（「領事関係に関するウィーン条約」）など）を除けば，多くの二国間条約や多数国間条約において，それぞれの条約が規定する当事国の権利義務の内容は，完全に平等なものではないのである。たとえば，いわゆる先進国に実質的に有利な内容を定めた条約もあれば（途上国は，たとえば世界貿易機関（WTO）などは先進国に有利な貿易のルールを規定していると批判することが多い），地球温暖化防止など環境関係の条約にみられるように，多くの二酸化炭素を排出している先進国に対して途上国よりも厳しい削減義務を課した条約なども存在する（たとえば，いわゆる気候変動枠組条約に関する「**京都議定書**」など）。

このように，現代の国際法は，各国家が有する国際法上の具体的な権利義務の内容がすべて同一であるという意味での「平等」までをも保障するものではないのである。

6　国家は"永遠に不滅"ではないのか
——承認（国家承認・政府承認）と承継をめぐる問題

さまざまな行為主体が世界的規模で多様な活動を行っている国際社会は，国内社会以上に変化の激しい社会であり，国家もまた，そのような複雑な変化の例外ではない。国際情勢が時間的経過とともに変化していく過程の中で，国家についても，成立（誕生），発展（変更），消滅（解体）といった一連の変動が生じうる。このような国家の変動に関して，国際法は一定の規律を及ぼしている。

◈新国家の誕生と「国家承認」

　国際社会における国家の誕生は，どのようにして認定されるのであろうか。現段階の国際社会では，新国家の成立を統一的に認定する権限を有する国際機関等は存在しない。たとえば，国連は，新国家が誕生してその国が新たに国連への加盟を申請した場合には，当該国家の国連加盟を認めるか否かを審査する（国連加盟国となるための実質的要件については国連憲章4条1項，国連加盟承認のための手続については同条2項参照）。しかし，これはあくまで国連が，国連という組織の目的等に照らしてその新国家をメンバーとして認めることがふさわしいか否かを検討するものであり，国際社会における国際法主体として新しい国家の地位を承認することとはまったく別の行為である。たとえば，長年スイスは国連加盟国ではなかったが（2002年9月にようやく国連に加盟），スイスが国際法主体としての国家であることは国際社会において広く承認されてきた。また，国連自身も，発足当初から，国連への加盟承認の問題と国家承認の問題とは切り離して考えるべきであるとの立場を明確にしてきた（1950年3月のリー国連事務総長の覚書）。

　国際社会において新国家の誕生を統一的に認定する権限をもった機関が存在しない以上，ある新国家（と称する主体）が国際社会における正当な国際法主体として成立したことの認定は，他の国家が個別的にその新国家を承認することによって行う以外にない。新国家の誕生に際して，他の国家がその新国家の国家性を承認してこれを国際法主体として認める行為が，「**国家承認**」である。この「国家承認」は，承認国による被承認国に対する一方的行為であり，両国間の「合意」に基づいてなされるものである「**外交関係の樹立**」（外交関係条約2条）とは法的に区別される。ただし，「国家承認」

の方式としては，通告や宣言等によって相手国を承認する「明示的承認」の他に，重要な二国間条約の締結等を通じての「黙示的承認」という場合もあり，二国間における「外交関係の樹立」は，新国家に対する黙示的な「国家承認」（「黙示的承認」）を意味するものと解されることが多い。たとえば，2002 年に東ティモールが正式に独立を達成した際も，日本は東ティモールとの間で外交関係を樹立することにより，東ティモールに対する黙示的な国家承認を行った。

◈国家の変更（政府の変動）と「政府承認」

新国家が誕生し，国際社会の多くの国家による「国家承認」が行われその新国家の国際法主体としての地位が一般的に認められた場合，その新国家は国家として存続する限りにおいて，国際法主体としての地位を保持し続ける。その場合，*2* で述べた国家を構成する 3 つの要素である「領土」「人民」「政府」についての変動が生じたとしても，その国家の同一性に変更が生じない限り，国際法主体としての国家の地位には変動がない。したがって，ある国家の「領土」に変化が生じても（領土が拡大あるいは減少しても），「人民」に変更が生じても（領土の拡大や割譲等によって「人口」に大きな増減が生じても），その国家が国家としての同一性を失わない限りにおいて，その国際法主体としての地位に変化は生じないのである。

このことは，「政府」についての変更が生じた場合にも基本的に妥当する。「政府」の変更が国内法上合法的な手段によって行われた場合（たとえば，選挙を通じての政権交替等）はもちろん，「政府」の変更が国内法上は非合法的な手段（たとえば，革命やクーデターなど）によって行われた場合でも，それがその国家の同一性に変更を

もたらすものでない限り，その国の国際法主体としての地位に影響を与えるものではない。ただし，非合法的な政府の交替が行われた場合には，新政府にその国家を代表する資格が認められるか否かを他国が認定する必要があり，このように他国が新政府をその国家の正当な代表として承認する一方的行為が「**政府承認**」と呼ばれるものである。

　しかし，「政府承認」は，ある国家の国内的な政治問題に関して他国が判断を下して介入する意味合いをもつ場合が実質的に多かったため，最近では政府の非合法的交替が行われた場合でも一方的行為としての「政府承認」は行わずに，他国は当該新政府とのあいだでの「外交関係」の維持（または新たな樹立ないしは断絶）によって新政府との関係を処理するという外交上の慣行も有力となりつつある。これは，「**政府承認の廃止傾向**」と呼ばれるものである。

◈国家の解体・消滅と「国家承継」

　国際法主体としての国家も，旧ソ連や旧ユーゴスラビアの例にみられるように，国際情勢の変化の結果として解体ないしは消滅する場合がある。国家の統合や分裂の場合にも，国際法主体としての国家の消滅が生じる。たとえば，東西両ドイツの統一は，ドイツ民主共和国（東ドイツ）のドイツ連邦共和国（西ドイツ）への吸収合併という形で実現し，国際法主体としてのドイツ民主共和国というものは消滅した。また，チェコスロバキアがチェコとスロバキアの2国へと分離独立した結果，国際法主体としてのチェコスロバキアは消滅した。このように，国家の解体・消滅は，新国家の誕生と表裏一体の関係にあることに注意する必要がある。

　以上のような国家の解体・消滅が生じた場合，旧国家の有してい

47

た国際法上の権利義務，さらには財産や債務等は，どのような形で新国家等に引き継がれる（または引き継がれない）であろうか。これが，「国家承継」の問題である。国家承継に関しては，国連の国際法委員会（ILC）が起草した2つの条約，すなわち「条約の国家承継に関するウィーン条約」（1978年採択，1996年発効）と「国家財産，債務および公文書の国家承継に関するウィーン条約」（1983年採択，未発効）の2つが存在する。これら2つの条約は，植民地等の従属地域が「新独立国」として新たに独立した場合については，新国家はいわば「白紙」の状態から出発するという「クリーン・スレート（clean slate）」理論に基づく規定を設ける一方で，その他の国家の「結合」や「分離」の場合には，新国家は旧国家の有していた権利義務や財産・債務等を包括的に承継するという「包括承継」原則に基づく規定を設けている。これら2つの条約の規定する「国家承継」に関するルールには，必ずしも国際社会で幅広い支持が存在するとはいえず，条約の当事国となった国の数もきわめて限られているのが現状である。

［参考文献］

王志安『国際法における承認』（東信堂，1999）

池島大策『南極条約体制と国際法』（慶應義塾大学出版会，2000）

国際法学会編，日本と国際法の100年第2巻『陸・空・宇宙』（三省堂，2001）

水島朋則『主権免除の国際法』（名古屋大学出版会，2013）

Bridgebook

第4講義
外国の中に「母国」がある？

外交官と領事官

1 生身の人間が担う国家の対外的活動
── 「外交官」と「領事官」

　現代の国際社会では，それぞれの国家がさまざまな活動を行っているが，国際舞台での国家の諸活動を実際に担う者が，外交官や領事官と呼ばれる人々である。たとえば，外交官は，国際社会で自国を代表して他国との間で交渉を行い，国際会議や国際組織の場に本国を代表して参加し，交渉や討議を行い，採決等による決定に加わる。また，領事官は，世界の各地において，本国および自国の国民の利益や権利を守るための諸活動を日常的に行っている。「国家」とは，そもそもが抽象的な存在であり，具体的に把握しづらいものに思われるが，実際の国際社会で「国家」の諸活動を担っているのは，外交官や領事官といった生身の人間たちなのである。

　本講義では，国際社会における国家の諸活動の現実の担い手として活躍しているこれらの者に焦点を当て，法的観点からその役割等を分析し，現代の国際社会における国家間関係の処理の実状を明らかにすることとしたい。

2 外交官と領事官の役割と任務
――その異同

◈外交官の役割と任務

　国家間の外交関係を規律する国際法上の規則を成文化した条約としては，1961年に採択された「**外交関係に関するウィーン条約**」（1964年発効，日本も64年に批准，以下では外交関係条約と略記）がある。この条約の多くの規定は，従来から外交関係に関する国際慣習法として確立していた規則を明文化したものであるが，その中には外交官の任務や特権をはじめとする国家の外交関係の処理に従事する者に関する規定が多く含まれている。そこで，以下ではまず，この外交関係条約の規定に基づいて国家間の外交関係に関するルールを検討することとする。

　国家間の外交関係は，当該二国間の合意によって開設されるが，外交関係の開設と同時に常駐の**外交使節団の設置**も当該二国間の合意によって行われる（同条約2条）。ただし，大使館等を開設して常駐の外交使節団を派遣することはかなりの財政負担を伴うため，外交関係を開設した二国間で当然に常駐使節団の派遣が相互に行われるとはかぎらない。

　ところで，「**外交官**」という言葉はしばしば耳にするが，国際法上はどのような者が「外交官」と呼ばれるのであろうか。前述の外交関係条約によれば，外交使節団の職員は，①外交官の身分を有する「**外交職員**」（1条(d)），②使節団の事務的業務および技術的業務のために雇用されている「事務および技術職員」（1条(f)），③使節団の役務に従事する「役務職員」（1条(g)），の3つの範疇の

職員からなるが，このうち「外交官」とは，「使節団の長」（大使など）および「使節団の外交職員」を指すものとされる（1条(e)）。

次に，外交使節団の任務は，①本国を代表して行う任務，②自国民保護のための任務，の2つに大別することができる。ちなみに，前述の外交関係条約は，次の5つを外交使節団の任務として具体的に規定している（3条1項）。すなわち，(a) 接受国（外交使節を受け入れる側の国）において派遣国（外交使節を派遣する側の国）を代表すること，(b) 接受国において派遣国およびその国民の利益を保護すること，(c) 接受国政府との交渉，(d) 接受国における情報収集と派遣国政府へのその報告，(e) 派遣国と接受国との友好関係の促進，である。なお，外交使節が以下に述べる領事の任務を遂行することは妨げられない（3条2項）。

◈領事官の役割と任務

「領事官」という言葉は，「外交官」と比べれば一般に耳にする機会が少ないものと思われるが，これはどのような任務を行う者なのであろうか。

領事関係に関しては，1961年に外交関係条約が採択された後，1963年に「領事関係に関するウィーン条約」が採択され（1967年発効，日本は83年に加入，以下では領事関係条約と略記），この条約において領事関係に関する従来からの国際慣習法上の規則の多くが成文化された。1961年の外交関係条約と63年の領事関係条約という2つのウィーン条約は，いずれも国連の国際法委員会（ILC）が草案を起草したものであり，従来から存在した国際慣習法上の規則を成文化（法典化）した部分と，新たな規則を定立した部分の双方を含むが，いずれも今日の国家間関係を規律する国際法上の規則とし

てきわめて重要な意味をもつ。ただし，領事関係については，二国間の領事条約や通商航海条約等によってその内容が規定される部分が多く残されており，63年の領事関係条約自身もこれら二国間（または特定国間）での領事関係に関する特別の定めを排除するものではないことを認めている（領事関係条約73条）ことに注意する必要がある。

領事関係条約は，「**領事官**」を「その資格において領事任務を遂行する者」と定義し，それは「領事機関の長」（総領事など）を含むと定めている（1条1項(d)）。それでは，領事官が遂行する「**領事任務**」とは何を指すのであろうか。63年の領事関係条約は，領事任務の内容として，(a) 接受国における派遣国および派遣国国民の利益の保護，(b) 派遣国と接受国間の友好関係の促進，(c) 接受国における情報収集と派遣国政府へのその報告，といった外交使節の任務と同様の任務に加えて，(d) 派遣国の国民への**旅券（パスポート）**および**査証（ビザ）**等の発給，(e) 派遣国の国民（法人を含む）に対するさまざまな援助（相続，後見，財産管理，裁判上の文書送達等）をなど挙げている（5条）。

したがって，外交官の場合とは異なり，領事官には，派遣国（本国）を「代表」して接受国との間で「外交交渉」を行う権限は原則として認められない。このように，領事官とは，基本的に接受国の領域内において在留自国民（派遣国の国民）に対するさまざまな援助や行政事務を行う派遣国の行政官として理解することができる。それゆえ，先にも述べたように外交官が領事任務を行うことは妨げられない（外交関係条約3条2項）のに対して，領事官が外交活動を行うことができるのは，派遣国が接受国内に外交使節団を有しておらず，かつ第三国の外交使節団によっても代表されていない場合

で，接受国がこれに同意する場合に限られる（領事関係条約 17 条 1項）のである。

3 なぜ認められる外交特権と領事特権
——その根拠と具体的内容

◈外交特権が認められる根拠

　以上のような任務を遂行する外交官と領事官には，それぞれ国際法上の特権および免除が認められている。外交官に認められる特権は，一般に **外交特権** とも呼ばれるものであるが，このような特権が国際法上認められる根拠としては，従来からいくつかの考え方が存在してきた。まず古くは，外交官個人および外交使節の公館等をその本国自身に擬制し，したがって外交官はその本国が有するのと同様の特権および免除が認められるという「**治外法権説**」が主張された。しかし，外交官に対して認められる特権免除の範囲は，国家自身に対して認められるそれよりもはるかに限定されており，現在ではこの説は支持されていない。次に，外交官は本国（派遣国）の元首や政府を代表し，その威厳を体現することに外交特権の根拠を求める考え方がある。これは，「**代表（性）説**」（または「**威厳説**」）と呼ばれる考え方である。これに対して，最近では，外交特権は外交職務の機能的な遂行を確保するために必要な範囲内で認められるものだとする「**機能（的必要）説**」（または「**職務説**」）が有力に主張されるようになっている。

　前述の外交関係条約では，その前文の中に，「……このような特権及び免除の目的が，個人に利益を与えることにあるのではなく，国を代表する外交使節団の任務の能率的な遂行を確保することにあ

53

ることを認め，……」（傍点は筆者）という言及があり，「代表（性）説」に一定の配慮を払いつつも，基本的に「任務の能率的な遂行の確保」という第3の「機能説」（「職務説」）の考え方に外交特権が認められる根拠を見い出しているものと理解できる。

　また，外交特権のうち，たとえば外交官による接受国の裁判管轄権からの免除は，派遣国によって放棄されうるものであり，外交官の享受する接受国の裁判管轄権からの免除の放棄を認めてもその外交上の任務の遂行が妨げられない場合には，派遣国は自国の外交官の享有する裁判管轄権免除を放棄することを求める「民事請求権の審議」に関する決議が，1961年の外交関係条約採択と同時に採択された。この決議自体は条約としての法的拘束力を有するものではないが，この決議の中でも外交関係条約前文の前述の部分が引用されており，現在では「機能説」的な理解が外交特権が認められる根拠として一般に支持されているものと考えることができる。

◈領事特権が認められる根拠

　以上は，外交官に対して認められる外交特権の根拠に関する問題であるが，これに対して領事官に対して認められる国際法上の特権免除（**領事特権**と呼ばれる）の根拠は，もっぱら領事任務の「機能的な遂行の確保」という上記の第3の点のみに求めることができる。このことは，前述の外交関係条約の前文に対応する領事関係条約の前文の関係部分が，「……領事上の特権及び免除の目的が，個人に利益を与えることにあるのではなく，領事機関が自国のために行う任務の能率的な遂行を確保することにあることを認め，……」（傍点は筆者）とのみ述べている点からも裏づけることができる。

3 なぜ認められる外交特権と領事特権

◈外交特権・領事特権の具体的内容──その比較検討

外交特権の具体的内容については外交関係条約に，領事特権の具体的内容については領事関係条約に，それぞれ規定がおかれているが，領事特権については，先に述べたように二国間の領事条約等によってこれに関する特別の定めを設けることが排除されていない（領事関係条約73条参照）ことに注意する必要がある。

まず，**外交特権** については，外交使節団に認められる特権免除と，外交官個人に対して認められる特権免除の2つに大別することができる。前者に該当する具体的な特権免除として，外交使節団の公館（大使館など）の不可侵（外交関係条約22条），公館に対する課税の免除（同23条），使節団の公文書・書類の不可侵（同24条）などが挙げられ，通信の自由の保障（同26条）や移動および旅行の自由の保障（同25条）なども広い意味でこのような特権免除に含まれるものと考えられる。これに対して，後者の外交官個人に対して認められる特権免除の具体的内容としては，身体の不可侵（同29条），住居，書類，通信および財産の不可侵（同30条），接受国の裁判権からの免除（同31条），租税の免除（同34条），関税および検査からの免除（同36条），公的役務および軍事上の義務の免除（同35条）などが挙げられる。外交特権として認められる特権免除の内容は，以下で述べる領事特権と比較すれば範囲が広くかつ強力なものであり，たとえば外交使節団の公館（大使館など）への接受国の官吏の立ち入りは，使節団の長（大使など）の明示的な同意がないかぎり許されない（同22条1項）。

次に，**領事特権** についても，領事機関に認められる特権免除と，領事個人に対して認められる特権免除の2つに大別することができる。前者の具体的内容として，領事機関の公館（総領事館など）の

55

第4講義　外国の中に「母国」がある？

不可侵（領事関係条約31条），公館に対する課税の免除（同32条），使節団の公文書・書類の不可侵（同33条）などが挙げられる。また，後者の例としては，領事官の身体の不可侵（同41条），接受国の裁判権からの免除（同43条）などが挙げられるが，これらの特権免除の内容は，外交特権の場合と比較すれば相対的に限定されており，またその認められる範囲も限られている。たとえば，領事機関の公館への接受国の官吏の立ち入りの制限は，領事機関の公館のうちの「専ら領事機関の活動のために使用される部分」に限定されており（領事関係条約31条2項），また当該部分への立ち入りの同意についても，外交使節団の公館への立ち入りに関する同意の場合とは異なり，「領事機関の長」（総領事など）のみならず「その指名した者」または「派遣国の外交使節団の長」（接受国に駐在する派遣国の大使）の同意があれば足りるものとされる（同3条2項）。また，「火災その他迅速な保護措置を必要とする災害の場合」には，以上のような領事機関の長の立ち入りについての同意があったものとみなされる（同項）。このように，さまざまな観点から，総領事館等の「領事機関の公館」の不可侵権は，大使館等の「外交使節団の公館」の不可侵権よりも限定的なものとされている。このことは，領事官個人に対して認められる特権免除の範囲を，外交官個人に対して認められる特権免除の範囲と比較した場合にも，同様に妥当する。

　なお，以上のような外交特権と領事特権の国際法上の位置づけについては，1979年のイラン革命直後に発生した「**在テヘラン米国大使館人質事件**」に関する1980年の国際司法裁判所（ICJ）判決の中で，国際関係における外交・領事関係法の重要性が繰り返し確認され，とりわけ外交使節団・領事機関やこれらの公館に対する不可侵原則の国際法上の重要性が強調されている（第11講義参照）。

56

4 亡命希望者の保護と外交使節・領事機関の公館
—— 「外交的庇護権」

◈瀋陽日本総領事館事件とその国際法上の問題点

2002年5月，中国東北部にある瀋陽の日本総領事館に，幼い子供1名を含む北朝鮮（朝鮮民主主義人民共和国）からの脱出者5名が保護を求めて駆け込みをはかり，総領事館の警備に当たっていた中国の武装警察官によって連行された事件は，総領事館の入口付近での一連の様子がビデオで録画され全世界のマスコミで放映されたこともあり，国際的な関心を集めるとともに，その後しばらくのあいだ，日中間の大きな外交問題となった。この事件では，保護を求めて総領事館の敷地内に駆け込んだ者を，中国の武装警察官が日本側の同意を得ることなく勝手に総領事館の敷地内に立ち入って連行したか否かが問題として争われた。日本政府は，このような立ち入りについての同意は存在しなかったため，中国側の行為は，先に3で述べた総領事館（領事機関の公館）の不可侵権の侵害にあたると主張したのに対して，中国政府は日本側の同意は存在したので，中国側の行為に何ら法的問題はない，と反論した。

この事件は，事件発生の約2週間後に，5名の身柄を拘束していた中国当局が，第三国経由での5名の韓国への出国を認め，これが実現したため日中間の紛争は，総領事館への立ち入りの同意の有無という事実関係に関するいわば水かけ論となり，法的にはあいまいな形で実質的に決着をみるにいたった。他方で，この事件は，大使館や総領事館といったいわゆる在外公館は，保護または亡命を求めてくる個人，とりわけ当該国の国民以外の第三国の国民を保護する

57

権利を国際法上有するのか，といういわゆる「外交的庇護」に関する問題を提起することとなった。

❖外交的庇護権——その国際法上の性格

　政府による迫害等を理由にその本国から逃れてきた個人を保護する国家の権利は，一般に「庇護権」と呼ばれる。庇護権には，国家が自国の領域内に逃れてきた個人をその領域主権（領域管理権，属地的管轄権）を根拠に保護する「領域的庇護」と，国家が外国の領域内に所在する自国の在外公館（大使館，領事館等）や軍艦などに逃げ込んできた個人を保護する「外交的庇護」の2つに大別することができる。このうち，国家の領域主権を根拠とするものである前者の領域的庇護の権利は，国際法上の国家の権利として確立しているものと一般に理解されているが，後者の在外公館等における外交的庇護は，一般に国際法上の国家の権利として確立しているものではないと従来は理解されてきた。このような在外公館における外交的庇護の権利が国際法上確立した国家の権利とはいえないという見解は，1950年にICJが下したコロンビア・ペルー間の「庇護事件」判決で示された。この判決の中で，ICJは，外交的庇護を与える決定は，領域国の主権を侵害しその国内事項に対する干渉を構成するものである以上，このような決定はその法的根拠が明確に立証されない限り認めることができないと判示し，ペルーでの反乱に失敗してペルーにあるコロンビア大使館に逃げ込んだ反乱の指導者を安全にペルー国外に出国させることを求めたコロンビア側の請求を実質的に退けた。

　ただし実際には，在外公館に保護を求めて逃げ込んだ者に対して，人道上の配慮等の観点から安全に第三国へ出国することを認めた事

例は多く存在するし，また人権保護や人道的配慮に対する国際的な関心の高まりの中で，在外公館による外交的庇護に関する一定の国家実行の集積と法的確信の形成が行われれば，これが今後国際法上の権利として確立する可能性も残されている。しかし，その場合にも，この「外交的庇護権」はあくまで「国家の権利」としての性質を有するものであって，庇護を求める「個人の権利」としてとらえられるものではないことに留意する必要があろう。

5　国家元首・政府高官の国際法上の特権免除
──個人の国際法上の刑事責任の追及

　本講義の最後に，国家元首や大臣などの政府高官に対して，国際法上の特権免除がどのような範囲で認められるのかについて，簡単にふれることとしたい。

　大統領などの国家元首や首相，大臣などの政府高官は，武力紛争時における戦争犯罪や人道に対する罪といったきわめて例外的な場合を除いて，他国の国内裁判所の裁判管轄権からの免除が認められるものと国際法上一般に解されてきた。ところが最近では，チリの軍事政権時代の元大統領ピノチェトが英国で病気療養中に，大統領在任中の殺人，誘拐，拷問等の大規模な人権弾圧を理由としてスペインから英国に対してその身柄の引渡しの請求がなされ，当該請求の是非が英国の貴族院で争われるという事例が生じ，国際的な注目を集めた。英国のいわば最高裁判所に相当する貴族院は，国家元首には一般にその在職中の公務について他国の国内裁判権からの免除が認められるとしながら，拷問等の国際法上の犯罪については裁判権免除が認められないと判示した（1999年 **ピノチェト事件** 英国貴族

59

院判決）。

　また，これに類似した事例として，2002 年に ICJ が下したベルギー・コンゴ間の「**逮捕状事件**」判決がある。この事件では，コンゴの外務大臣であった者に対して民族的憎悪を煽ったこと等を理由にベルギー当局が逮捕状を発給したことの国際法上の合法性が争われた。さらに，旧ユーゴスラビア内戦時からのセルビア共和国の政治指導者であった**ミロシェビッチ**元大統領は，内戦時の民族浄化政策に基づく集団殺害その他の非人道的行為に対する法的責任を問われ，オランダのハーグに設けられた**旧ユーゴスラビア国際刑事裁判所**（第 15 講義参照）での裁判を受けたが，判決を待たずに 2006 年に病死した。

　このように，今日では，国家元首や大臣などの政府高官に対して一定の特権免除が国際法上認められるという原則自体は基本的に維持されているものの，とりわけ人道に対する罪に該当する行為や大規模かつ組織的な人権侵害・人権弾圧といった行為については，もはや国家元首や大臣等であることを理由にその法的責任の追及を免れることは徐々に困難になりつつあるといえる。

〔**参考文献**〕

植木俊哉「国際法は個人をいかに裁くのか？ ――国際刑事裁判所の設立とピノチェト事件」法学教室 238 号（2000）

植木俊哉「瀋陽日本総領事館事件と国際法」法学教室 263 号（2002）

尾﨑久仁子『国際人権・刑事法概論』（信山社，2004）

村瀬信也・洪恵子編『国際刑事裁判所』（東信堂，2008）

Bridgebook

第5講義
国際法に違反すれば責任を負う

国家の国際責任（国家責任）

1 国際法も「法」であるから
—「国家責任」という1つの結果

❖国際法に違反すれば国際責任が発生する！

第2講義で述べたように，国家間で結ばれた条約（および国際慣習法）は案外よく守られている。しかし，このことを裏返せば，国際法が守られないこともあり，ニュースで取り上げられるようなさまざまな国際問題が起こるということである（ただし，取り上げられる国際問題には政治的問題も多く，すべてが国際法の違反に関係するというわけではないことに注意）。たとえば，ある国家がミサイルを隣国の方向に向けて発射したという事件がニュースで取り上げられたとしよう。この国家に対しては，隣国やその他の国家からさまざまな非難がなされるであろうし，また場合によっては国連の安全保障理事会による非難決議が出されたり，制裁がとられたりすることもあろう。こうした対応と同時に，この国家が武力不行使原則という国際法の違反を行ったとして，隣国からこの事件によって発生したさまざまな損害の賠償を求められるかもしれない。

このように，国際法も「法」であるから，そこに規定された義務

61

第5講義 国際法に違反すれば責任を負う

の違反（**国際違法行為**）が行われた場合には，その違反者（国家）に対して法律上の不利益や制裁などが課されることになる。こうした国際違法行為を行った者（国家）が負わなければならない国際法上の責任のことを「**国際責任**」という。

ここで，国際違法行為を行った者（国家）という表現に対して気になる人がいるかもしれない。つまり，国際違反行為を行うのは国家だけであるとは限らないということである。確かに，かつては国家のみが国際法上の義務を負うのであると考えられていたので，国際責任とは「**国家責任**（国家の国際責任）」を指すものであるとされてきた。しかし，現在では，国連などの国際組織やわたしたち個人も国際責任を負うことがあると考えられるようになっている。たとえば，国連が派遣する**平和維持活動（PKO）**の部隊が現地の住民に被害を与える事件や事故などを起こしたときには，国連がその賠償をしなければならないとされている。また，近年発生した紛争において集団殺害（ジェノサイド）犯罪（ナチス・ドイツによるユダヤ人虐殺のように，特定の集団そのものを破壊しようという意図をもって，その集団に所属しているメンバーを殺害する犯罪）や戦争犯罪などを行った個人が国際刑事裁判所において裁判を受け，刑事責任を課されている（国際刑事裁判所については，第15講義参照）。

このことは，国際法が国家だけでなく国際組織や個人に対しても直接の結びつきをもち，義務を課すように変化してきたということを意味する。しかし，このような義務を定める国際法はいまのところ限られたものであり，国際問題として取り上げられる国際違法行為の多くはやはり国家によって引き起こされているのが現状である。そこで，以下では国家責任の問題に絞って考えることにしよう。

◈国家責任はどのように現れるか

さて，わたしたちが普段生活している国内社会では，違法行為を行った者がどのような責任を負うのかについて法律で規定されており，また，どの範囲で責任を負うのかを最終的に判断する裁判所が存在している。たとえば，自動車の飲酒運転によって歩行者をはねるという交通事故を起こした者は，民法に従って怪我をした人に対して治療費や慰謝料などの損害賠償を支払わなくてはならず（民事責任・不法行為責任），場合によっては刑法上の犯罪（危険運転致死傷罪）を行ったとして刑罰を科せられることになる（刑事責任）。刑罰を科す場合は当然のことであるが，損害賠償の金額についても裁判所で判断してもらうことができるのである。このように，国内社会では法律に違反した者が責任を負ったということは明確な形で現れ，わたしたち自身も認識しやすいように思われる。

これに対して，国際違法行為を行った国家が国家責任を負ったという話はあまり聞かないように思われるのではないだろうか。ここで思い出してもらいたいのが，国際社会は統一的に法を制定するような立法機関や訴えれば判決を出してくれる司法機関が存在しない「分権的社会」であるということである。先ほど挙げたミサイル発射事件を例にとって考えてみよう。他国に対して武力の行使をしてはいけないという武力不行使原則は，国連憲章に規定されているだけでなく，国際慣習法上のルールであることは疑いがない。そこで，ミサイルが向けられた隣国はこの義務に違反していると主張するであろう。これに対し，ミサイルの発射国はそれが合法なロケットの打上げであり，武力不行使原則の違反はなかったと反論するかもしれない。このように，実際の問題として，国家は国際違法行為を行ったとは簡単に認めないことが往々にしてある。

では，この場合のミサイル発射は武力不行使原則に違反したといえるであろうか。真実は1つであるが，分権的社会である国際社会ではミサイルの発射国の判断も隣国の判断もそれぞれ一定程度正しいものとみなされる。つまり，国際違法行為があったかどうかを一元的に判断できないのである。したがって，隣国がミサイル発射国に国家責任を負わせるためには，対抗措置や報復といったさまざまな措置をとって圧力をかけ，ミサイル発射国に国際違法行為を行ったことを認めさせるか，法的な判断を下すことができる第三者機関（たとえば，国際司法裁判所（ICJ））に事件を付託し，そこで白黒はっきりさせるかといった方法をとらざるをえない。ただし，こうした方法によって国家責任を追及することは困難であるし，必ずしもよい結果を生むとはいえない。そこで，この問題を早期に解決して両国の友好関係を築くほうが重要であり，国際違法行為であったことを認めさせなくても補償金などの「好意による」（ex gratia）金銭の支払い（たとえば，「**第五福竜丸事件**」や「コスモス954号事件」を調べてみよう）を受けたほうがよいという政治的判断がなされることもある。このように国家責任の場合には，政治的問題とも複雑に絡み合っており，明確な形で法的責任の問題が現れるとはいえない。それゆえ，国家が国家責任を負っているということが分かりづらいのである。しかし，このことは国際違法行為が行われても責任を負わないということを意味するものではなく，むしろ政治的問題として解決されたものの背後に国家責任の問題が隠されていることもあるということを意味する。

※国家責任という考え方は当たり前？

以上では，国家が国際違法行為を行った場合には国家責任を負う

と説明してきた。しかし，これまでの国際社会では国家が責任を負うということが当然のこととされてきたわけではない。というのも，かつての国際法では戦争に訴える権利が認められていたため，もし条約を締結した相手国がそこに規定される義務に違反したと考える場合には，相手国に対して軍事的措置を行い，最終的には戦争に訴えるといった政治的な方法によって自己の権利を回復することが許されていたからである。つまり，国家が国際違法行為を行った場合にどういった責任を負うのかという問題に関心をおく必要がなかったのである。

　では，国家責任という考え方は，どのようにして実際に形づくられていったのであろうか。そもそも，国家責任に関するルールは，19世紀以降にアジア，アフリカやラテンアメリカへ進出した欧米諸国が自国民の身体や財産の保護（**外交的保護**）を主張したことから発展したといわれている。当初，外国において自国民が被害を受けたとしても，それはその外国での国内法上の問題に過ぎないとされていた。つまり，国際法上の問題ではないと考えられてきたのである。しかし，欧米諸国は，いかなる国家にもその領域内にいる外国人の身体や財産を相当な注意をもって保護すべき義務があると主張し，外国で自国民が被害を受けたことを国家間の問題にしようと考えた。そこで，自国民に対する被害を国際法の違反として，外交交渉や仲裁裁判などによって金銭賠償などを求めるという国家責任の考え方を主張したのである。

　その後，戦争に訴えることが国際法で禁止されるようになり，国際的な紛争を平和的に解決しなければならないというルールが確立してきた。これを受けて，国家責任という考え方は国際法上の義務の違反の場合に一般的に適用されるものであるとされるようになっ

た。こうした流れの中で，国家責任に関するさまざまな国家実行や国際判例が積み重ねられていった。第二次大戦後は，国連の**国際法委員会（ILC）**においても国家責任に関するルールを法典化しようとする作業が行われた。この法典化作業では，国家の国際違法行為から生じる国家責任について，国家が負っている具体的な義務の内容については触れずに，もし国家が国際法上の義務の違反を行えば，どのような責任（結果）を負うのかという抽象的な問題だけを扱うものとされた。実際のところ，国家はさまざまな内容の義務を引き受けており，それに伴ってさまざまな内容の責任を負うというわけではない。そこで，そこに共通すると考えられるルールを中心に新たな規則を含めて法典化作業が進められていったのである。その集大成として，2001 年に ILC は「『国際違法行為に対する国家の責任』に関する条文草案」（以下では，**国家責任条文**，または条文とする）を採択した。この条文はいまのところ，条約という形では発効しておらず，それ自体として国際法上の法的効力をもつものではない。にもかかわらず，これまでの国家実行や国際判例を取り上げ，国家責任という国際法全体に関わるルールを体系化したものとして，この条文は国家責任問題を考えるための重要な文書として評価されている。

　そこで，以下では国際法が国家責任をどのように定めているかについて，この条文を参考にして考えることにする。その際，国家が国際違法行為を行えば国家責任を負うといっても，一体誰のどのような行為を国家の行為と呼ぶのか，その責任を誰が追及できるのか，最終的にどのような行動をとれば責任を果たしたということができるのか，これらの問題を中心にみていくことにしよう。

2 誰の行為が国際法に違反したというのか？
──国家責任の発生要件

※国家の行為が国際義務に違反すれば…

まず，どのような場合に国家責任が発生するのかについて考えてみることにしよう。これまで述べてきたように，「国のすべての国際違法行為はその国の国際責任を生じさせる」（条文1条）と考えられている。つまり，国家責任が発生する場合とは，国家が国際違法行為を行ったときであるといえる。では，どのような場合に国家が**国際違法行為**を行ったとされるのであろうか。1つの有力な考え方として，国家が国際違法行為を行ったとは，①問題となっている行為が国際法上その国家の行為とみなされること，②その行為がその国家に課された国際義務の違反を構成すること，という2つの要件を満たす場合であるとされる（条文2条）。これだけでよいという考えは単純で，非常に分かりやすいものであるが，実際に問題が発生した場合には事実との関係から複雑な話になることが多い。

そこで，次のような実際に起こった事件を1つの素材としてこの問題を考えてみることにしよう。

イランでは，1979年の宗教革命によって米国寄りであった国王が追放され，宗教的指導者であるホメイニ師が国家の代表として実権を握ることとなった。その直後，ホメイニ師を支持する過激派学生がテヘランにある米国大使館周辺で大規模なデモを行い，その一部が大使館に侵入し，大使館員や米国国民を人質に取るという事件が発生した。この事件が発生したとき，大使館を警護すべきであったイラン職員は姿を消していたのである。この事件の発生後ホメイ

＝師は，大使館を占拠して人質を取り続ける学生の行動を支持し，承認するという旨の布告を行った。これに対し，米国は，この行為が外交関係条約（「外交関係に関するウィーン条約」）などに違反するとして，人質の解放と損害賠償を求めて ICJ に提訴した。この事件は「在テヘラン米国大使館人質事件」（以下では，テヘラン人質事件とする）と呼ばれる非常に有名なものである（第 11 講義 3 参照）。

　では，この事件において，①国家の行為とはどの行為を指すのであろうか，②行われた国際義務の違反とは何かを考えてみよう。

※国家の行為といっても結局は誰かの行為

　国家が行為を行うといっても国家自身が実際に動くわけではない以上，誰か個人が行った行為を国家の行為とみなすことにならざるをえない。しかし，誰か個人の行為といってもわたしたちのような一般人（私人）の行為もあれば，総理大臣や国会議員といった特別の地位にある人（公人）の行為もある。こうした個人の行為すべてが国家の行為とされるというのであれば，国家はすべての個人を常に監視しておかなければならないであろう。こうしたことは非現実的であるだけではなく，不合理でもある。では，誰の行為が国際法上国家の行為とみなされるのであろうか。

　まず，国会，内閣，裁判所など国家の運営に必要な機関にかかわっている国会議員，大臣，裁判官などの公務員の行為は国家の行為とされるということは問題ないであろう。こうした公務員は，国際法では「国家機関の地位」にある者とされ，その者に与えられた権限の範囲内で行った行為は，立法，行政，司法のうちのどれにかかわるものであっても，また，その者が国内法においてどのような地位にあっても，国家の行為とみなされる（条文 4 条）。さらに，米

国の州や日本の都道府県といった地方公共団体の機関，たとえば，知事や警察官などの地方公務員の行為であっても，すべて国家の行為とみなされる。つまり，公務員がその職務として行った行為は，国際法においては国家の行為であると考えられるのである。したがって，国会において法律を制定すること，裁判所が判決を下すことなども国家の行為とされる。

また，こうした公務員の行為に類似する行為，たとえば，事実上国家の命令に従って行動している者の行為や，そもそも私人が行った行為であったが，その後国家が自らの行為として認め，採用された行為についてはどうであろうか。これらの行為についても，国家の行為として問題はなさそうである。このように国家と一定の結びつきがあると考えられる行為は，国家の行為とみなされている（条文8，11条）。このことを裏返せば，国家と結びつきのない私的な行為や私人の行為は国家の行為とはみなさないということになる。

では，ここでテヘラン人質事件に戻って考えてみよう。まず，イラン人の過激派学生が米国大使館を占拠し，人質をとった行為はどうであろうか。この学生は「国家の機関」であるとは考えられないし，事実上国家の命令に従っていたともいえないであろう。したがって，この行為は私人の行為ということになる。次に，大使館を警護していた職員の行為（すべきことをしなかったということも「不作為」の行為とされる）はどうであろうか。大使館の警護は接受国の特別の責務とされており（外交関係条約22条2項），その任務に当たるのは警察官などイランの公務員である。したがって，この行為は国家の行為ということになる。また，ホメイニ師の布告は，イランの国家の代表が過激派学生の行為を公的に認め，採用したものであると考えられる。とすれば，このとき以降，過激派学生の行為は

国家の行為とみなされることになるであろう。

※私人の行為だからといって放っておけない

ところで，わたしたちが日常生活で行うさまざまな行為を含め私人の行為は国家の行為とみなされることはない。したがって，国際法によって禁止されているテロ犯罪や集団殺害犯罪が行われたとしても，それが国家と結びつきのない私人の行為であれば，国家の行為とはみなされないのである。つまり，このような行為について国家が責任を負うことはなく，テロ犯罪や集団殺害犯罪を行った私人がその刑事責任を負うに過ぎない（第14講義参照）。

では，問題となる行為が私人の行為であれば，国家はその行為を放っておいても問題ないのであろうか。たとえば，私人の犯罪集団が外国人を襲う準備をしていることを知りながら，警察機構がそれを防止するための予防措置をとらなかった場合や，私人による犯罪行為に外国人が巻き込まれたにもかかわらずそれに関して司法機関が何らの措置もとらなかった場合であっても，国家と結びつきはないといえるであろうか。ここで注目すべきポイントは，問題となった私人の行為そのものではなく，そのような私人の行為に関連する国家機関の行為である。少し前に簡単に触れたが，国家はその領域内にある他国の権利や財産，さらには領域内にいる外国人の身体や財産に対する損害が私人の行為によって発生しないよう防止する「相当の注意」（due diligence）義務を負っている。こうした義務があることから，私人の行為に関連して国家機関が何らの措置もとらないことは，国家の（不作為の）行為とされ，場合によっては国家責任を発生させることにもなるのである。

したがって，テヘラン人質事件において大使館を警護する職員が

逃げ出したことやイラン政府が事件に対して何らの措置もとらなかったことは、過激派学生の行動を防止しなかったという側面から国家の行為として問題となるのである。

❖国際義務の違反があればそれでよいのか

先に述べたように、国家責任が発生するためには、公務員などの国家機関の地位にある者の行った行為がその国家に課されている国際義務に違反していることが必要である。国際義務の違反とはどのようなものであろうか。国家責任条文によれば、国家の行為が条約であれ、国際慣習法であれ、定められた義務により要求されている行為と一致しないときに、国際義務の違反が存在すると規定するだけである（条文12条）。つまり、実際に国際義務に違反したかどうかは、問題とされる条約や国際慣習法の規則がどのような義務を規定しているのかによって判断されることになる。

このことをテヘラン人質事件において確認すると、次のようになる。まず、イランは米国大使館および大使館員を保護するための適当な措置をとるという外交関係条約上の特別の義務を負っていた（外交関係条約22条、29条）と同時に、私人の行為による侵害の発生を防止するために相当な注意を払うという国際慣習法上の義務を負っていた。しかし、警護の職員が逃げ出したために、適当な措置をとらなかったという外交関係条約上の義務違反と私人による侵害を防止するための注意義務を怠ったという国際慣習法上の義務違反が発生したということになる。また、ホメイニ師の布告以降は、過激派学生の行為は国家の行為であるとみなされるのであるから、イラン自身が大使館および大使館員の身体の不可侵という外交関係条約上の義務違反を行ったということになる。その結果、イランには

この事件について国家責任が発生することになるとされたのである（1980 年 ICJ 判決）。

❖国際義務の違反をしても責任を問われないこともある

しかし，国際法によって要求される義務に違反しても，一定の事情があれば国家責任が発生しないとされる場合がある。このような事情のことを **違法性阻却事由** という。この用語については，刑法における **正当防衛**（刑法 36 条 1 項）などの例から知っている人も多いであろう。国家責任条文では国際法上の 6 つの違法性阻却事由を規定している（条文 20 〜 25 条）。これらは他国による何らかの行為があったことが違法性阻却事由とされるもの（被害国の同意，自衛，対抗措置）と，偶然の外部的な事情があったことが違法性阻却事由とされるもの（不可抗力，遭難，緊急避難）とに分けられる。

まず，被害国の **同意** が事前になされていれば，国際義務の違反を行ってもその違法性が阻却されることになる。国際法が国家間の合意で成立していることからすれば，ある意味当然のことかもしれない。次に， **自衛** であるが，他国の武力攻撃に対して国連憲章に合致してなされる自衛権の行使は違法とはされないということである。国連憲章 51 条が国家の自衛権を認めていることを受けたものである。また， **対抗措置** であるが，これは他国が国際義務の違反を行ったことに対して，それと同等の国際義務の違反でこれに対抗することをいう。たとえば，国家が違法行為を行ったと考える他国に対して禁輸措置や資産の凍結など一方的に経済制裁を加えたりするときの理由付けとして用いられるものである。ただし，対抗措置としてとることができるものには制限があり，武力による威嚇または武力の行使や基本的人権を侵害するものであってはならないとされ

ている（条文50条）。**不可抗力**とは，悪天候や地震などの自然現象や戦争や内戦などの人為的な事態によって国際法上の義務を履行することが物理的に不可能な場合をいう。**遭難**であるが，これは人の生命などを救うために，最終的な手段として国際義務の違反を行う場合を意味する。この遭難が問題となった事例として，1985年に発生した**レインボー・ウォーリア号事件**が挙げられる。この事件は，フランスの核実験に抗議するためにニュージーランドの港に停泊していた国際環境保護団体グリンピース所有の船舶レインボー・ウォーリア号をフランスの諜報機関所属の軍人2名が爆破し，乗組員を死亡させたことに端を発する。その後，この軍人らの処罰をめぐってフランスとニュージーランド間の紛争が発生したため，国連事務総長の裁定によって，犯人である軍人らは太平洋上の島の基地に3年間隔離されるなどの条件で解決されることとなった。ところが，健康の悪化に対して治療する医療機関がないなどの諸事情から，軍人らはその期間満了前にフランスに移送されてしまった。ニュージーランドはこのことが国際法に違反するとして仲裁裁判に訴えたが，この判決の中で，本件の移送は違法性阻却事由である遭難にあたるとされたのである。また，**緊急避難**とは，重大かつ急迫な危険から国家の基本的義務を守るために，最終的な手段として国際義務の違反を行うことを意味する。この緊急避難については，1967年の**トリー・キャニオン号事件**が挙げられる。この事件は，リベリア船籍のタンカーであるトリー・キャニオン号が英国沖で座礁し，原油流出事故を起こしたことに対して英国が自国沿岸の環境（自国の利益）を保護するために，最終手段としてこのタンカーを爆撃した行為が緊急避難とみなされたというものである。

3 被害を受けた国が責任を追及する

◈国家責任を追及できるのは誰か

　以上で述べたように，国際違法行為を行った国家は国家責任を負うことになるが，この責任を追及することができるのは誰であろうか。まず思いつくのは，国際違法行為によって直接に被害を受けた国家（被害国）である。ここでいう「被害」とは，国際法上の権利または利益が侵害され，それによって損害が発生していることを意味する。たとえば，テヘラン人質事件の場合には，外交関係条約という国際法の権利が侵害され，それによって大使館が使用できない，壊されたといった物質的な損害が発生していると考えられる。また，外国船舶による領海侵犯の場合には，領域主権という国際法上の権利が侵害されていると考えられ，実際上の損害があるようにみえない場合であっても，国家の威信などの精神的な損害が発生しているものとされる場合がある。このように，国際違法行為が行われ，それによって物質的なものであれ精神的なものであれ損害を受けた国家が被害国とされ，国家責任を追及できるのである。

　ところで，この講義の最初に挙げたミサイル発射事件の場合について，隣国が被害国として国家責任を追及できることは理解できるであろう。では，この事件によって武力不行使原則の違反が行われ，「国際の平和と安全」という国際社会の一般利益が侵害されたとして，その他の国家も国家責任を追及することができるであろうか。確かに，最近では，国際社会の組織化が進んできており，武力不行使原則の違反が国際社会の一般利益を侵害するものであると考えら

れるようになってきていることからすれば，いかなる国家でも国家責任の追及ができるように思われる。しかしながら，こうした国際社会の一般利益を根拠に国家責任を追及できるとまでは必ずしも考えられていない。たとえば，南アフリカによる南西アフリカ（現在のナミビア）のアパルトヘイトに基づいた統治が問題となった**南西アフリカ事件**（1966年ICJ判決〔第2段階〕）において，その統治が国際法（正確には，委任統治の権限）に違反すると訴えたエチオピアとリベリアに対して，ICJは両国に直接の法的権利や利益の侵害が存在せず，国家責任を追及する資格がないとした。

ところが，国家責任条文においては，違反された義務が「国際社会全体に対して負う義務」である場合には，被害国以外の国家も国家責任を追及できると規定されている（条文48条）。この規定は，国際社会の一般利益を尊重しようとする考え方から新たに規定されたものであるが，実際にこのような国家責任の追及が認められるためには解決すべき問題が数多く残されているといえよう。

❖国民が被害を受けた場合はどうか

ところで，国際違法行為によって被害を直接受けるのは国家ではなく，私人であるという場合もある。たとえば，外国に滞在する私人がその国家から人権侵害を受けたが，そのような人権侵害が国際法上の権利や利益の侵害にあたる場合である。私人が被害を受けた場合，その者自身が国家責任を追及することはできないのであろうか。残念ながら，私人は，条約などによって特別に認められていない限り，加害国の国家責任を国際法上直接追及することは原則としてできないとされている。では，このような場合に誰が国家責任を追及できるのかといえば，被害者である私人の本国（国籍国）であ

る。すなわち，自国民が外国で身体や財産などについて被害を受けた場合には，その被害者の本国が **外交的保護権** を行使することによって，自らの被害として国家責任を追及することになる。

ただ，国家が外交的保護権を行使することは，もともとは私人と国家のあいだの問題であったものを国家間の国際紛争に拡大することを意味する。そこで，外交的保護権を行使するためには，「**国籍継続の原則**」と「**国内的救済完了の原則**」という2つの要件を満たさなければならないとされる（条文44条）。すなわち，被害者である私人は被害を受けた時点から外交的保護権を行使する国家の国籍を継続してもっていなければならず，被害を受けた国内で利用できる法的な救済手段をすべて行っていなければならないのである。

4 被害国も納得する責任の果たし方
　——国家責任の解除の方法

❖どうすれば国家責任を果たしたとされるのか

被害国が国際違法行為を行った国家（加害国）に対して国家責任を追及することを国際請求という。この請求は，国際紛争を平和的に解決する義務（国連憲章2条3項）が確立していることから，被害国と加害国のあいだでの「**交渉**」，第三者を介しての「**仲介**」や「**調停**」，さらには「国際裁判」への提訴などの平和的手段（国連憲章33条）によって行われることになる（詳細は，第11講義を参照）。

こうした国際請求を行うことで国際責任が発生していることを加害国が認め，あるいはそれが判決などによって認定された場合に，加害国はどのような措置をとらなければならないのであろうか。国

家責任条文によれば，とりあえず，加害国が行っている国際違法行為が継続性のあるものであれば，それを直ちに中止し，事情によっては国際違法行為を繰り返さないことを被害国に約束（**再発防止の保証**）しなければならない（条文 30 条）。そして，国際違法行為によって生じたあらゆる損害を「**賠償**」(reparation) しなければならない（条文 31 条）。加害国が被害国に対して「賠償」を行うことによって国際違法行為の結果を取り除くことを，国家責任の解除という。ここでいう「賠償」とは，「可能な限り違法行為のすべての結果を除去し，かつ，その行為が行われなかったならばおそらく存在したであろう状態を回復」するということである。その具体的な方法としては，原状回復，金銭賠償，サティスファクション（満足または外形的行為による救済ともいわれる）などが一般的に挙げられる（条文 34 条）。

◈被害国が納得する賠償を

まず，**原状回復**とは，そもそも国際違法行為が行われなければ存在したであろう状態を回復することであり（条文 35 条），最も基本的な国家責任の解除の手段であるとされる。たとえば，テヘラン人質事件であれば，直ちに大使館を明け渡し，人質を解放し，こうした事件の再発を防止することを約束することになろう。しかし，国際違法行為によって人が死亡し，物品が破壊されるという場合のように，原状回復が不可能または事実上困難なことが多い。そこで用いられるのが，原状回復に相当する範囲内で，被害国が受けた損害を金銭に算定し，そこで算定した賠償額を支払う**金銭賠償**である（条文 36 条）。たとえば，先にあげたレインボー・ウォーリア号事件では，国連事務総長の裁定に従ってフランスがニュージーランド

に対して金銭賠償として700万米ドルを支払った。また，1999年のコソボ内戦の際に行われた北大西洋条約機構（NATO）による空爆において発生した米軍による中国大使館の誤爆事件については，3250万米ドルの支払いが米中間で合意された。しかし，こうした金銭賠償の例からすると，この金額は厳密に損害を算定したものというわけではなく，双方が納得する金額で決着しているように思われる。

　では，残された国家責任の解除方法である**サティスファクション**とはどのようなものなのであろうか。これは，国家の名誉や信用が侵害されるといった精神的な損害に対して行われるものであり，加害国による口頭や書面による陳謝，問題となった行為が国際違法行為であることの確認，国際違法行為について責任ある個人の処罰などが含まれるものであるとされる（条約37条）。たとえば，レインボー・ウォーリア号事件の国連事務総長の裁定においては，フランスによる陳謝と軍人らの基地への3年間の隔離が命じられたことがこれに該当するであろう。また，ボスニア内戦で行われた集団殺害についてボスニア・ヘルツェゴビナがセルビアをジェノサイド条約の違反を理由に訴えた**ジェノサイド条約適用事件**（2007年ICJ判決）では，セルビアが集団殺害を防止する義務や集団殺害の犯人を処罰する義務に違反したことをICJが宣言した。この判決では，こうした国際法に違反することの宣言だけでなく，集団殺害の犯人を**旧ユーゴスラビア国際刑事裁判所（ICTY）**に引き渡すよう求めているが，これらもサティスファクションの一例であると考えられる。

　このように，国家責任は，以上の方法の1つまたはいくつかを組み合わせて，加害国が発生した損害を被害国が納得するよう十分に「賠償」することによって解除されるのである。しかし，実際に発

生した問題は，純粋に国家責任によってのみ解決されるわけではなく，さまざまな政治的関係の中で加害国と被害国がともに納得する形で解決されているのである。

〔参考文献〕

安藤仁介「国際法における国家の責任」『基本法学5・責任』（岩波書店，1984）

松井芳郎「伝統的国際法における国家責任法の性格——国家責任法の転換（1）」「国際連合における国家責任法の転換——国家責任法の転換（2・完）」国際法外交雑誌89巻1号（1990），91巻4号（1992）

山本草二「国家責任成立の国際法上の基盤」国際法外交雑誌93巻3・4号（1994）

長谷川正国「国際法における国家の責任」国際法学会編，日本と国際法の100年第1巻『国際社会の法と政治』（三省堂，2001）

西村弓「国家責任法の妥当基盤——違法性の根拠と手続的基盤の視点から」国際法外交雑誌102巻2号（2003）

兼原敦子「1990年代以降における国際法委員会の具体的成果——国家責任条文第一部にみる法典化の方法論の批判的考察」村瀬信也・鶴岡公二編『変革期の国際法委員会：山田中正大使傘寿記念』（信山社，2011）

Bridgebook

第6講義
地球規模でスタンダードを形成する

国際組織の発展とその役割

1 なぜ国際組織は生まれたのか
──国際組織の登場

❖ヨーロッパに生まれた近代の国際法秩序

　15世紀末から16世紀の大航海時代以降，スペインやポルトガル，オランダ，そして英国，フランスといったヨーロッパ諸国の海外進出が進んだが，それは単一の国際的なルールが世界的規模で適用される時代の到来を意味するものでは必ずしもなかった。ヨーロッパ内，とりわけ現在のドイツを中心とする中部ヨーロッパでの悲惨な殺戮をもたらした**三十年戦争**を終了させた1648年の**ウエストファリア条約**によって，主権国家をその基本的な構成主体とする近代の国際法秩序の基盤が築かれたが，17世紀および18世紀の近代国際法秩序は，基本的にはヨーロッパ世界内部での国家権力間のルールに過ぎなかった。

　ところが，18世紀後半以降，ヨーロッパ諸国で進展した産業革命によって科学技術や産業貿易の基盤が飛躍的に発展し，同時に市民革命による社会構造の変化を受けて，19世紀の前半になると，国境を越えた人や物の交流が急速に増加していき，このような国境

を越えた諸活動を規律するための新たな方法と枠組みが国際社会，とりわけヨーロッパ諸国間で必要とされるようになる。そこで，諸国に共通する利益の実現のために諸国が合意によって新たな組織体を創設し，その組織体の活動を通じて諸国に共通する利益（いわば国際公益）の実現をはかるという新たな方法が登場する。このような目的のために，19世紀以降，主としてヨーロッパ諸国を中心に創設されるようになったものが「**国際組織**」（international organization）である。

このように，国際組織とは，各国家が諸国に共通して存在する問題を協力して処理するために合意に基づいて創設する組織体であり，あくまで国家の自発的な意思に基づいてその利益の実現のために設立されるものである。国家が国際組織の創設に合意する（あるいは既に創設されている国際組織に後から加入する）のは，それが自国の利益にかなうからであり，その意味で国家がある国際組織への加入を他の国家等から強制されることは基本的にないのである。

したがって，19世紀以降今日にいたるまで，さまざまな国際組織が国際社会に登場し，その数もその任務の範囲も飛躍的に拡大を遂げた理由，いわば国際組織の登場と発展が国際社会において不可避であった理由は，次の点にあるといえる。すなわち，国際社会における国家間の相互交流と相互依存の進展に伴い，各国が自国単独で問題の処理にあたるよりも，国際組織を創設してその活動を通じて統一的に問題を処理していったほうが，各国家それぞれにとっても有利であるような分野が，時代を経るに従って急速に増大していったためである。以下では，この点も念頭におきながら，国際組織の歴史的な発展を具体的に検討していきたい。

2 国際組織はどのように発展を遂げてきたのか
——国際組織の歴史的発展

❖国際河川委員会と国際衛生理事会

19世紀に登場した歴史上最も初期の国際組織は，ヨーロッパの国際河川（複数の国家領域を貫流する河川）の管理のために創設された国際河川委員会と呼ばれる組織体である。**国際河川委員会**は，国際河川を航行するすべての船舶の安全の確保という諸国に共通する利益（国際公益）の実現を目的として創設された国際機関であり，以下の *3* で述べる国際組織の要件を満たす最も初期のものである。ある河川（たとえばダニューブ河（ドナウ河））の沿岸に位置する各国（沿河国と呼ばれる）がまったく異なった内容の国内法を制定し，その河川を航行する船舶に対してこれを適用するとすれば，その船舶は当該国際河川の右岸または左岸がA国からB国，そしてC国，D国と変わるたびに異なる内容の法の適用を受けることになる。さらに加えて，たとえば沿河国それぞれから航行税を徴収されるとすれば，船舶によるその河川の航行は実際上きわめて困難となる。したがって，国際河川における船舶の安全かつ円滑な航行を確保するためには，国際的な機関を創設することを通じて，当該河川に関する統一的な規則の適用を確保することが必要である。このような目的から，19世紀になるとヨーロッパの主要な国際河川には国際河川委員会が次々に創設されていった。たとえば，ライン河については1831年に**ライン河中央委員会**が創設され，ドナウ河についてはクリミア戦争後の1856年のパリ条約により**ヨーロッパ・ダニューブ委員会**が創設された。とりわけ，このヨーロッパ・ダニューブ委員

会は，航行税の徴収，船舶の安全航行の維持・確保のための工事の計画・実施といった直接的な行政・執行権限のほか，私人を直接拘束する航行規則の制定といった一種の立法権限をも行使し，第二次大戦後にその権限が縮小されるまで「河川国家」（River State）と呼ばれるほどの強力な権限を行使した。

国際河川委員会と並んで，19世紀に創設された国際機関として，**国際衛生理事会** がある。国際衛生理事会は，コレラ等の伝染病の蔓延の防止という諸国に共通する利益（国際公益）の実現を目的として，19世紀から当時のオスマン・トルコ領の主要都市（コンスタンチノープル，タンジール，アレキサンドリア等）に創設された。この国際衛生理事会も，伝染病の蔓延を防ぐために私人を直接に拘束する規則を制定する権限を認められていた。この国際衛生理事会は，沿革的には今日の専門機関の1つである世界保健機関（WHO）の任務の一部を遂行するものであったと考えられる。

ただし，国際河川委員会と国際衛生理事会は，それぞれ国際河川における船舶の安全な航行の確保と伝染病の国際的な蔓延の防止という，形式的にはすべての国に共通する利益の実現のために創設されたものであったが，これらの組織では実際上英国やフランスといった当時のヨーロッパの強国が大きな発言権をもっており，これら大国の国家利益の実現という政治的役割をも担うものでもあったことにも留意する必要がある。ヨーロッパ・ダニューブ委員会や国際衛生理事会といった強力な権限をもった国際組織の誕生が19世紀後半に可能となった背景には，当時ヨーロッパの大国であった英仏両国などによるダニューブ河流域の中東欧地域やオスマン・トルコ領に対する政治的・軍事的な影響力の拡大があったのである。

❖国際行政連合

　このような国際河川委員会や国際衛生理事会と並んで，19世紀後半になると，通信，郵便，交通，通商，工業，農業，衛生，科学技術といったさまざまな専門分野で，国境を越えた交流が活発になり，このような各分野の専門的，技術的諸問題を国際的に処理するための機関が創設されるようになった。これが，**国際行政連合**（international administrative unions）と呼ばれる組織であり，これらの組織の多くは今日の国連の専門機関の源流をなすものである。たとえば，最も早く創設された国際行政連合である1865年設立の**国際電気通信連合（ITU）**と1874年設立の**万国郵便連合（UPU）**は，それぞれ現在も国連の専門機関となっているし，1883年創設の工業所有権保護同盟と1886年創設の著作権保護同盟は，今日では統合して**世界知的所有権機関（WIPO）**という専門機関となっている。この他にも，1890年創設の国際関税公表同盟は，第二次大戦後の**関税及び貿易に関する一般協定（GATT）**を経て今日の**世界貿易機関（WTO）**の源流をなすものであるし，1905年創設の万国農事協会と1907年創設の公衆衛生国際事務局は，それぞれ現在の専門機関である**国連食糧農業機関（FAO）**と**世界保健機関（WHO）**につながる系譜のものである。

　19世紀の後半にこれら各種の専門分野において国際行政連合という組織体が誕生した背景には，それぞれの分野における国際的な交流が活発化し，一国の国内法のみで当該分野の問題をすべて処理することが次第に困難となっていったという事情（国境を越えた郵便や電信のやりとりを思い浮かべれば納得できるであろう）がある。ただ，これらの国際行政連合は，関係各分野における専門的・技術的な基準等を制定する権限をもつとしても，その効力は受け入れを表

明する加盟国だけを拘束するものにとどまり，またその他の権限としても加盟各国の当該分野に関する情報の収集や公開といった緩やかな権限しか認められないものが大半であった。また，軍事力や産業力など国家利益の根幹にかかわる分野については，このような国際行政連合の創設による国際的な規制という現象はほとんどみられなかった。しかし，国際組織の歴史的な発展を考える場合，19世紀後半以降の国際行政連合の登場は，20世紀におけるその後の国際組織の新たな展開の前提となる重要な意義をもつものであった。

◈国際連盟と国際労働機関（ILO）

1914年にヨーロッパで開始され1918年に終結した第一次大戦は，それまでの戦争とは比較にならない惨禍を人類にもたらし，国際社会の大きな構造変革を引き起こすことになった。その結果として，国際法規範の内容自体も，大きな変化を遂げることになるが（たとえば「戦争の手続と手段の規制」から「戦争自体の規制」へという発展等），国際組織に関しても，第一次大戦はその飛躍的な発展の誘因となった。具体的には，第一次大戦後，人類史上初めての普遍的（加盟国の範囲や規模が世界的であること）かつ一般的（権限の範囲が広範であること）国際組織である 国際連盟（League of Nations）が誕生し，また連盟と同じくスイスのジュネーヴに本部をおく 国際労働機関（ILO）が設立された。

とりわけ，国際連盟の誕生は，国際組織の歴史的発展の中で画期的な意義をもつものであった。連盟は，米国などごく一部の国を除いて，当時の世界中の独立国のほとんどすべてを加盟国とし，その権限の範囲も，紛争の平和的解決（連盟規約15条）から制裁等を通じての強制的解決（同16条），軍備縮少（同8条），さらには人道的，

社会的，経済的任務（同 23 条）にいたるまで，きわめて広範な分野に及んだ。実際，1920 年代には，1925 年の **ロカルノ条約** や 1928 年の **不戦条約**（「戦争放棄に関する条約」）などとも相まって，連盟は国際社会の平和と秩序維持の中心的役割を担った。

しかし，1930 年代に入り，世界恐慌の下で各国の経済がきわめて深刻な危機に陥り，これに対応して世界各地でブロック経済化の動きやファシズムの台頭が進むと，世界平和を維持するための国際連盟の役割の限界と欠陥があらわになった。日本やドイツといった有力な加盟国の脱退や，イタリアのエチオピア侵略に対して連盟が実質的に有効な制裁措置を発動できなかったことは，国際連盟の無力さを国際社会に露呈することとなった。1939 年のナチス・ドイツによるポーランド侵攻により第二次大戦が始まった後も，国際連盟は存続し続け，フィンランドに対する侵略を理由に 1940 年にソ連を連盟から除名するなどの措置をとったが，連盟はもはや現実の国際社会での大戦争を終結させるための有効な手段を取りえず，その存在理由を実質的に失うこととなった。

このような連盟に代わる普遍的かつ一般的な国際組織として第二次大戦中から構想され，日本がまだ降伏する前の 1945 年 6 月にサンフランシスコでの連合国会議で採択されたものが国連憲章（「国際連合憲章」）であり，同年 10 月に発効した同憲章に基づき，**国際連合（国連）** が正式に発足することとなった。現代に至るまで国際社会のさまざまな分野において，国連はきわめて大きな役割と機能を担っているが，このうち国連による人権の国際的保障に関しては第 9 講義，国連による国際の平和と安全の維持に関しては第 12 講義を，それぞれ参照していただきたい。

3 国際組織とは何か
——国際組織の定義と要件

　以上では，現在にいたるまでの国際組織の発展の歴史を簡単に振り返ったが，それでは今日では国際社会のいかなる組織体が「国際組織」と考えられるのであろうか。次に，このような国際組織の定義と要件について考えてみたい。

❖「国際組織」と認められるためには
　国際組織は，まず第1に，国家をその構成員（メンバー）とする組織体であり，この点で個人または私人をその構成員とする私的な国際団体である NGO（non-governmental organization；非政府間（国際）組織）とは区別される。一般に，国家（ないしは政府）をその構成員とする 政府間（国際）組織（governmental organization）のみを国際組織と呼ぶ。このような国際組織のとらえ方は，「条約法に関するウィーン条約」での "international organization" という用語の定義でも採用されている（同条約2条1項（i），ただし，同条約の日本語公定訳では，"international organization" の訳語として「国際機関」という訳語が用いられている）。今日，例外的に私人（またはその代表）に一定の代表資格等を認める国際組織（ILO における使用者団体代表と労働者団体代表，ヨーロッパ連合（EU）におけるヨーロッパ議会議員や委員会委員等）も存在するが，このような場合も当該組織の構成員としての地位を有するものが各加盟国という国家であることに変わりはない。また，国際組織の構成員としての地位が他の国際組織に認められる場合（WTO におけるヨーロッパ共同体（EC）

など）や，厳密な意味での主権国家以外のものに国際組織の加盟資格が認められる場合（白ロシアとウクライナに国連加盟国としての地位がソ連解体以前の国連発足当初から認められていたことなど）もないわけではないが，これらはいずれもきわめて例外的な現象である。

第2に，国際組織は，国家間の合意を基礎として創設される。このような国際組織の成立を定めた条約は，一般に国際組織の設立条約と呼ばれる。たとえば，国連でいえば国連憲章，ユネスコ（国連教育科学文化機関）であればユネスコ憲章が，それぞれの設立条約にあたる。設立条約は，形式的には国家（当該組織の加盟国）をその当事者とする国家間条約であると同時に，組織の目的や機能，権限や組織構造などの基本的骨格を定める当該組織にとっての基本文書または基本法としての性格を併せもつものである。

第3に，国際組織は，それぞれの組織の目的を実現するための機能を遂行するものである。いいかえれば，国際組織は一定の機能を遂行するために設立された機能的団体であるという点で，固有の領土をもつ領域団体である国家とは本質的にその性質を異にする。したがって，国際社会の一次的・本源的な法主体は国家であり，このような国家の合意に基づいて創設される二次的・派生的な法主体が国際組織であるというように，国家と国際組織の関係を整理することができよう。

第4に，国際組織は，一定の常設的な機関を保持するものでなければならない。この常設性という要件は，必要に応じて召集され任務が終了すれば解散するアド・ホック（ad hoc）な存在である**国際会議**（international conference）と国際組織とを区別する重要な基準ともなる。そして，常設化された国際組織の機関は，加盟国とは区別された組織固有の意思を一定の手続を経て表明するが，このよう

な組織独自の意思の表明のプロセスが国際組織の意思決定手続と呼ばれるものである。

今日，国際組織とされるものは，少なくとも以上の4つの要素，すなわち，①国家をその構成員とする，②国家間の合意を基礎とする，③一定の目的実現のための機能を遂行する，④常設の機関を保持し組織独自の意思を形成する，を満たすものでなければならないと考えられる。

4 現在ではどのような国際組織が存在するのか
──国際組織の類型

それでは，以上 3 で挙げた要件を満たす国際組織として，現在では実際にどのようなものが国際社会に存在しているのであろうか。現存する国際組織を考える場合，いくつかの観点からこれらを分類・整理することが可能である。

◈普遍的国際組織と地域的国際組織

まず国際組織は，それぞれの組織の加盟国の地理的範囲の広がりによって，普遍的国際組織と地域的国際組織の2つに分類することができる。「普遍的国際組織」とは，国連や各種の専門機関（現在これにあたる組織は 17 存在する）のように，加盟国の地理的範囲が一定の地域に限定されておらず，世界中のすべての国が原則として加盟国となる資格をもつものである。これらの普遍的国際組織においては，加盟国を可能な限り増やして組織の普遍性を高めることが重要な要素とされており，この観点から組織への加入要件は緩やかである場合が多い。

これに対して，「地域的国際組織」とは，加盟国の範囲がヨーロッパや米州，アフリカ，アジア，あるいは環太平洋諸国や東南アジア諸国といった形で一定の地理的条件を満たす国に限定されている組織のことである。ヨーロッパにおける EU（ヨーロッパ連合）やヨーロッパ審議会，アメリカ大陸における 米州機構（OAS），アフリカにおける アフリカ統一機構（OAU）やこれを発展・改組して 2002 年に発足した アフリカ連合（AU），アジアにおける 東南アジア諸国連合（ASEAN）といったものが，その例として挙げられる。ヨーロッパ安全保障協力機構（OSCE）や 北大西洋条約機構（NATO）といった一定地域における平和維持や安全保障等をその目的とする組織も，この地域的国際組織に含まれる。

※一般的国際組織と専門的国際組織

次に，それぞれの国際組織が目的および任務の対象とする分野の範囲に照らして，一般的国際組織 と 専門的国際組織（または機能的国際組織）とに分けることができる。このうちの「一般的国際組織」とは，組織の目的と任務が特定の専門的分野に限定されず，政治的，経済的分野から社会的，文化的協力にいたるまで幅広い活動を行っている国際組織をさす。たとえば，普遍的国際組織の中では国連，地域的国際組織の中では OAS や AU といったものがその代表例である。これに対して，組織の目的と任務の範囲が特定の専門的分野に限定されているものが，「専門的国際組織」（または「機能的国際組織」）であり，その例として普遍的国際組織としては各種の専門機関が挙げられる。たとえば専門機関の中で，ユネスコ（国際連合教育科学文化機関；UNESCO）は，教育，科学および文化という各専門分野における国際協力の推進を目的とする組織であり，万国郵

便連合（UPU）は郵便，国際電気通信連合（ITU）は電気通信，国際民間航空機関（ICAO）は民間航空，世界保健機関（WHO）は保健衛生，世界気象機関（WMO）は気象といったように，各専門機関はそれぞれ固有の専門分野における国際協力の促進を目的として活動を行っている。このような専門的国際組織は，地域的国際組織としても存在しており，たとえばアジア開発銀行や米州開発銀行，欧州復興開発銀行といった地域的国際組織は，専門機関の1つである国際復興開発銀行（世界銀行，IBRD）の地域版という性格をもつ専門的国際組織である。

また，各国際組織の目的や任務の内容に照らして，国際の平和と安全の維持を目的とする組織（たとえばNATOなど）を「政治的国際組織」，それ以外の分野の国際協力の促進等を目的とする組織を「非政治的国際組織」ととらえ，この両者の任務・機能を兼ね備えるものを「一般的国際組織」と分類する場合もある。

5 グローバル化の中で国際組織は？
──国際組織の今後の課題と展望

以上のように，現在ではきわめて多くの国際組織がさまざまな活動を行っており，既に現代の国際社会では国際組織は国家と並ぶ行為主体として重要な役割を担うにいたっている。他方で，たとえば国連を中心として世界政府，世界連邦といったものが形成される段階にまで国際社会の組織化と統合が近い将来に進むものとは到底考えられず，その意味では国際組織の存在意義は，各分野や各地域における国家間の協力の推進という点にあるものと思われる。ヨーロッパ地域におけるEUは，これとは異なり「国家統合」という機能

を一定の時間をかけながら遂行していると考えられる（この点については，第10講義参照）。

しかし，最近では国際組織の活動について，そのプラス面ばかりでなく，そのマイナス面や問題点も指摘されるようになってきている。国際組織の活動に対して，最近ではさまざまな観点からの批判が提起されているが，たとえば世界各地の地域の特徴や文化・宗教・社会構造の違いなどを無視した「国際的基準」の「押し付け」を国際組織が行っているという一部の途上国からの批判や，「経済のグローバル化」現象の中で，WTO，国際通貨基金（IMF），IBRDといった国際組織が地球規模での環境破壊や世界の経済的・文化的画一化を促進しているといった一部のNGO等による批判などがその例として挙げられる。また，国際組織の決定や活動に対する民主的な正統性自体をどのようにして確保していくべきか，組織の諸活動についての透明性をいかに高めていくべきかといった課題（いわば「国際組織のアカウンタビリティー」の確保といった課題）も，最近ではクローズアップされるようになりつつある。

すべての分野でのグローバル化がさらに一段と進むことが不可避である21世紀において，国際組織に期待される役割はますます大きくなりつつあるが，以上のような課題を克服して人類全体の幸福の増進のために国際組織がより一層積極的な活動を行っていくためには，わたしたち1人ひとりが国際組織をめぐる諸問題について真剣に考えることが不可欠であろう。

〔参考文献〕

藤田久一『国連法』（東京大学出版会，1998）

横田洋三編『国際組織法』（有斐閣，1999）

佐藤哲夫『国際組織法』（有斐閣，2005）
最上敏樹『国際機構論』（東京大学出版会，第2版，2006）
黒神直純『国際公務員法の研究』（信山社，2006）
城山英明『国際行政論』（有斐閣，2013）

Bridgebook

第7講義
人が住まないところには,"利害"が棲む

海と宇宙についての国際法

1 陸地以外の空間にも利益が隠されている

◈技術の発達が新たな利益を生む

「母なる大地」ということばがあるように,陸地はわたしたちが生活を営むのに不可欠なものであることは疑いない。したがって,古くから国家は戦争によって自らが支配する領土を拡大しようとしてきた。しかし,この陸地も地球の表面積からすれば,約30％に過ぎず,残りは海で占められている。この広大な海は,地球の環境を形づくるという役割を果たしているだけでなく,漁業資源の宝庫（全漁獲量の約85％が海洋漁業）として,また船舶による通商路（商業貿易の約80％が海上運送）としても,さまざまな利益をもたらしてくれている。

こうした利益を受けられるのは,科学技術の発達によるところが大きい。たとえば,航行技術の発達により,タンカーなどの船舶による大規模な海上運送が可能になった。また,漁獲技術の発達により,沿岸だけでなく遠洋の漁業が可能となり,大きな漁獲がえられるようになった。さらに,採掘技術などの発達が,海底に眠る石油

や天然ガスといった資源の開発を可能にしたのである。

　さらに，科学技術の発達がもたらす利益は海に限ったものではない。たとえば，20世紀に航空機が発明されたことで，空路による輸送が可能になった。また，1957年にソ連が人工衛星（スプートニク1号）の打ち上げに成功したことを契機に，宇宙空間における人類の活動がはじまり，現在では衛星通信や衛星放送などの恩恵を受けることができるようになった。また，将来のことではあるが，月やその他の天体での活動によって，そこに眠る資源の開発が行われることも期待できるであろう。

◈技術の発達は紛争も生む

　このように科学技術の発達は，海，空，宇宙といった陸地以外の空間の開発を可能にし，さまざまな利益をもたらしてきた。しかし，こうした技術が各国間の利害対立を生み，新たな紛争の火種となってきたことも事実である。たとえば，船舶による領海侵犯や航空機による領空侵犯という問題は，船舶や航空機の自由な航行とそれらによって侵犯された国の安全保障との対立としてとらえることができる。また，違法操業によって船舶が拿捕されるという事件は，漁獲の自由と漁業資源の保全の対立と考えることもできる。なお，船舶の拿捕が国家間の大きな紛争にもなったこともある。少し昔の事件ではあるが，アイスランド漁業管轄権事件といわれるものがある。この事件は，1972年にアイスランドが自国沖合に漁業水域を一方的に設定し，外国船舶による漁業を禁止したことがきっかけとなって発生した。この水域で漁業を行っていた英国船舶がアイスランドに拿捕され，アイスランドと英国とのあいだで通称「タラ戦争」といわれる軍事的対立が勃発したのである（この事件について

は，1974年の漁業管轄権事件ICJ判決を調べてみよう）。こうした船舶に関する問題以外にも，最近では中国による天然ガス・油田の開発が日本とのあいだで大きな問題となっていることは周知のとおりである。

このように，科学技術の発達は利益を生むが，限られた資源の中で各国が自由にその利益を追求すれば，必ず紛争が発生する。そこで，こうした利害対立を調整するために，さまざまな国際法のルールが発展してきている。そこで，本講義では，海と宇宙について国際法がどのようなルールを定めているかをみることにする。

2　海に関するルールとはどのようなものか
　　──国連海洋法条約について

◈国家の支配する海と自由な海

　海の資源が無尽蔵であると考えられていた時代には，「海はすべての者の共有物」であるとされていた。ところが，大航海時代に入ると，ポルトガルとスペインが植民地獲得と通商を独占するために全世界の海の支配・領有を主張した。これに対して，英国やオランダは，これらの国家と紛争を繰り返し，実力で通商路を確保していった。こした行動を正当化したのは，海は誰も支配できず，すべての者が自由に利用できるとする 自由海論 という考えであった。他方で，外国船舶による漁業から自国の沿岸漁業を保護し，外国軍艦による攻撃から自国の安全を保障するためには，沿岸の海から外国船舶を排除する必要があった。そこで，海は軍事力などによって実効的に支配が可能な範囲であれば領有することができるとする 閉鎖海論 という考えも主張された。こうした2つの矛盾する考え方を

調整するために，国家は自国の近海の狭い水域に対しては領有を主張しつつ，海のその他の広い水域については通商路として国家が自由にできるものとするようになった。つまり，海は沿岸国の支配が及ぶ「狭い領海」と，どの国家にも属さないそれ以外の「広い公海」との2つに分けて考えられるようになったのである。さらに，公海については，どの国家も自由に船舶を航行させるだけでなく，漁業を含め自由な利用ができるという「公海自由の原則」が認められるようになった。海を「領海」と「公海」の2つに区分するというこの考え方は，現在でも基本的に認められる考え方である。

◈新たな利害対立から生まれた国連海洋法条約

しかし，第二次大戦後，漁業技術や海底の開発技術が急激に進歩したことや国際社会において途上国が多数を占めるようになったことから，新たな利害対立が発生した。そのため，これまでの「狭い領海」と「広い公海」という考え方を修正したルールづくりが必要とされるようになった。

たとえば，強大な海軍や大規模な漁船団を有する（海洋）先進国が，これまでどおり自由に利用できる広い公海を残したいと考えたのに対し，自国の安全保障や沿岸の漁業資源の保護を懸念していた（海洋）途上国は，領海の幅を拡大しようとした。この対立の結果，領海の幅は，18世紀以降有力であった3カイリ（この距離は海上の船舶に対して陸地から大砲で反撃できる距離（砲弾の着弾距離）を基準としたものだとされる）から12カイリ（1カイリは1852メートルで，約22.2キロメートル）へと拡大されていった。また，1945年に当時の米国大統領トルーマンは，米国沿岸に隣接する公海の漁業資源を保存し海底（大陸棚）の石油や鉱物資源を開発することについて，

米国が権利（管轄権）をもつことを宣言した。この**トルーマン宣言**は，将来のことを考えて沿岸の漁業資源や海底の天然資源を米国が押さえておくためになされたものである。というのも，領海を越えた海域がすべて公海ならば，領海のすぐ外側でどの国家も自由に漁業を行い，海底の開発を進めることができることになる。特に，豊かな海であれば，乱獲や乱開発が行われることになり，結果として資源が枯渇することにもなりかねない。このトルーマン宣言がきっかけとなって，途上国もこれまで公海とされてきた海域について一定の権利をもつことを主張するようになり，これが排他的経済水域や大陸棚という制度へと変化していくことになった。これ以外にも，先進国による公海およびその海底の自由な利用，開発に対する途上国の反発や国際的な環境保護の必要性から，新たなルールが作成されることになった。

　こうした海洋に関するさまざまな問題を包括的に扱い，一つの条約としてまとめられたものが，「**海洋法に関する国際連合条約**」（以下，**国連海洋法条約**）である。この条約は，本文 320 ヵ条と 9 つの附属書からなる膨大な条約で，「海の憲法」とも呼ばれるものである。この条約は 1982 年に採択されたが，米国を中心とする一部先進国から公海とその海底の自由な利用を制限しすぎるとの反対があり，1994 年まで発効しなかった。なお，日本がこの条約を批准したのは，1996 年 7 月になってからである。

◈国連海洋法条約が規定する概要

　では，国連海洋法条約は，具体的に海についてどのような規定を設けているのであろうか。

　海の基本的な区分である「**領海**」については，沿岸国の「基線」

2　海に関するルールとはどのようなものか

（沿岸からの距離を測るための基準線，原則として陸地の低潮線）から12カイリまでの範囲で設定でき，領土と同じように国家の主権が及ぶものとされる（国連海洋法条約2，3条，以下条数のみ記載）。具体的にいえば，領海では沿岸国のみが独占的に漁業や開発を行うことができ，その国家の法令を適用することができる。なお，沿岸国の領土や領海で密輸や密入国などの違法行為を行った船舶が領海の外へ逃亡しようとしている場合には，領海を越えて基線から24カイリまでであれば，沿岸国が当該船舶を拿捕し，その国家の法律によって処罰することが認められている（33条）。特定の犯罪の捜査や防止等を目的とする領海の外側のこの海域のことを，「接続水域」という。

　領海の外側には，沿岸国が基線から200カイリ（約370キロメートル）までの範囲で設定できる「排他的経済水域」（Exclusive Economic Zone；以下ではEEZ）が定められている（57条）。この海域においては，漁業資源を含むさまざまな経済的利益について沿岸国に「主権的権利」が認められている（56条）。したがって，漁業技術に乏しい途上国であっても，この広大な海域に対して排他的な権利をもつことができるのである。また，沿岸国の陸地から自然につながる海底部分で，基線から200カイリまで，または陸地とのつながり（自然の延長）が200カイリを越える場合には大陸棚縁辺部（ただし，基線から350カイリなど条約に規定される範囲）までを「大陸棚」としている（76条）。なお，200カイリを超える部分については一方的に主張することはできず，科学的調査を行う大陸棚限界委員会に情報を提出し，勧告を受けなければならない。この大陸棚については，沿岸国に石油や天然ガスといった天然資源を開発するための「主権的権利」が認められている（77条）。

99

第 7 講義　人が住まないところには，"利害" が棲む

　もう 1 つの基本的な区分である「公海」については，領海以外に排他的経済水域という水域が認められるようになったため，排他的経済水域の外側の海域をさすものとされた（86 条）。その結果，国連海洋法条約では，「広い公海」は大きく狭められることになったのである。なお，この公海については，現在も公海自由の原則が認められている（87 条）。具体的には，どの国家のどのような船でも自由に航行し，自由に漁業を行い，その上空についてはどの国家の航空機でも自由に飛行できる（これらを「公海使用の自由」ともいう）。また，大陸棚の限界の外側にある海底は「深海底」とされ，どの国家も主権や主権的権利を行使できない「人類の共同の財産」とされている（136，137 条）。この深海底にはマンガン団塊やレアアース堆積物といった貴重な金属が存在しており，その開発については国際海底機構という国際組織が管理して私企業と並行して行うことになっている（156 条以下）。このことは，国家であれ，私人であれ深海底を自由に開発することができないことを意味するものであったため，先進国の多くが反対し，国連海洋法条約に加入しなかった。そこで，この条約のこの部分を実質的にかなりの程度修正する協定（「深海底制度実施協定」）が締結されることになった。

　このように国連海洋法条約は，海を広くなった領海，沿岸国に権利が認められる排他的経済水域と大陸棚，狭くなった公海，人類の共同の財産である深海底に区分して規律している。また，こうした海の各区分に関するルールだけでなく，海洋環境の保護・保全（192 条以下）や海に関する紛争が発生した場合に国際海洋法裁判所（ITLOS）を含む紛争解決制度（279 条以下）などについても規定しており，まさに海の憲法の名にふさわしい多くの規定を設けている。

　では，海洋国である日本と海の関係はどのようなものなのであろ

うか。以下では，日本に関わる問題を念頭において船舶の航行と海洋資源の開発と保全について少し詳しくみていくことにする。というのも，日本は，竹島，尖閣諸島，北方領土など近隣諸国とのあいだで領土問題を抱えており（詳しくは，第16講義参照），それとともに船舶の拿捕，排他的経済水域・大陸棚の境界画定等が重要な課題となっているからである。

3 船舶の航行はどこまでも認められる？
──旗国主義と無害通航権

◈船舶にも国籍がある

タンカーや旅客船の船尾に国旗が描かれているのを見たことがないだろうか。この国旗は，船舶を管理する国家，つまり船舶の国籍（**船籍**）を示しているのである。船舶に国籍があるのは，公海上で事故や事件などが起こった場合に，どの国家がその船舶に責任をもっており，どの国家の法律が適用されるのかを明らかにするためである。というのも，船舶の自由航行が認められている公海上では，どの国家も基本的に主権を行使できないからである。このように，船舶は旗を揚げた国家（旗国）の国籍をもち，公海上では原則として旗国の管轄にのみに服する（91，92条）。このことを「**旗国主義**」という。

この旗国主義がうまく機能するためには，船籍をもつ国家が船舶に対してしっかりと法令を適用し，規制することができる「**真正な関係**」が存在しなければならない。しかし，実際には，船舶を所有する者（船主）の国籍と船籍が異なっており，この真正な関係をもたない国家の船籍（これを「**便宜置籍**」という）で登録されてい

第7講義　人が住まないところには、"利害"が棲む

る船舶が数多く存在している。たとえば、ニュースで取り上げられる船舶の座礁や衝突事故で、パナマやリベリアの船籍の船が関係するものが多いと思ったことはないであろうか。これらの国家は、船舶に課せられる税金が非常に安く、安全基準についても緩やかであることから、さまざまな国家の多くの船主がこれらの国家の船籍を取得している。こうした「便宜置籍」船は、そもそも求められる安全基準が低いために、座礁や衝突事故を起こすことが多い。このように便宜置籍は、国際法上の問題となっているのである。そこで、旗国がその義務（94条）を果たしていない場合には、船舶が寄港した国家（寄港国）が規制を行うことで対応している。

　ところで、日本の船舶が東南アジア（マラッカ海峡など）やソマリア沖の海上で **海賊行為** の被害を受けたというニュースを聞いたことがないだろうか。海賊というと古めかしいイメージをもつかもしれないが、現在でも公海を航行中の船舶に対する海賊行為（101条）や、旗国を明示しないまたは偽りの船籍を表示している「**不審船**」などが問題となっている。こうした海賊船や不審船については、どの国家の軍艦や軍用飛行機であっても「臨検」（停船を命じ、船舶の書類を検査すること）を行うことができ（110条）、さらに、海賊船を拿捕し、その乗組員を逮捕、処罰することができるとされている。特に、近年多発しているソマリア沖での海賊や武装強盗について、安保理が決議によってその取締り対策を行っている。日本も2009年に「海賊行為の処罰及び海賊行為への対処に関する法律」を制定し、その海域に自衛隊を派遣するなど、その抑止のためのさまざまな取組みを行っている。

102

◈船舶の通航は領海でも認められる

　既に述べたように，公海については航行の自由が認められており，軍艦や商船を問わず，どの国家の船舶でも自由に航行できる。また，EEZにおいても，沿岸国は経済的利益についての排他的権利をもつだけであり，そこを航行する船舶には公海上と同様の航行の自由が認められている（58条）。では，沿岸国の主権が及ぶ領海では，船舶の航行はどのように規定されているのであろうか。まず，すべての国家の船舶は，領海において「**無害通航権**」をもつとされている（17条）。すなわち，船舶の航行は，それが軍事活動や漁獲活動など沿岸国の平和，秩序，安全を害するものでないかぎり，無害であるとされ（19条），沿岸国はこの外国船舶による無害通航を妨害してはならない義務を負う（24条）。ただし，沿岸国にはこの無害通航に関する法令を制定する権利が認められており，無害通航を行う船舶は，この法令には従わなければならない（21条）。当然のことであるが，無害でない通航をする船舶があった場合には，沿岸国は警察行動など必要な措置をとることができる（25条）。

　ところで，潜水艦や軍艦など軍事活動に関わると考えられる船舶にも無害通航権が認められるのであろうか。まず，潜水艦については無害通航権が認められるが，その場合には浮上し国旗を揚げて，海面上を航行しなければならない（20条）。また，軍艦については明確に定められておらず，各国の対応もバラバラである。軍艦の領海通航が沿岸国の脅威であるとして事前の許可を求める国家もある。これに対し，欧米の先進国などは，国連海洋法条約がすべての国家の船舶に無害通航権を認めていること，無害かどうかの判断基準が船舶の種類ではなく通航の方法であることから，その航行が無害であれば，軍艦であっても無害通航権が認められるものとしている。

103

いくつかの例外はあるものの，領海において外国船舶の航行が原則として認められ，沿岸国の主権の行使が限定されているのは，領海という制度が沿岸国の漁業の保護や安全保障を目的として作られたことを反映しているからだと考えられる。ちなみに，領海内であっても国際航行のために使用されている国際海峡では，潜水艦や軍艦のより自由な通航を確保する必要性があった。そこで，すべての船舶や航空機について無害通航権よりも緩やかな通過通航権が認められている（38条）。

4 海の資源をめぐって国家は対立する
——資源をめぐる日本と世界

◈EEZ と漁業をめぐる争い

まず，200カイリ水域ともいわれる EEZ における漁業問題について考えてみよう。EEZ については，沿岸国は漁業資源の探査，開発，保存，管理についての主権的権利をもつ一方で，漁業資源の保存措置をとり，その最適利用を促進する義務を負うとされている。具体的には，EEZ 内での漁獲可能量を決定し，自国の漁業能力を考慮して余剰分については他国にも漁獲を認めなければならない（61，62条）。しかし，全体としてはやはり沿岸国に与えられる利益のほうが非常に大きいといえる。このことは，日本が設定しているEEZ を見れば一目瞭然であろう（次頁の図を参照）。日本の国土は約38万 km^2 であり，領海は約43万 km^2 に過ぎない。ところが，領海と EEZ を合わせれば，約447万 km^2 となり，世界第6位の広さをもつ。この広大な海域から得られる漁業資源は莫大である。

ただ，ロシア，中国，韓国とのあいだの領土問題を抱えている日

4 海の資源をめぐって国家は対立する

図) 日本の領海・排他的経済水域・公海

海上保安庁ホームページより

本は，EEZ の設定について未確定の部分があり，これらの国々と二国間の協定を締結して EEZ 内での漁業問題を解決しようとしている。たとえば，日本と韓国のあいだの EEZ については，1999 年に締結された**日韓漁業協定**において調整が図られている。この協定

105

第7講義　人が住まないところには、"利害"が棲む

によれば，日本と韓国はそれぞれの EEZ において他の締約国に対する漁獲許可や操業条件を決定することができるとする一方で，領有権の争いのある竹島周辺や済州島南部の海域については境界画定を行わずに暫定水域を設定し，この海域における漁業は日韓漁業共同委員会という機関が管理している。また，日本と中国のあいだの EEZ についても，2000 年に締結された **日中漁業協定** によって，尖閣諸島北部に暫定水域が設定され，漁業資源の共同管理が行われている。しかし，こうした協定が締結されたにもかかわらず，船舶の違法操業などが問題となることもあり，領土問題を残したままでの調整には困難が残るところである。

　ところで，EEZ 内で違法操業をした外国の船舶に対して，沿岸国はどのような措置をとることができるのであろうか。まず，沿岸国は EEZ において違法操業を行う外国船舶を発見した場合には，その船舶の検査や拿捕などを行うことができる。また，一定の条件を満たした場合には公海まで追跡すること（継続追跡権）も認められている（111 条）。ただし，拿捕された船舶と乗組員は，合理的な保証金が支払われれば速やかに釈放されなければならない（73 条）。この問題については，2007 年に日本が ITLOS に付託した **富丸事件** と **豊進丸事件** が挙げられる。これらの事件は，ロシアの EEZ 内で違法操業をしていた日本の船舶である富丸が 2006 年 11 月に，豊進丸が 2007 年 6 月にそれぞれ拿捕され，長期間ロシアに留め置かれたことに端を発する。そこで，合理的な保証金の額を決定し，船舶と乗組員の早期釈放をするよう日本がロシアを訴えたものである。その結果，2007 年 8 月に判決が下され，豊進丸については保証金 4600 万円を支払うことで船舶の釈放と乗組員の無条件帰国が命じられた。判決を受けて，この保証金を船主が支払った後，実際に乗

組員の帰国が実現した。しかし，富丸については，既にロシア国内で船舶の没収も終了していたため，訴え自体の目的がなくなっているとして，船舶の早期釈放は認められないとされた。

◈大陸棚の開発をめぐる争い

　石油や天然ガスなどの天然資源が豊富に存在する **大陸棚** は，沿岸国にとって最も貴重な空間となっている。また，国連海洋法条約において大陸棚の範囲が 200 カイリまで，さらに自然の延長がある場合にはそれ以上とされたことから，大陸棚の範囲・境界の画定をめぐる紛争がしばしば発生している。たとえば，日本と韓国や中国のように向かい合った国のあいだでは，互いの主張する大陸棚が重複することになり，大陸棚の境界画定が国際紛争となりやすい。この境界画定について，国連海洋法条約は「衡平な解決を達成するために，……国際法に基づいて合意により行う」（83条）とし（これを「衡平原則」という），この問題を当事国間の話合いによって納得のいくように解決するよう規定している。実際の裁判などでは，基線から等しい距離にある等距離線または中間線によって一応の線引きをし，関連する事情を考慮してこの暫定の境界線を修正し，最終的にその結果が不均衡でないかを判断するという方法で境界画定が行われている（たとえば 2009 年の黒海境界画定事件 ICJ 判決を調べてみよう）。

　ところで，日本と中国の大陸棚をめぐる争いは，中国が 2004 年に東シナ海の **白樺（春暁）ガス田** の開発に着手したことから大きく取り上げられた。このガス田は日本と中国の基線から等距離の「日中中間線」からやや中国寄りに設けられたものであるが，地下鉱脈が日本側につながっている可能性があることから問題となったもの

である。このような争いが発生した原因は，日本が日中中間線によって大陸棚の境界画定をするよう主張しているのに対し，中国が大陸棚の自然延長が沖縄トラフという沖縄本島の西側の海底まで続いていることを考慮した上で境界画定をするよう主張していることにある。このように境界画定の基準をめぐる争いが問題解決を困難にしているが，2008年6月に日中両国政府は問題の白樺（春暁）ガス田の共同開発に関して一応の合意に達した。しかしながら，その後中国との協議が進まず，共同開発については棚上げになっている。また，EEZにも関わるが，沖ノ鳥島の扱いについても日中間で争いとなっている。沖ノ鳥島は日本最南端の「島」であり，波による侵食を防ぐためにコンクリートによる護岸工事がなされている。この島が国連海洋法条約に規定される「島」であれば，ここを基点としてEEZや大陸棚を設定することができるが，もし人の住めない「岩」とされれば，領海しか設定できないことになる（121条）。2008年11月に日本は200カイリを超えて大陸棚を拡張するために大陸棚限界委員会に情報を提出したが，その際，沖ノ鳥島に関連する大陸棚についても拡張を求めていた。これに対して，中国と韓国は沖ノ鳥島が「岩」であるとして，反対意見を提出した。2012年4月に大陸棚限界委員会が行った勧告では，日本の申請した大陸棚の拡張を概ね認めるものであったが，沖ノ鳥島から南に伸びる部分については判断を保留した。この勧告を受けて，2014年10月に日本政府は政令（内閣の命令）で大陸棚限界委員会が認めた区域について大陸棚の拡張を行った。

◈**公海での漁業も自由ではなくなった**

漁獲技術の進歩による魚介類の乱獲によって，絶滅のおそれのあ

4 海の資源をめぐって国家は対立する

る魚種もでてきた。そこで，公海における漁業資源の保存と管理も必要であると考えられるようになり，公海における漁業の自由に制限が課せられるようになった。国連海洋法条約は，各国に公海上で生物資源の保存のための措置をとる義務や資源の保存・管理について他国と協力するという一般的な義務を規定した（117，118条）。また，このような義務を具体化するために，1995年に **ストラドリング魚類**（排他的経済水域の内外に存在する魚類：タラ，カレイなど）および **高度回遊性魚類**（海洋を広域にわたって回遊する魚類：マグロ，カツオなど）の資源の保存と管理に関する協定（**国連公海漁業実施協定**）が採択された。この協定自体は2001年12月に発効し，日本については2006年9月に効力が発生した。

　ところで，実際の公海における漁業の規制は，地域ごとや魚種ごとに利害関係国が条約を締結して行っている。それゆえ，公海の漁業問題は，これらの条約の解釈などをめぐる紛争として生じる場合が多い。たとえば，捕鯨問題も，**国際捕鯨取締条約** に基づいて設置された **国際捕鯨委員会（IWC）** の決定をめぐっての争いである。この問題は，1982年に科学的根拠が乏しいにもかかわらず，反捕鯨国の影響を受けた IWC が商業捕鯨モラトリアム（一時停止）を決定したことに対して，日本が調査の結果，環境に影響のない鯨類の商業捕鯨の一部再開を求めたことがきっかけとなったものである。なお，日本が南極で行っている調査捕鯨（JARPA Ⅱ）について，2010年5月にオーストラリアが ICJ に訴えを提起した（捕鯨事件）。2014年3月に，ICJ は日本が行うこの調査捕鯨が国際捕鯨取締条約で認められている科学的調査とはいえないとする判断を下した。これを受けて，日本は調査方法を改めた科学的調査を行っている。

109

5 宇宙にもルールが存在する

※空と宇宙の違い

　国家は，領土や領海の上空（領空）について完全かつ排他的な主権（これを「領空主権」という）をもつとされる。これは，飛行機が発明されるや否や，軍事目的でこれが使用されたことから，外国航空機の領空における自由な飛行を禁止することを目的に作られたルールである。つまり，航空機は他国の領空を許可なく飛行することができないのである（だから，領空侵犯が問題となる）。しかし，航空機が飛行するはるか上空には無数の人工衛星が周回しているはずだが，これについて許可が与えられている，あるいは抗議がなされたという話は聞いたことがない。このことは，領空のさらに上空には領空主権の及ばない，いいかえればどの国も領有できない「宇宙空間」が広がっているということを意味する。

　ところで，領空と宇宙はどのように区別されるのであろうか。地面からの一定の高度によって領空と宇宙を区別できるのではないかと思うかもしれないが，問題はそれほど単純ではない。というのも，飛行機の最高飛行高度よりも人工衛星の最低周回高度のほうが低いため，領空と宇宙とが重なる空間が存在するためである。したがって，現在のところ，領空と宇宙を区別する国際法上の境界は未確定のままとなっている。しかし，領空主権の問題からすれば，何らかの区別が必要となる。そこで，航空機が飛行する空間を領空，ロケットや人工衛星が活動する空間を宇宙として一応の区別をし，必要に応じて一定の高度（たとえば，地上100キロなど）を利用するとい

う方法で，実際には対応がなされている。

　さて，宇宙空間について国際法上のルールの必要性が強く認識されるようになったのは，ソ連の人工衛星打上げをきっかけとして，米ソ間での宇宙開発競争が繰り広げられたことによる。というのも，この当時，米ソ両国しか宇宙開発を行うことができず，その軍事的利用が懸念される状況であったからである。そこで，国連，特に宇宙空間の平和利用を扱う宇宙空間平和利用委員会が中心となって，宇宙活動に関するルールづくりが急ピッチで進められた。その結果，1966年に「月その他の天体を含む宇宙空間の探査及び利用における国家活動を律する原則に関する条約」（以下では，宇宙条約とする）が採択された。この宇宙条約は，宇宙に関するルール（宇宙法）の基本原則を定めたものとされる。

◈宇宙法とはどのようなルールか

　では，宇宙法の基本原則とはどのようなものであろうか。

　まず，宇宙空間や天体は，国家による取得の対象とはならない（宇宙条約2条。以下，宇宙条約は条数のみ記載）。しかしこのことは，国家や私人が宇宙空間に宇宙基地を建設してその一部を半永久的に占有することや天体における天然資源の開発までも禁止するものとは考えられていない。これに対して，米国が月面着陸をしたことから締結された，月協定（「月その他の天体に関する条約」）では，月その他の天体を「人類の共同の財産」であると規定している。このことは，深海底の場合と同様にどの国もまたどの私人も自由に開発することができないということを意味する。しかしながら，この月協定は十数ヵ国の批准しかなく，月その他の天体が「人類の共同の財産」となっているとはいえない状況にある。

111

第7講義　人が住まないところには，"利害" が棲む

　また，宇宙空間の探査や利用は，すべての国が平等かつ自由に行うことができる（1条）。つまり，どの国も宇宙活動に参加し，それを妨げられることはない。たとえば，ロケットの開発がミサイルへの転用が可能だとしても，そのことをもってロケットの開発・実験が禁止されることはない。

　さらに，宇宙空間は軍事的に利用してはならず，天体はもっぱら平和的目的のために利用しなければならない（4条）。ただし，宇宙空間においては，核兵器などの大量破壊兵器を地球の周回軌道に乗せたり配置したりすることが禁止されるだけであり，地球を一周しない**大陸間弾道ミサイル（ICBM）**を打ち上げることも，軍事衛星を配置することも禁止されてはいない。これに対して，月その他の天体については，軍事基地・施設の設置，軍事上の実験など軍事的利用が禁止されている。

　また，宇宙空間と天体で行われる自国の一切の活動について，国家が国際責任を負い，打ち上げた宇宙物体により他国またはその国民に損害を与えた場合には損害賠償責任を負わなければならない（6，7条）。このことは，国家への責任集中原則と呼ばれ，国家責任の一般的なルールとは大きく異なるものである。つまり，宇宙活動については，国家は無過失責任を負うということである。

　このほか，宇宙飛行士を「人類の使節」とみなし，遭難した場合などに援助を与える義務（5条）や，宇宙に打ち上げられた物体や乗員に関する登録やその登録国の権限（8条）などについても規定されている。なお，宇宙条約の規定を補足するものとしていくつかの条約（**宇宙救助返還協定，宇宙損害責任条約，宇宙物体登録条約** など）が締結されている。

※宇宙をめぐる利害の対立

最近では，さまざまな目的をもった人工衛星が打ち上げられ，宇宙活動は活発になってきている。たとえば，アメリカ，日本，欧州諸国など15カ国が協力して2011年7月に完成した国際宇宙ステーション（ISS）もその1つである。こうしたなか，日本も2008年に宇宙基本法を制定し宇宙開発に力を注いでいる。しかし，その一方で，宇宙をめぐる利害対立も増えつつある。たとえば，静止衛星軌道に関する問題である。静止衛星軌道とは，赤道上空3万6000キロにある軌道のことで，この軌道にある人工衛星は，遠心力と重力のバランスから地上からは常に静止しているようにみえる。この軌道上の人工衛星は，通信衛星や衛星放送にとって不可欠なものとなっている。そのため，先進国がこの軌道上に数多くの人工衛星を打ち上げており，過密な状態になっている。これに対し，かつてはこの軌道下の国家が静止衛星軌道に対する主権を主張する（1976年ボゴタ宣言）など問題となったことがある。いずれにせよ，今後宇宙活動に参加するであろうすべての国家が，このような軌道を衡平に利用できるよう何らかのルールづくりが必要とされている。

また，宇宙活動の商業化をどのように規制するかも問題となっている。かつて宇宙活動は，そのリスクとコストの関係から国家のみが行うものと考えられてきたが，現在では民間企業による人工衛星の打上げや宇宙旅行が計画されるなど，宇宙活動の商業化が進められている。しかしながら，こうした活動は各国の政策に委ねられており，これらを規制する国際法が必要になりつつある。さらに，過去に打ち上げられ，不要となった人工衛星やロケットの破片などが宇宙空間を多数漂っている。こうした物体は**宇宙ゴミ（スペース・デブリ）** と呼ばれ，他の人工衛星と衝突するなど宇宙活動の障害と

なりつつある。こうしたデブリの除去を含め，宇宙の環境問題も議論されるようになっている。

このように，新たな技術の発展は，利益を生むと同時に利害の対立を生み，それらを調整するために新たな国際法が必要とされるのである。

〔参考文献〕

太寿堂鼎「領域──領土・海洋・宇宙」ジュリスト1000号（1992）

高林秀雄『国連海洋法条約の成果と課題』（東信堂，1996）

国際法学会編，日本と国際法の100年第2巻『陸・空・宇宙』（三省堂，2001）

国際法学会編，日本と国際法の100年第3巻『海』（三省堂，2001）

水上千之編『現代の海洋法』（有信堂，2003）

水上千之『海洋法──展開と現在』（有信堂，2005）

青木節子『日本の宇宙戦略』（慶應義塾大学出版会，2006）

村瀬信也・江藤淳一『海洋境界画定の国際法』（東信堂，2008）

島田征夫・林司宣編『国際海洋法』（有信堂，2010）

小塚荘一郎・佐藤雅彦編『宇宙ビジネスのための宇宙法入門』（有斐閣，2015）

Bridgebook

第8講義

国際環境を法が守る

環境問題と国際環境法

1 環境問題は変化し拡大している
──国際的な環境保護と法

◈国際社会が保護すべき環境とは何か

「環境」という言葉には,さまざまな意味がある。現在の環境法の出発点となったとされる「**ストックホルム人間環境宣言**」(1972年)では,特定の野生生物の種やその生息地の保護(第4原則),天然資源としての大気,水,土壌,生態系全体の保護(第2原則),海洋汚染の防止(第7原則),経済発展(第8,9原則),さらに人口政策(第16原則)など,さまざまな問題への言及があり,当時から環境問題が多面的であることが認識されていたことがわかる。今日では,オゾン層の破壊や気候の変動などの地球規模の問題も,環境という言葉で論じられている。さらに今後,科学技術の発達によって新たな知見が生まれることで,環境という言葉に含まれるべき分野は変化し拡大し続けるであろう。

現在,国際社会において大きな関心を集めているのは,多様でかつ変化し続けるという性質をもつ「環境」に関する問題に国際社会が全体としてどのように取り組むべきかということであり,国際環

境法とは人間環境の保護や保全のために必要とされる規則の体系である。今日，国際環境法の規則は，従来の国際法の守備範囲を超えた性格の規則や規律のあり方を定めるようになっており，国際法の中でも独特の発展を遂げている。本講義では，国際社会による環境の分野の法を概観し，その意義を検討することとしたい。

◈**国際環境法はどのように発展してきたのか**

国際環境法がカバーすべき対象として，早い時期に国際法による規律が検討された分野の1つは，生物資源の保護，あるいは保存と管理である。**ベーリング海オットセイ事件**（英国対米国）の仲裁判決（1893年）は，生物資源の保存と管理のあり方が国家間紛争になりうることを示し，国際環境法でその後注目されるようになる主要な争点を示唆した先駆的な事例である。その後，生物資源の保護，保存と管理について，「農業のための益鳥の保護のための条約」（1902年）など，さまざまな条約が締結された。それらは，いずれも特定の種類の動植物の保護，保存と管理に目的を限定した条約ではあったが，生物資源の保護，保存と管理について個々の国家による領域内での措置の限界と，国際的な取組みの必要性が認識されるようになっていたことを示している。また，水質汚染や大気汚染については，たとえば米国とカナダのあいだで1909年に「国境水域に関する条約」が締結された。カナダ領の溶鉱所から排出された煙により米国領内の森林や土壌が汚染された**トレイル溶鉱所事件**（米国対カナダ）の仲裁判決（1941年）もある。これらの事例では，水質や大気の汚染の問題について領域主権の尊重を基礎としつつ，**相隣関係の法理**や他国と国の管轄権を越える領域に損害を与えないような領域の管理といった伝統的な規則の援用によって問題を解決しようと

する姿勢がみられた。

1950年代から1970年代には，生態系全体の保護や保全やそのための国際協力の重要性が認識されるようになり，海洋汚染の防止，漁業資源の保存と管理，航空機や宇宙物体，原子力等に関連する活動などの個別分野で，多数国間や二国間の協力条約が多数締結された。この間に強化され明確化された人間環境の保護や保全のための国家の主権行使への制限のあり方は，1972年の**ストックホルム人間環境宣言**の第21原則として結実し，その後の国際環境法の発展に大きく寄与した。

1980年代以降，国際環境法では新たな発展がみられた。**チェルノブイリ原子力発電所**の事故にみられたように，原因の発生場所から遠く離れた地域の環境への重大な悪影響や，オゾン層の破壊のように原因行為の特定が困難な環境問題などへの対応の必要性が認識されるにつれて，さらに進んだ環境の保護や保全のための法規制が求められるようになった。関係国だけでなく国際社会全体として環境に関する問題に取り組むために，人間環境が国際公共財または人類の共通遺産と位置づけられた。そして，その保護のための国際協力の必要性がより強調されるようになった。また環境の保護や保全は人権の一側面とも考えられるようになった。1992年の「環境と開発に関する国際連合会議」では，**リオ宣言**（「環境と開発に関するリオ宣言」）とその行動計画（アジェンダ21）が採択され，21世紀に向けての地球環境の健全な維持のための国家と個人の行動原則を示し，その後の国際環境法の発展の方向性を指し示した。2002年のヨハネスブルグ・サミットで採択された持続可能な開発に関する**ヨハネスブルグ宣言**は，リオ宣言を継承し，さらに，経済発展と環境保護や保全の両立の実現のための取組みの方向性を示した。

2 環境保護のために有効な規則を作るには
——条約と「ソフト・ロー」

❖国際環境を守るためにどのような形式の規則が必要だろう

国際環境法の１つの特色は，非常に多数の条約が個別の分野で締結されていることと，多くの法的拘束力のない文書（ソフト・ロー）が法の発展に重要な役割を果たしていることである。国際環境法の分野では，新しい規則の成立のために慣習国際法の醸成を待つ十分な時間的余裕がないし，科学技術の発展によって人間の知見の範囲や程度が常に変化する。このため，新しい必要性に柔軟に対応するために条約やソフト・ローが重要な役割を果たすのである。

❖できるだけ多くの国に共通の規則を作る方法としての条約

環境の分野で締結される条約の重要な機能の１つは，規制の方法や基準の国際的な統一とその履行確保のための協力体制の構築である。従来各国の自由な裁量の下で行われていた環境規制を国際的に統一して協力体制を作ることの重要性は早くから認識されていたし，人間環境を国際公共財と考える立場からは一層の国際協力が重視されるようになっている。国際的に統一された規則を義務化するために，条約は非常に有効な手段である。

条約の機能という点では，枠組条約の増加も注目される。**枠組条約**とは，まず最初に締結される文書で一般的な目的や原則を規定し，その一般的な義務を具体的に特定する議定書を後から締結して，その義務の内容の具体化と履行確保をはかるものである。これは，一般的な原則や義務に関する規定を早期に策定することは可能また

2 環境保護のために有効な規則を作るには

は必要であるが，その具体的な内容や実施義務の具体的な内容の確定には科学的知識の発展を待つことが必要とされる分野などで用いられる手法である。

枠組条約とその後の議定書によって国際法上の規則が作られた初期の事例は，**ECE条約**（「ECE長距離越境大気汚染条約」）（1979年）とヘルシンキ議定書（1985年），ソフィア議定書（1988年）である。また普遍的な枠組条約の最初の例は，**オゾン層保護条約**（「オゾン層の保護のためのウィーン条約」）（1985年）と**モントリオール議定書**（1987年）である。その後の**気候変動枠組条約**（「気候変動に関する国際連合枠組条約」）（1992年）と**京都議定書**（1997年）や**生物多様性条約**（「生物の多様性に関する条約」）（1992年）と**カルタヘナ議定書**（2001年）と名古屋議定書（2010年）でも，同様の手法が用いられた。

枠組条約と議定書の組み合わせによって新しい国際法の規則を作るという手法の実現は，現在の国際社会において実効的な国際法規則を実現するためにきわめて有効である。枠組条約によって比較的早い段階で一般的な原則や義務を設定することや，それらの原則に対する国際的な支持を強化し，その具体的な実施のための法的基盤を強化することが可能になると同時に，現在のような科学的知見の変化する社会で，適切な時期にその時点での最も新たな知見に基づいて具体的かつ実効的な規制措置の義務化を実現するという効果をもつからである。しかし，この手法に全く問題がないというわけではない。枠組条約と議定書は，通常の個別の条約に比べて密接な関連性が予定されているとはいえ，あくまで法的文書としてはそれぞれ独立したものである。2001年に米国が京都議定書の締約国にならないことを決定したように，各国が枠組条約と議定書の両方の締約国になるという絶対的な保証はない。枠組条約は，本質的に議定

119

書による具体的な実施を前提とするものであるから，議定書を伴わない限り一般的・抽象的な原則や義務を規定したものにとどまり，具体的な実施のための義務を欠く結果となる可能性があることが否定できない。

◈条約を作ることが最も効果的とは限らない

条約はどのような形式のものにせよ，あくまで国際法上拘束力のある権利や義務を創設する文書である。環境の分野では，科学的意見の対立や個別の国家の事情の違いなどから，条約の形で拘束力のある文書を作ることについて，国家間の合意を得ることが困難な場合がある。特に環境の分野の条約については，経済的な利益や科学的知見などについて，各国の利害が複雑に対立するため，法的拘束力のある文書を作成し各国の同意を得ることがむずかしいのである。そのような場合でも，早い段階で一定の方針や認識を表明することが必要とされることがある。初期の段階では拘束力のない方針の表明であっても，その後の時間の経過と国家間の合意の醸成によって，法規則の成立につながる可能性があるからである。このような事情から環境に関する分野では，宣言，行動指針，会議の決議などの ソフト・ロー と呼ばれる法的拘束力のない文書によって将来に向けての方針や原則を提示することが他の分野以上に重要な意味をもちうる。

国際環境法の発展の歴史を振り返ると，ストックホルム人間環境宣言 や リオ宣言 のように拘束力のない文書がその後の規則の定式化の方向づけに果たしてきた役割の重要性は注目に値する。なお，こうした宣言や声明を出す主体として重要な役割を果たすのは，国連やその補助機関などの普遍的国際組織，経済協力開発機構

（OECD）やアフリカ統一機構（OAU）（現在のアフリカ連合（AU））等の地域的国際組織である。またこれらの組織による文書の作成過程や各国の政策決定過程では，NGO や NPO（nonprofit organization）なども一定の影響力を行使するなど実質的に大きな役割を担っている。

3 環境をめぐる争いを予防し解決する
──国際的な環境問題の解決システム

◈環境はお金で買えるか──金銭賠償の確保とその問題点

条約による国際環境法の発展の歴史のもう1つの側面は，金銭賠償の確保の試みにみられる。国家責任に基づく事後賠償の請求では，伝統的な国家責任法の厳格な要件を満たさなければ賠償を得ることができない。環境損害の場合，損害の重大さや立証作業の困難さのため，それは必ずしも容易ではないし，被害者救済の立場からも妥当とはいえない。このため，海洋汚染，原子力船や原子力施設の事故，航空機や宇宙物体による地上での損害などに関する条約では，金銭賠償の獲得を容易にするための制度が作られた。これらの条約では違法行為の構成要件の緩和や立証責任の転換，損害賠償の支払主体の多様化と汚染者負担原則の導入，十分な賠償額の確保とその履行強制のための基金の設立など，個々の分野の特性に適した形で，被害者が金銭賠償を得やすい制度が作られている。

こうした金銭賠償制度の充実は，被害者の保護という意味では重要だが，環境の保護という観点からは必ずしも十分とはいえない。まず第1に，金銭賠償の確保はもっぱら特定の分野に限定された条約上の制度として発展してきた。したがって，それらの条約は，そ

121

の規律対象となる事項がすべての分野に及ぶわけではないし，人的な規律対象も当該条約の当事国のみに限定される。条約が規律する範囲を越える問題では，あくまで伝統的な国家責任法の厳格な規則が適用される。ILC では，1980 年以来国際違法行為によらないライアビリティー（賠償責任）に関する条文草案 が審議され，最終的に越境損害の防止とライアビリティーの 2 つに分かれた文書が一応は完成した。しかし，この文書の扱いについては未定であり，条約の形に結実する可能性は現状では高いとはいえない。

第 2 に，条約に基づく金銭賠償制度はあくまで，既に生じた損害を補填する機能をもつにとどまる。他国の行為が自国に損害をもたらすと考える国家が事前に他国の行為の差止めを請求する権利は予定されていない。伝統的な国家責任法においても，継続的な国際違法行為の中止要求についての規則は存在するが，防止の見地からの差止め請求の正当化は容易ではない。たとえば，ラヌー湖事件 では，フランスが許可した水力発電所の建設工事について，スペインが両国間の条約で認められている自国との協議の義務を尽くしていないとして，建設工事の停止を求めた。しかし，仲裁判決（1957 年）では，スペインとの協議命令がフランスに対して出されたにとどまった。行為の差止めや中止を求める訴訟は，国際司法裁判所（ICJ）でも成功していない。フランスによる大気圏内核実験の停止をオーストラリアとニュージーランドが求めた 核実験事件 では，フランスが大気圏内の核実験の中止宣言を行ったことで訴訟目的が消滅したと ICJ は判示した（1974 年判決）。また，デンマークによる国際海峡を越える橋の建設計画について，フィンランドがその工事に異議を申し立てた グレートベルト海峡通航事件 では，ICJ は，仮保全措置を指示すべき緊急性がないと判断し，両国間の交渉を求めるに

とどまった（1991年命令）。将来的な環境損害を理由としてハンガリーがドナウ川の水利開発工事を一方的に中止した **ガブチコヴォ・ナジュマロシュ計画事件** でも，ICJ は，伝統的な国際法規則の厳格な基準に基づいて，ハンガリーによる工事の中止は違法であると判断し，事態の改善のための両国（ハンガリー・スロバキア）間の協力を求めた（1997年判決）。これらの事例は，損害が実際に発生していない段階あるいは科学的な根拠が不確定な段階で，国際法上の行為の違法性を主張しその行為の中止請求を正当化することの困難さを示している。これらは，金銭賠償制度の拡充だけでは解決されえない問題である。

　なお，海洋法の分野では，国連海洋法条約290条1項で，海洋環境に対して生ずる重大な害の防止のために適当と認める暫定措置の命令権限が国際海洋法裁判所に認められている。同条5項に基づき，仲裁裁判所の設立までの暫定措置が命じられた **みなみまぐろ事件**（1999年命令）（**第11講義3** 参照），**MOX工場事件**（2001年），**ジョホール海峡事件**（2003年）のいずれにおいても，裁判所は自らのこの権限を意識した命令を下している。このような新しい裁判所の権限も注目されるところである。

　また第3に，金銭賠償は回復不可能なほどに深刻な損害を真に補塡しうるものではない。1986年の **チェルノブイリ原子力発電所** の事故は，環境損害の重大性を国際社会に改めて認識させるものとなった。この事故では，事故後の通報の遅延や情報公開の請求の困難さなどにより，各国の対応が遅れ，被害が拡大した。原子力発電所の事故が生じた場合，その被害の拡大を防止することが第一義的に重要であり，そのためには国際協力が不可欠であることが現実問題として認識された。事故後，**国際原子力機関（IAEA）** による条約の起

123

草作業が円滑に進み，**原子力事故通報条約** と **原子力事故援助条約** が 1986 年に採択され，1987 年に発効した。これらの条約は，事故後の国際協力の実現を主たる目的とした制度の構築を実現しているが，回復不可能な損害の発生可能性という観点からは，さらに事前の防止が必要とされることは否定できない。

◈環境を守るには事前の防止が肝心？

伝統的な規則や金銭賠償制度の充実だけでは環境の問題に十分な対応ができないとすれば，環境損害の防止措置を条約上の制度として作る必要がある。現行の条約で環境保護を目的とした防止的な措置と考えられるのは，第 1 に事前通報，事前協議，事前同意，第 2 に環境影響評価である。またさらに損害の防止を強化する考え方として，予防原則または予防的アプローチの重要性が指摘されるようになっている。

条約に予定される **事前通報，事前協議** や **事前同意** は，自国の行為が他国の権利に影響を与える可能性がある場合に，事前に相手国に通報したり，相手国と協議したり，関係国の同意を得たりすることを義務づけるものである。たとえば，**バーゼル条約**（「有害廃棄物の国境を越える移動及びその処分の規制に関するバーゼル条約」）（1989 年）では，有害廃棄物の輸出入についての一定の禁止とともに，有害廃棄物の国際移動が行われる場合，輸出国は自ら書面で輸入国に通告するか，輸出者に輸入国に通告させ，輸入国の書面による同意を得ることを義務としている。事前同意までが要求されている場合，関係国の判断が決定的な意味をもつことになるが，事前通報や事前協議のみが必要とされる場合でも，関係国にとっては計画段階で情報を得ることや自国の意見を示すことが可能になる。

124

環境影響評価（EIA） も今日では重要であると考えられている。計画段階で環境への影響の審査を行うことが損害の防止に重要な役割を果たすため，その義務化と評価の方法や基準の改善や明確化が国際社会の取り組むべき課題であると認識されるようになった。このような認識は，1972年の人間環境会議の時点で既に現れており，北欧環境保護条約（1974年）に環境影響評価に関する明文の規定が初めておかれた。その後のリオ宣言第17原則や国連海洋法条約206条では，環境に影響が生じるような行為について各国による事前の環境影響評価の実施が求められている。また1980年代からは，世界銀行やOECDが示す文書で，開発援助にも環境影響評価が求められるようになった。さらに，**ECE越境環境影響評価条約**（1991年）2～6条，**南極条約議定書** 8条および附属書I，生物多様性条約14条等でも，環境影響評価についての規定がおかれている。特にECE越境環境影響評価条約や南極条約議定書では，環境影響評価の手続も詳細に規定されている。パルプ工場事件判決（2010年）でICJは，環境に重大な越境的影響を及ぼすリスクがある事業活動について環境影響評価を行うことは，国家の一般国際法の下での義務であるとの判断を示した。

※防止から予防への発想の転換も必要である

環境保護のための規制によって防止される損害の範囲には，環境問題への対応を考える際，人間の科学的知見の限界がもたらす制約があることが認識されなければならない。事前通報，事前協議，事前同意や環境影響評価の場合は，ある程度の確実性をもった科学的知見に基づいた行動や評価が念頭におかれている。しかし，科学的知見が不確定であっても，将来的に予測される損害発生の危険を回

避する必要が生じる場合もある。この点を考慮する考え方が，**予防原則** あるいは **予防的アプローチ** と呼ばれるものである。予防原則と予防的アプローチではその法的効果について相違があるものの，科学的知見が不確実な段階で環境損害の発生につながるような行為を回避するというその基本的な立場は共通である。予防原則や予防的アプローチの重要性は，**リオ宣言**（1992年）の第15原則に掲げられ，**気候変動枠組条約**（1992年）3条3項，「**ストラドリング魚種及び高度回遊性魚種の保存及び管理に関する1982年12月10日の国連海洋法条約の規定の実施に関する協定**」（1995年）5条（C）などにも，これに関する規定がある。ただし，リオ宣言には拘束力がなく，またその後の条約の規定の蓄積の結果として，予防原則や予防的アプローチが国際慣習法上の義務となっているのかについて今後さらに議論が重ねられなければならない。その際，今日の国際社会で，予防という観点がより重視される方向であることが考慮されなければならないだろう。

◇環境に関する紛争はどのように解決されるべきか

国際環境の保護や保全に関する条約では，紛争解決制度や義務の履行確保についても，伝統的な制度を認めつつ，それぞれの条約に適した特別の制度がおかれるものが多い。

国際裁判等の伝統的な紛争解決手続については，**ワシントン条約**（「ワシントン野生動植物取引規制条約」）（1973年）18条，**オゾン層保護条約**11条，**バーゼル条約**20条，**南極条約議定書**20条1項，**生物多様性条約**27条，**気候変動枠組条約**14条など，主要な条約の紛争解決条項に規定がある。しかし，国際裁判手続では，原則として加害国対被害国という二者間の関係が前提となってきた。すなわち，請

求を行う国が自らの具体的な権利の侵害を主張することが必要とされてきたのである。このような関係を前提とする紛争解決手続は，人間環境を国際公共財と位置づける立場からの紛争には十分に対応できない。国際公共財であるという考え方をとれば，その保護や保全に社会の構成員全体が関心や利益をもつことが前提とされるので，紛争解決においても民衆訴訟のようなその社会全体が関わる訴訟形態が求められうることになりうる。しかし，現在の国際裁判制度では，いわゆる民衆訴訟の制度は認められていない。環境紛争の事例ではないが，**南西アフリカ事件第二段階判決**（1966 年）で，南アフリカ共和国によるナミビアでの居すわりの違法性について国際連盟規約の当事国であったエチオピアとリベリアが ICJ に紛争を付託したが，両国に当事者適格が事実上認められなかったし，1974 年の**核実験事件**でフランスによる大気圏内核実験の違法性を主張したオーストラリアとニュージーランドの訴えが退けられるなど，個別的かつ確定的な損害をこうむっていない国家が国際裁判で当事者適格を得ることは，現状では必ずしも簡単ではない。しかし，パレスチナの壁事件の勧告的意見（2004 年）や訴追か引渡しかの義務に関する問題事件判決（2012 年）にみられるように，多数国間条約の義務の不履行に関する請求について，ICJ の判断に変化がみられることには注目が必要である。

環境保護に関する条約で，上記の点を改善し，条約の履行確保をはかる機能を担うものが締約国会議である（**ワシントン条約** 11 条，**オゾン層保護条約** 6 条，**バーゼル条約** 15 条，**南極条約議定書** 10 条，**気候変動枠組条約** 7 条，**生物多様性条約** 23 条等）。これは，条約の履行確保や規則の発展に取り組むことを目的とする条約の実施機関を作るものである。締約国会議は，情報の交換や締結国から提出された

127

報告書の検討，科学的知見の発展に寄与する追加的措置や補助機関の設置など，条約の実施とその内容の改善に寄与する役割を果たす。さらに **オゾン層保護条約** の下の不遵守手続では，条約体制の趣旨および目的に照らして，一締約国の行為がそれから逸脱していると認められる場合には，他の締結国，事務局，不遵守国のいずれかが異議申立てを行うことができる。このような申立てがあった場合，実施委員会が締約国会議に適切な勧告を含めた報告を行い，これを受けて締約国会議は議定書の完全な履行のために必要な措置を決定し，要請することができる。また，**気候変動枠組条約** の締約国会議は，2001 年に，**京都議定書** に基づく遵守に関する手続および制度を作る決定を行った。こうした条約の下での義務の履行確保のための制度は，特定の条約の実施に限定されるとはいえ，条約上の義務の履行を実現するための締約国間全体での取組みとして今後さらに注目されるであろう。

4 「環境」と「経済」は切り離せない
―― 環境の保護や保全と経済発展

◈環境の保護や保全と経済発展との関係は？

環境の保護や保全のためには，一定の費用の負担を避けることができない。その意味で環境問題は経済問題と深い関係をもっている。しかも，現在の国際社会には，経済発展の格差が明確に存在する。これらの点は，国際環境法でどのように反映されるのであろうか。ここでは特に，第 1 に持続可能な発展の原則，第 2 に経済格差と環境問題，第 3 に国際環境法における「共通だが差異ある責任」，第 4 に，自由貿易の発展と環境問題，という 4 つの問題を取り上げた

い。

◈持続可能な発展の原則をどのように実現すればよいのか

持続可能な発展の原則 について，リオ宣言 第3原則および第4原則では，発展の権利は現在および将来の世代の発展上および環境上の必要に衡平に合致するように行使されなければならず，また持続的な発展を達成する上で，環境の保護や保全は発展プロセスと不可分一体のものであり，これと切り離されるべきではないとしている。さらに，ヨハネスブルグ宣言 では持続可能な発展のための国際社会の取組みのあり方が示されている。この原則は，国家の経済的な発展の権利を認めつつ，それは現在から将来にわたる環境の保護や保全と両立するものでなければならないという立場を示すものである。具体的な文言は存在しないもののストックホルム人間環境宣言で示された原則にその萌芽をみることができる。今日，持続可能な発展という立場は，たとえば漁業条約の根本となっている最大持続生産や最適利用という考え方を使った資源の保存と管理に関する規則や，さまざまな条約の中での環境規制の遵守についての先進国から発展途上国への経済的・技術的援助に関する規則を支える基本原則として機能している。ただし，どのような基準や方法で持続可能性を算定するかについては，科学的知見との関係で議論が分かれる場合もある。

◈経済格差は環境問題にどのような影響をもつのだろう

経済格差と環境問題という点については，経済格差が生む環境規制の差がもたらす問題を指摘しなければならない。企業活動の国際化は，国家間の環境規制の格差が経済的な目的で利用されることを

129

促進する。先進国では許されない活動や設備が発展途上国に移動する，いわゆる公害の輸出という現象が起こりうるのである。このことを象徴する事件として，2000年にわが国の産業廃棄物処理業者がフィリピンで医療廃棄物を不法投棄したことが国際問題になった事例を挙げることができる。経済格差がもたらす廃棄物の国際移動については，各国間の協力体制が必要である。

海洋投棄の規制については，**海洋投棄規制ロンドン条約**（1972年），**海洋投棄規制オスロ条約**（同年）等が締結され，国連海洋法条約210条でも，投棄による海洋の汚染の防止，軽減，規制に関する規定がおかれている。さらに，**オスロ条約の附属書を改正する議定書**（1996年）も締結されている。海洋投棄の規制だけでなく，廃棄物の移動全体を国際的に規制することの必要性が，イタリアの有害な産業廃棄物がナイジェリアのココ港で不法投棄されたココ事件（1987～1988年）などをきっかけに認識されるようになった。この分野での普遍的な条約である**バーゼル条約**は1989年に採択され，1992年に発効した。日本は1993年にこれに加入した。この条約は，2条1項で同条約による規律の対象となる有害廃棄物を定義し，4条で締約国の一般的義務として有害廃棄物の発生の最小化，国内での処分，適正な管理と汚染の防止，輸出入の禁止等を規定している。また，有害廃棄物の国際的な移動を制限するためのさまざまな手続的な規制も規定されている。さらに「全ての形態の有害廃棄物のアフリカへの輸入の禁止およびアフリカで生じた有害廃棄物の国境を越える移動の規制に関するバマコ条約」（1991年）は，主として有害廃棄物の輸入側となるアフリカ諸国間の義務として有害廃棄物の流入を禁止する条約である。

経済格差と企業活動の多国籍化がもたらす問題点として，発展途

上国に子会社を設立し，先進国より低い環境規制基準を利用した操業が行われるような現象にもふれておかなければならない。1989年の ボパール事件 では，インドの子会社所有の工場での大規模なガス爆発事故について，米国の親会社の責任が議論された。法人格の独立性を理由として親会社が責任を免かれることは認められるべきではないという認識が，次第に生まれてきている。この点については，今後さらに法の整備が求められるであろう。

◈各国の「共通だが差異ある責任」と地球環境問題への国際社会全体としての対応の必要性

先に指摘したように，今日国家間で経済力に格差があることは明白である。植民地支配の歴史的経緯などからみて，発展途上国と先進国に同じ環境規制を義務づけることは現時点では適切でないかもしれない。しかし，他方で，オゾン層の破壊や気候変動の問題は国際社会全体が取り組まなければならない課題であることも事実である。地球環境問題への取組みにおいて，先進国と発展途上国のあいだの経済格差を考慮しなければならないことは，1972年の人間環境宣言 の時期から認識されており，これが具体的には，1992年の リオ宣言 第7原則の「 共通だが差異ある責任 」という言葉につながった。これは，地球環境問題への対応が世界各国に共通の課題であるものの，そのための負担は，経済力の程度に応じたものであるべきだという考え方である。

オゾン層保護条約，気候変動枠組条約，生物多様性条約などでは，「共通だが差異ある責任」という考え方を取り入れ，条約上の義務の内容の差別化や発展途上国への資金供与，技術協力などについての規定がおかれている。また，これらの条約の実施のための議定書

では，さらに明確に各国の経済力の差を考慮した具体的な義務が規定されている。特に気候変動枠組条約では，附属書Ⅰ（日，米，欧などの先進国とロシア，東欧などの市場経済移行国）と附属書Ⅱ（日，米，欧州などの先進国）が設けられ，先進国と発展途上国，また先進国のグループをも区別する規則がおかれている。このような規則の差異は京都議定書にも反映され，**気候変動枠組条約** の附属書Ⅰの締約国のみに温室効果ガスの削減義務を課すとともに，附属書Bを設け，各国ごとの排出割当量も決められている。さらに，**京都メカニズム**（排出権取引，共同実施，クリーン開発メカニズム）は，先進国と発展途上国の義務の内容の違いを反映する制度になった。

　気候変動枠組条約の実施のための京都議定書は1997年に採択され，2005年に発効した。この議定書は，具体的な温室効果ガスを明記し，その排出の削減義務を規定した。また京都メカニズム（排出権取引，共同実施，クリーン開発メカニズム）を定めた。特に，温室効果ガスの排出の削減義務について，気候変動枠組条約の附属書Ⅰ国にのみ，温室効果ガスの排出削減義務等の義務が課されていることに象徴されている。こうした制度は，特に以下の2つの理由から，温室効果ガスの排出の地球全体の総量を真に削減するものにはならなかったと批判されている。第1に，附属書Ⅰ国の中でも，米国は，当事国とならなかったし，カナダは2012年に脱退した。また，日本も東日本大震災後，第二約束期間（2013年〜2020年）についての不参加の意思表明を行った。第2に，附属書Ⅰ国が1997年の採択時点でのいわゆる「先進国」とされたため，その後急速な経済発展を遂げ，温室効果ガスの主要な排出国となった中国，インド，インドネシア，ブラジルなどの国に削減義務が課されなかった。

　2020年の第二約束期間終了後の気候変動問題への対応を協議す

るポスト京都議定書の議論では，上記のような京都議定書の問題点が意識され，共通だが差異ある責任を意識しつつも，すべての国が温室効果ガスの削減に協力する制度についての話し合いが行われた。2015年12月に採択されたパリ協定は，2020年以降の新たな制度を設けるものである。この協定は，世界共通の長期目標として，世界的な平均気温の上昇を産業革命以前に比べて2℃より十分低く保つとともに，1.5℃に抑えることを目標に掲げ，主要排出国を含むすべての国が温室効果ガスの削減目標を5年ごとに提出・更新し，その実施状況の審査を締約国会議で受けることが義務付けられている。また，5年ごとに世界全体の状況を把握する制度も設けられている。さらに資金援助については，先進国については既存の義務を継続するとともに，その他の国に自発的支援を奨励する規定がおかれている。さらに二国間クレジット制度を含む市場メカニズムの活用も規定されている。

　パリ協定の内容は，それぞれの国の異なる国情を考慮することを認めつつ，すべての国に温室効果ガスの削減義務を課し，気候変動の問題への協力を求めている点で，新しい内容となっているといえる。

◈自由貿易の発展と環境政策をどのように両立させるのか

　最後に，自由貿易の発展と環境保護や保全との関係も，注目を集めている問題である。第二次大戦後，「関税及び貿易に関する一般協定」（GATT）やその後の世界貿易機関（WTO）の設立を通じて，国際貿易の自由化が進められてきた。GATTが設立された時期には，自由貿易と環境問題の関わりについて十分な認識はなかったと考えられるが，今日では特に先進国を中心として，自国あるいは自国外

の領域の環境に影響を及ぼすような産品の貿易に制限を課す政策や法令がみられるようになっている。このような環境への配慮を理由とする輸入制限措置等が，貿易の自由化を目的とするGATTとWTOの体制と合致するかについての紛争が，GATTとWTOの紛争解決手続に付託される例が近年増加している（たとえば，米国の**まぐろ輸入制限事件**に関するGATTのパネル裁定（1994年）やエビの輸入禁止措置に関するWTOの事件（1998年）等）。自由貿易の促進と環境政策の推進とのバランスについても，今後さらに議論が行われる必要があろう（GATTとWTOについては，第13講義参照）。

〔**参考文献**〕

特集「国家責任法の方法と課題」国際法外交雑誌93巻3・4号（1994）

水上千之・西井正弘・臼杵知史編『国際環境法』（有信堂，2001）

村瀬信也「国際環境レジームの法的側面」「『貿易と環境』に関するWTO紛争処理の諸問題」『国際立法』（東信堂，2002）

児矢野マリ『国際環境法における事前協議制度』（有信堂，2006）

Bridgebook

第9講義
国際法がヒトを守る

人権の国際的保障

1 国際法は国家だけのものではない

❖ **はじめに**

　人権の国際的保障は，第二次大戦後，最も著しい発展を遂げた国際法の分野の1つである。人権の国際的保障とは，各国がそれぞれ自国の憲法や法律で自国の国民の人権を保障するだけでなく，国際法が世界中のすべての人の人権を等しく保障し，さらには保障するための国際的な制度を設けるということである。そして，その前提としては，人権の保障が国際社会の共通の目標であり，利益であるとの考えがある。すなわち，たとえばルワンダの人が理由もなく拘禁されたり拷問を受けたりしない権利は，ルワンダの憲法や法律によってだけではなく，人権の保護という価値観を共有する他の多くの国が参加する国連などの国際機関や国際条約によって保障される。そして，その権利が侵害されないように日本も含めた国際社会全体が見守り，侵害が行われた場合には国際社会が侵害者の責任を問い，あるいはその責任を問うための国際的な手続を設けるということである。このような考え方に基づく条約としては，たとえば，国際人

135

権規約や児童の権利条約などがあるし，また，新聞を読めば，国連で毎日のように世界中の人々の人権問題が議論されていることがわかる。

では，国際法は具体的にどのようにして個人の人権を保護しようとしているのだろうか。

❖国際法で人権が守れるのか

まず考えなければいけないことは，国際法の基本的枠組みと国際的な人権保障との関係である。

「国際社会は主権国家によって構成され，国際法はこれらの主権国家間の関係を規律する法である。」というのが，近代国際法の基本的な考え方である。

「**主権**」とは何かという問題については，国際法なのらず政治学や憲法学などの分野でさまざまな議論があるが，国際法の観点から見ると，主権国家であることの最も重要な意味は，対外的に独立であり，国際慣習法や自分の意思で締結した条約には拘束されるものの，いかなる外部の権力にも自らの意思に反して従属させられることはないということである。特に，自国の政治制度や自国民についての法制度とその運用などの国内の政治にかかわることがらは，国家がそれ自身で自由に決定することのできる「**国内管轄事項**」とされ，これに他国が干渉することは（内政）干渉として禁止されるというのが伝統的な国際法の考え方である。

また，「国際法が国家間の関係を規律する」ということは，条約を結んでこれを履行したり国際慣習法に拘束されるなど，国際法上の権利や義務は原則として国家に帰属するのであり，国家の構成員に過ぎない個人は国際法とは直接的な関係は有しないということを

1 国際法は国家だけのものではない

意味するものと理解されてきた。

このような伝統的な国際法の考え方と，国際法によって人権を国際的に保障するという考え方は矛盾するように思える。表現の自由や集会・結社の自由，選挙権などは各国の政治制度に密接な関係を有するし，生活保護や年金などの社会保障，労働基本権や教育を受ける権利の保障なども各国の内政の問題である。いいかえれば，これらの問題は典型的な「国内管轄事項」であるように見える。現に，たとえば，米国が中国やイランの国内の人権問題を批判すると，これらの国々は，「内政干渉」であると強く反発するのが常である。

また，人権とは個人に対して保障されるものであるが，原則として国家と国家のあいだの権利義務を定める国際法がどうやって個人の権利を保障できるのだろうか。各国には裁判所が存在するが，人権を侵害された個人を守ってくれる国際的な裁判所はどこにも存在しないのではないか。

さらに，現代の国際社会には，独自の文化的，歴史的，宗教的背景を有する多くの国が存在し，また，経済水準も国によって大きく異なる。三権分立などの政治制度や選挙の仕組み，裁判の仕方などが国によって違うことは当然である。たとえば，ある国において，その政治的指導者が，選挙ではなく，その国の人々の大多数が信仰する宗教上の制度によって決められた場合，他の国が，選挙する権利の侵害を理由にこれに異を唱えることができるだろうか。また，多くの国民が十分な初等教育を受けることができず，まして法学教育施設も十分でなく弁護士制度も確立していない国にとって，すべての刑事被告人に「弁護人をもつ権利」を保障することが可能だろうか。

第二次大戦後の国際社会は，以下に述べるように，このような問

137

題に1つずつ取り組みながら人権の国際的保障を進めてきた。むろん，すべての問題が解決したわけではなく，また，これによって世界の人権状況が著しく向上したわけでもないが，このような取組みの過程において，人権の国際的保障の制度がある程度整備されてきたと同時に，先に述べたような，国家主権の性格や個人と国際法との関係についての考え方にも一定の変化が生じてきたといえよう。

2 国家と人

◈領域と人

ここで，そもそも国家と人とはどのような関係にあるのかを考えてみよう。

第3講義でみたとおり，領土と国民を有し，これを政府によって統治することが国家の国家たるゆえんである。国家はその領域内のすべての人に対して，法律を適用するなどの権限を行使する（**領域管轄権**）。この権限は領域の中に所在する外国人にも及び，外国人は原則としてその領域の法に服する。ただし，兵役の義務や選挙権など，原則として外国人には適用されない権利義務もある。同時に，国家は，その領域の中にいるか否かを問わず，国民に対して一定の権限を行使し，あるいは，これを保護する（**対人管轄権**）。外国にいる日本人は，日本の旅券を持ち，日本の選挙に投票することができるし，もし外国で殺人を犯せば，その国の刑法で処罰されるだけでなく，日本の刑法も適用される。また，仮に，日本人が外国から退去を命じられた時，日本はこの者を引き取る国際法上の義務を負う。最も重要なのは，第5講義で取り上げたいわゆる「外交

138

的保護」であり，外国に所在する自国民が何らかの被害を受けた場合に本国が介入することである。外国人は「原則として」領域国の法に服すると先に述べたのはこの意味であり，外国にいる国民は，領域国の管轄権と本国の管轄権の双方に服することになる。ただし，近代国際法は領域管轄権により大きな意義を認めているので，ほとんどの場合，領域国の法が本国の法に優先し，本国の介入は例外的な場合に限られる。

◈国籍とは何か

ある国家の「国民であること」を決める基準となるものが，国籍である。国民とは，その国の国籍を有する人のことであり，いいかえれば，国籍とは，人と国家を結び付ける法的な絆である。あるいは，仮に，国家を会社や学校やクラブのような団体であると考えれば，国籍とは，国家という団体の構成員であることを示す証明書である。すべての人は，国籍によっていずれかの国に所属し，国家は自国の国籍を有する人を支配し保護する権利を有し，かつ責任を負うというのが伝統的な国際法の考え方である。

国家は，その国内法に基づいて，自由に国籍を付与することができる（1930年の「国籍法の抵触についてのある種の問題に関するハーグ条約」1条および2条）。誰が自国民であるかを決めるのは，それぞれの国家であり，このような決定は典型的な国内管轄事項であるとみなされてきた。

国籍の付与は，出生により行われる場合と出生後に行われる場合があるが，前者については，親の国籍に基づいて決める血統主義をとる国と，領域内で生まれた子に国籍を与える出生地主義をとる国に分かれる。日本やドイツは血統主義をとり，米国など移民受け

139

入れ国は出生地主義をとることが多い。血統主義には，さらに，父親の国籍を基準とする **父系主義** と，両親の国籍をともに基準とする両系主義がある。女子差別撤廃条約が人権保護の観点から **両系主義** を採用しているため，最近では父系主義を採用する国は減少している（日本も 1984 年に国籍法を改正して，両系主義を採用した）。

　出生後の国籍付与の典型的な例は，**帰化** である。この制度も国によって異なるが，その国と密接な関係を有する（長期にわたる居住や国民との婚姻関係など）などの条件を満たす外国人の申請に基づき，国家が国籍を付与することが多い。これ以外の例としては，領域の移転（併合や分離独立など）に伴う国籍の変更がある。この場合，特に問題となるのが，ある領域が国家の支配から離れた場合にその領域に居住する人が本人の意思に反して国籍を失う例や，国家の独立に伴い，新国家がその領域に居住する特定の人に国籍を与えなかったりする例である。たとえば，日本においては，第二次大戦後の旧植民地の人々の国籍問題が戦後処理問題の 1 つとなっている（第 16 講義参照）。

　このように各国が異なる基準に基づいて自由に国籍を付与すると，必然的に無国籍や重国籍が生じる。**無国籍** の場合は，その人について責任を持つ国が存在せず（たとえばその人を受け入れる義務を有する国が存在しない），**重国籍** の場合には，その人に対する外交保護権をめぐって複数の国の利害が衝突するなど，国と個人の双方について不都合が生じるので，これを解消するための国際法上の規則や条約が存在する。無国籍については，1961 年の **無国籍の減少に関する条約** や，人権保護の観点から児童の国籍に対する権利を定めた **自由権規約** 24 条 3 項などである。また，重国籍については，主として，どの国が外交的保護を行うかという観点から，いわゆる **実効的国籍**

の原則（より実質的なつながりの強い国籍国が外交的保護を行う）がある。

なお国籍は，自然人だけでなく，船や航空機，法人などについても問題となる。

❖人権の国際的保障との関係

人権の国際的保障の概念は，以上述べたような国家と個人との関係にどのような影響を与えるだろうか。

まず，国籍の付与の方法自体に，人権保護の考え方がもち込まれた。女性の権利保護の立場からの **両系主義** の導入や，すべての児童が国籍を得る権利などがそれである。また，国家の政策的な理由で国籍を失ったり奪われたりした少数民族の問題にも注目が集まっている。

より重要なのは，先に *1* で述べた国家が個人に対して有する権能に与える影響である。人権の国際的保障の考え方，特に，後述する国連の人権関係諸条約の下では，国家は，その管轄下にあるすべての個人に対して，一定の人権を保障する義務を負う。対象となる個人は，参政権などの特別な例外を除いて，その国の国民のみならず，外国人や無国籍者も含む。このことは，外国人にとっては，その本国が外交保護権を行使しようがしまいが，国際的に一定の待遇が保証されることを意味する。本国を有しない無国籍者にとっては，その意義はさらに大きい。また，領域国の国籍を有する者にとっては，*1* で述べたように，その人権がまさしく「**国内管轄事項**」ではないことを意味するのである。

141

3 国際社会はなぜ人権を国際的に保障することにしたのか

——第二次大戦からウィーン会議まで

◈国際社会が第二次大戦から学んだこと

国際社会の人権問題への取組みの歴史は古い。国際慣習法や通商航海条約に基づく外国にいる自国民の保護のほか，19世紀には既に奴隷や少数民族，戦時の傷病者等の保護についての条約が作成され，第一次大戦後は，国際連盟，国際労働機関などを中心に，少数民族や難民の保護，労働者の権利の擁護などの活動が行われた。しかし，この時代の人権の保障は，主として，外国人や難民，少数民族といった何らかの事情で国家の保護の枠から外れた特定のグループを対象とするものが多く，大多数の個人の人権の保護はその個人の属する国家の国内事項とされていた。

ところが，第二次大戦中およびその前夜に行われたドイツをはじめとする枢軸国による民主主義の否定と自国民および外国人の双方に対する大規模な人権侵害は，国際社会に大きな衝撃を与えた。このため，連合国は，普遍的な人権の擁護を戦争の目的の1つとし，また，戦後国際社会の構築にあたっての理念的基礎の1つとした。さらに，全体主義国家による人権侵害が結果として侵略戦争を招いたとの考え方から，人権擁護の重要性は，国際平和の維持の観点からも強調された。このような考え方に基づき，国連憲章は，1条において，「国際の平和及び安全を維持すること」（1項）と並ぶ国連の目的として「すべての者のために人権及び基本的自由を尊重するように助長奨励すること」（3項）を掲げたのである。また，55条は，国際連合が人権および基本的自由の普遍的な尊重および遵守を

促進する義務を規定し，56条は，すべての加盟国がこの目的を達成するために国連と協力して共同および個別の行動をとることを「誓約する」と規定している。国連憲章は，さらに，人権の擁護を専門的に扱う機関として，経済社会理事会の下に人権委員会をおいた（68条）。

◈人権の国際的保障の本格化

人権委員会の最初の仕事は，このようにして保障されるべき人権の具体的な内容を包括的に記した文書の作成であり，1948年，世界人権宣言が採択された。国連総会決議であるこの宣言自体には法的拘束力はないが，この時点での国際社会の人権に対する共通理解を示すものであるといえ，その後の数々の決議や条約の基礎となった。

人権委員会はこれに引き続いて条約の作成作業を行い，1966年，国連総会において，社会権規約（A規約。「経済的，社会的及び文化的権利に関する国際規約」）および自由権規約（B規約。「市民的及び政治的権利に関する国際規約」）が採択された。後者が自由権を対象としてその保障を各国に義務づけるものであるのに対し，前者は社会権を対象としてその漸進的な実現のためのいわば努力義務を課すものである。これら2つの条約は，世界中の国を対象とし，かつ，人権のほとんどすべての分野を網羅する初めての法的拘束力のある文書であった。

国際人権規約以外にも，国連は，人種差別や女子差別，拷問禁止，児童などさまざまな分野で条約を作成し，多くの国がその作成作業に参加し，また締約国となった。国連は，さらに，60年代から70年代にかけて南アフリカにおけるアパルトヘイト（人種隔離政策）問題などの人権問題に取り組み，人権委員会を中心とするメカニズ

ムが整備された。米国の公民権運動をはじめとする各国における人権状況の改善やこれを支えた市民運動の影響も見逃すことはできない。これらの運動は国際的 NGO の活動となって現在にいたり，人権の国際的保障の中で大きな役割を果たすようになる。このような発展の中で，人権の保護はもはや国内管轄事項ではなく，国際関心事項であるとの認識が急速に強まった。1970 年に，国際司法裁判所は，バルセロナ・トラクション事件（第2段階）判決において，すべての国家がその権利の保護に法的利益を有する国際社会全体に対する国家の普遍的義務の例として，「奴隷制および人種差別からの保護を含む人間の基本的権利に関する原則および規則」を挙げている。

◈東西対立と南北対立

　他方で，この時期の人権の国際的保障は，東西対立と南北対立の双方の影響を強く受けざるをえなかった。多くの社会主義国や旧植民地の国々は，自由権や政治的自由に重点をおいた世界人権宣言に表現されているような人権の保障を，西欧的な価値基準と政治制度を前提とした特定のタイプの人権の押し付けととらえ，また，人権問題が内政干渉の口実とされるのではないかとの強い疑念をもったのである。これらの諸国は，人権擁護の一般的重要性については肯定しつつ，不干渉義務の徹底，社会権の重要性，貧困問題の解決が優先されるべきことなどを強調し，また，人種差別の禁止や，民族自決権や発展の権利といった権利の承認を要求した。1966 年の国際人権規約には，49 年の世界人権宣言にはない民族自決権に関する規定がおかれたが，これは，この時期に加わった国際社会の新しい勢力であるアジア・アフリカの新興独立諸国の意向を反映したもの

であった。

　これらの諸国は，人権の擁護は政治や経済の発展段階を踏まえ，かつ，それぞれの国や地域の特殊性や文化的歴史的宗教的背景を考慮した柔軟なものであるべきであると主張した。たとえば，

　▷ある国の政治犯や少数民族の取扱いについて人権の観点から批判を加えることは，圧力によってその国の内政に介入し特定の政治的立場を押し付けることになる。

　▷先進国の途上国に対する人権状況批判は多くの場合，きわめて選択的差別的であり，同じような人権状況にある国であっても政治的に望ましくない国の人権状況のみを批判するダブルスタンダード（二重基準）が顕著である（たとえば，米国はイランにおける女性の人権について批判するが，女性がもっと従属的な立場におかれているといわれるサウジアラビアの状況は批判しない）。

　▷いかなる場合においても，武力による「人道的介入」は許容されない。

　▷政治的に不安定な状況にある場合には，国の安全を守るためにはある程度の人権制限はやむをえない。

　▷国民の大多数が飢餓状態にあるような国では，選挙権の保障よりも国民の生存自体にかかわる食料の供給や，ひいては，経済発展がまず優先されるべきである。植民地支配によって途上国の発展を阻害した先進国は，政治的自由などの侵害を一方的に非難する前に経済的支援を行うべきである。

　▷国民が信仰する宗教によって認められないような堕胎の権利や徹底的な両性の平等，同性愛者の権利は受け入れられない。これらの権利の強制はその国の文化と宗教の侵害である。

といった主張である。これらの批判は，東西対立の終了後も，イス

145

ラム諸国や中国など，西欧とは異なる歴史的文化的背景を強調する諸国によってさらに強まった。

これに対し，西欧諸国を中心とする多くの西側先進国は，

◁いかなる経済的，文化的，歴史的要因も，良心や表現の自由，両性の平等，人種差別の禁止を含む基本的な人権の侵害を正当化するものではない。

◁**集団殺害（ジェノサイド）**などの大規模な人権侵害が行われている場合には，国際社会はこれを座視することはできず，一定の条件の下に何らかの介入を行うことも許容される。

◁貧困や政治的不安定は，社会権の漸進的発展の問題ではあっても，拷問や即決処刑，裁判を受ける権利の否定などの自由権の重大な侵害の理由にはならない。

◁経済発展と貧困の解消は重要であるが，法の支配とすべての国民が平等に政治に参画する民主的な統治機構の確立こそが持続的な経済発展への近道である。

などと反論している。これらの反論の中には有効なものもそうでないものもあり，たとえば，ダブルスタンダード批判に対しては，西側のNGOもしばしば指摘するように，説得力ある反論は行われていない。また，植民地支配に根ざす差別などの人権侵害はもとより，途上国の独立後も構造化した人権侵害の多くをもたらしたいわゆる開発独裁政権をささえたのが西側主要国であった事実は否定できない。他方で，基本的人権は，その本質上，経済状態や歴史的背景，文化的特殊性にかかわらず，すべての人間が保障されるべき権利であり，また，過去に人権侵害を助長したことのある（しかし，その後これを是正した）国や個人が，そのことのみをもって人権の保障の促進を主張することを妨げられるわけでもない。いずれにしても，

この論争は現在でもさまざまな場で続いている。

❖ウィーン会議の成果

1993年，国連は，ウィーンにおいて171カ国の参加する世界人権会議を開催し，**ウィーン宣言** および行動計画を採択した。このウィーン宣言は，世界人権宣言以来の人権分野におけるさまざまな動きを総括し，冷戦終結後の国際人権保障のあり方を探るものとなった。ウィーン宣言は，その4項および5項において，すべての人権の促進および保護は国際社会の正当な関心事項であるとし，また，国家的および地域的特殊性の意義ならびに多様な歴史的，文化的，宗教的背景を考慮に入れなければならないが，すべての人権および基本的自由を促進し保護することは，政治的，経済的および文化的な体制のいかんを問わず，国の義務であると述べた。同時に，この宣言は，民主主義と発展と人権が相互依存的であること，人民の自決権と発展の権利，発展のための協力，対外債務や貧困の問題の解決，あらゆる人種差別の除去等の途上国の主張を盛り込み，また，環境，女性の人権，児童の権利，先住民，障害者の人権など世界人権宣言の採択以降に大きな発展をみた諸分野における権利が明記された。

この宣言は，参加国が先に述べたようなさまざまな主張を行う中で出来上がったいわば妥協の産物ではあるが，各分野で国際社会が現在直面するすべての問題を網羅し，150カ国以上の国が加わって全会一致で採択された（世界人権宣言は，賛成48，反対0，棄権8で採択されており，棄権国には当時のソ連やサウジアラビアなどが含まれていた）ものであり，人権の国際的保障のこの時点での到達点を示す貴重な文書である。

4 人権の国際的保障の仕組み
——国連と人権

◈国連は人権の擁護のためにどのような仕事をしているか

現在，人権の国際的保障の中心的役割を果たしているのは，国連および国連で作成されたさまざまな条約である。

国連において人権の問題を扱う主な機関としては，総会，安全保障理事会，経済社会理事会，人権高等弁務官事務所などがある。このうち，安全保障理事会は，国際の平和および安全の維持という任務の一環として，大規模な人権侵害や児童兵など紛争に密接に関連した人権問題を取り扱うことがある。前者の典型的な例はローデシアや南アフリカのアパルトヘイトであり，イラクのクルド人抑圧を国際の平和と安全にリンクさせた例もある。カンボジア，ルワンダ，コソボ，東ティモールなど東西冷戦の終了前後に各地で勃発した国際紛争や内戦の多くが集団殺害などの悲惨な人権侵害を伴い，また，これらの地域に派遣されたPKOや国連暫定統治機構，多国籍軍が治安の維持とともに最低限の人権の確保を任務とすることがあることから，安全保障理事会のこの分野での重要性は増しているといえよう。最近でも，コンゴ（民），中央アフリカ，シリアなどの情勢に関する安全保障理事会の活動は，これらの地域における大規模かつ深刻な人権侵害への対策と密接に関連している。また，旧ユーゴスラビアおよびルワンダにおける戦争犯罪や大規模人権侵害を含む人道に対する罪を裁くための国際刑事裁判所を設置したのも，安全保障理事会である。

経済社会理事会の下部機関である **人権委員会** は，先にも述べた

4 人権の国際的保障の仕組み

国連の主要な人権関係機関

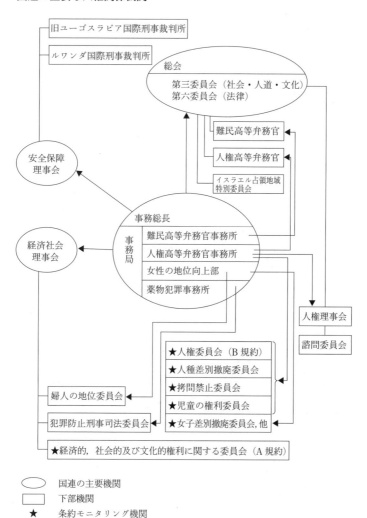

とおり，人権の国際的保障を専門に担当する中心的な機関であった。人権委員会は選挙で選ばれた53ヵ国で構成され，人権に関する宣言や条約を作成するほか，拷問，恣意的拘禁，司法の独立，児童売買，女性に対する暴力などさまざまな分野で実態調査や研究を行い，あるいは特定の国の人権状況についての調査，報告，勧告の作成などを行った。人権委員会はその過程で，現地調査や関係者，NGOとの接触を行った。特定国の人権状況の審議については，イラン，中国，キューバなどこれに反発する国も多く，政治問題化することがあった。また，人権委員会は，1970年に採択された**経済社会理事会決議1503**に基づいて，重大かつ組織的な人権侵害について個人からの通報を受け付け，これを非公開で審議した。このように，人権委員会の活動の特色は，伝統的な国家主権の枠を超えてさまざまな人権状況について踏み込んだ審議を行ったこと，およびその過程で国家のみならず国家以外の団体や個人との緊密な連絡をとってきたことであり，このような観点から，人権の国際的保障の進展に大きな役割を果たしたといえよう。人権委員会の下部機関であり，個人の委員から構成される人権小委員会の活動も注目されてきた。経済社会理事会の下には，この他にも，婦人の地位委員会，経済的，社会的及び文化的権利に関する委員会，犯罪防止・刑事司法委員会などがあって，それぞれの分野の人権問題を扱っている。

2006年3月，国連総会は，2005年の国連首脳会合の合意に基づき，人権委員会に代わる新たな機関として，**人権理事会**を設立した。設立の目的は，国連の人権問題に対する取組みの強化である。人権理事会は総会の下部機関であり，総会で選出された47ヵ国で構成される。その任務は，人権と基本的自由の保護・促進，大規模かつ組織的な人権侵害を含む人権侵害状況への対処および勧告，技術協

力，各国の人権状況のレビューなどであり，人権委員会の仕事の多くがこの理事会に引き継がれた。理事会の任務の具体的な取り進め方については，先進国と途上国とのあいだで意見の相違も多く，2007 年に合意された各国の人権状況の審査のための「普遍的定期的レビュー」，各種手続の見直し，人権小委員会の諮問委員会への改組等をふまえた，今後の活動状況が注目される。

国連事務局の中で中心的役割を果たすのは，1993 年のウィーン会議（世界人権会議）を契機として設置された **人権高等弁務官事務所** である。この事務所は，人権委員会およびこれを引き継いだ人権理事会の活動，以下に述べる人権条約実施のための委員会の活動等を事務局として支えるとともに，人権の促進のための途上国に対する技術援助や資金提供，国際協力の推進と調整などを任務としている。

◈人権の保護のための条約にはどのようなものがあるか

先に述べた 2 つの国際人権規約は，第二次大戦終了までに先進国で確立していた主要な人権をほぼ網羅しているが，これに，**人種差別撤廃条約**（「あらゆる形態の人種差別の撤廃に関する国際条約」），**拷問等禁止条約**（「拷問及び他の残虐な，非人道的な又は品位を傷つける取扱い又は刑罰に関する条約」），**女子差別撤廃条約**（「女子に対するあらゆる形態の差別の撤廃に関する条約」），**児童の権利条約**（「児童の権利に関する条約」）という 4 つの特定分野の人権に関する条約を加えた 6 本の条約が，国連の作成した主要な人権条約であるといわれ，それぞれ世界中の 150 カ国以上の国が締約国となっている。なお，これに加え，最近発効した条約として 1990 年の **移住労働者権利条約**，さらに最近採択された条約として，**強制失踪条約**（「強制失踪からのすべての者の保護に関する条約」，2010 年発効）および **障害者権利条約**

151

（「障害者の権利に関する条約」，2008 年発効）などがある。これらの条約は，いずれも一定の人権の確保を締約国に義務づけるもので，国家はこれらの条約の締約国となることによって，その管轄権の下にある個人に対して条約で定められた人権を保障する国際法上の義務を他の締約国に対して負うことになる。

たとえば，児童の権利条約 の締約国は，その管轄の下にあるすべての 18 歳未満の者に対して，生命の権利，氏名および国籍を有する権利，父母によって養育され，父母から分離されない権利，自己に影響を及ぼす事項について意見を表明する権利，表現の自由，宗教の自由，結社および集会の自由，経済的搾取や有害な労働，虐待からの保護，教育を受ける権利などを保障するためにすべての適当な立法，行政その他の措置を講ずる義務を負う。

また，これらの条約とはやや性格を異にするが，同じように重要な条約として，1951 年の「難民の地位に関する条約」および 67 年の同議定書がある。

※人権条約の実施はどのように確保されるのか

条約でどのように立派な規定を定めても，締約国がそれを守らなければ，国際的な人権保障は絵に描いた餅に終わってしまう。確かに多くの良心的な国は，条約を締結するときに，その内容を政府部内で徹底し，必要であれば国内法で担保するので，条約に違反して人権を侵害された個人は，行政的救済を求めることができるし，それがだめでも裁判所に訴えれば，裁判所が法律なり条約を適用して救済してくれる。しかしながら，締約国が条約の規定を守らない場合はどうなるだろうか。漁業条約や通商協定であれば，他の締約国が，条約上の権利を侵害されたとして，違反した国の国家責任を積

極的に追及するだろう。しかし，A国の国民であるBさんの人権が，国際人権条約に違反する形でA国によって侵害されても，その条約の締約国であるC国は，A国との友好関係を損なう危険を冒してまで何の関係もないBさんを本気で助けてくれるだろうか。また，仮にC国がA国の謝罪を要求したとしても，それがBさんの救済になるだろうか。

このような人権条約の特殊性を考慮して，多くの人権関係条約は特別の実施措置を条約に盛り込んだ。たとえば，自由権規約は，条約の履行確保のために18人の個人としての資格の（国家の代表ではない）委員で構成される独立の**規約人権委員会**を設置した。締約国は，この委員会に対し，条約の実施のためにとった措置について定期的に報告する義務を課される。委員会はこの報告を審査し，必要とあればかなり厳しい意見を述べる。また，委員会は，一般的意見として，この規約の解釈を示すこともある。政府の報告はかなり詳細なものであることが多く，また，NGOが政府とは異なる見解を提出したり，委員会に対してロビー活動を行うことが慣例となっている。日本は，この規約を締結してから，6回にわたり政府報告書を提出し，委員会の審査を受けているが，委員会は，代用監獄問題や指紋押捺制度などさまざまの問題について具体的な意見を表明している。

この委員会は，規約違反があった旨の締約国からの通報を受けてこれを検討する権限も有している（**国家通報制度**）が，この通報が行われた例はない。先に挙げた例でいれば，C国はやはりA国に関する通報はためらうのである。また，自由権規約は，その選択議定書において，権利の侵害を受けた個人が直接委員会に通報することを可能とするいわゆる**個人通報制度**を創設した。委員会は，国内

153

的救済を尽くす等の条件を満たす場合には，個人からの訴えを審査し，意見をまとめて権利を侵害した締約国に送付するのである。

　政府報告に対する委員会の見解にも，個人通報に対する意見にも，法的拘束力はなく，また，自由権規約のすべての締約国が個人通報制度を受け入れているわけではない（日本も受け入れていない）が，人権委員会の意見の政治的権威は高く，ヨーロッパ諸国のほとんどを含む多くの国が多くの場合にこれを尊重している。なお，先に挙げた主要な人権条約はすべて条約実施のための委員会および政府報告制度を有しており，また，自由権規約のほかに，人種差別撤廃条約，拷問等禁止条約および女子差別撤廃条約等の条約が選択的制度として **個人通報制度** を有している。

5　地域的人権保障と今後の展望
　　　——ヨーロッパとアジア

※ヨーロッパは進んでいる？

　個人の人権保障の第一次的責任は，依然として国家にあり，人権条約も基本的には締約国の制度を通じて機能する。しかしながら，人権の国際的保障の分野で積み重ねられた進展は，国際法，国家，個人の関係に大きな変化をもたらすものであった。また，情報通信や国際メディアの発達のおかげで先進国を中心に世界の人権状況に対する関心は高まり，国際的な NGO の活動はますます活発化している。しかし，このような変化は，世界中で一律に起こったわけではない。むしろ，第二次大戦後の人権の国際的保障の歴史は地域間格差の拡大の歴史であったといってもよい。

　共通の歴史的文化的背景と互いに似かよった政治経済制度を有す

るヨーロッパでは，かねてから，**ヨーロッパ人権委員会** や **ヨーロッパ人権裁判所** の活動によって **ヨーロッパ人権条約** のきめ細かな実施を確保してきたが，1998 年 11 月にヨーロッパ人権条約の第 11 議定書が発効し，ヨーロッパ人権裁判所が個人の申立てを受理することとなった。人権侵害を受けた個人が直接出訴できる国際裁判所の発足である。また，別の個所で述べるが（第 15 講義参照），世界レベルでは，集団殺害の罪や戦争犯罪などを犯した個人を直接裁く国際刑事裁判所を設立する条約（**国際刑事裁判所（ICC）規程**）も 2002 年に発効した。

　他方，米州やアフリカにも地域的人権条約が存在するが，これらの地域は未だに多くの問題を抱えており，ヨーロッパと同様の条約の活用は望めない。アジア，アフリカの人権状況は，相次ぐ内戦や政治的不安定のためにむしろ悪化し，人権条約の満足な履行が期待できない状態が続いている。文化的歴史的特殊性を強調して「西側的」人権を嫌う声も蔓延しているし，人権擁護の意思はあってもその能力を欠く国家も多い。グローバリゼーションは人権基準の世界的な普及をもたらすと同時に，国際的な貧富の格差を拡大し，貧困による人権状況の悪化を招いたともいわれている。テロリストグループや国際的な犯罪組織など，国家以外の団体による深刻な被害も拡大している。人権に対する考え方の違いは依然として大きく，特に，歴史，文化，宗教，政治経済制度において最も多様で，政治的経済的安定度も高くないアジアにおいては，**地域的人権条約** も人権機構も成立していない。

※では，何ができるのか

このような状況下で，国連や地域機関，人権の国際的保障に関心

を有する諸国や NGO は，人権状況が比較的良好な地域において先進的な国際的保障制度の確立を急ぐとともに，これが困難である地域においてはより地道な努力を行っている。人権擁護の前提となる法の支配の確立のための法整備支援や草の根レベルでの人権教育，国内人権擁護機関の設立に向けた技術支援，人権に留意した開発援助，これらの活動を行う NGO への支援，紛争予防や紛争解決にあたっての人権の視点の導入などである。条約などの国際法による保障の前に，このような保障を受け入れやすくするための人権文化を育てる試みといってもよい。

特に最近注目されているのは，**法整備支援**，すなわち，法律を作り，これを的確に適用するための行政や司法制度を整備し，組織的な法学教育を行って一定水準以上の弁護士や公正で廉潔な裁判官を養成する支援である。このようにして得られる法の支配は，形式的な法の支配であるかもしれないが，人権の保護のみならず経済発展や健全な社会生活のための必要不可欠な条件である。その時々の都合によって恣意的にルールが変わり，ルールを有権的かつ一貫性をもって解釈適用してこれを確実に執行する機関もない国や，債権債務，所有権，会社等の意識や概念もない国に投資を行うことには誰でも二の足を踏むし，人権の擁護も，個人や国の権利と義務の概念が明確になったところから始まるからである。人権の「押し付け」に警戒心を有する国も，このような社会的インフラ整備としての法整備支援を受け入れることには抵抗を示さない場合が多い。日本はカンボジアやベトナムなどの市場経済移行国に法整備支援を行ってきたが，とかく批判もある日本の対外援助の中で，道路やダムを作るだけではなく，このような息の長い（金額もかさまない）知的支援に力を入れていくことも，将来の対外援助のあるべき姿の1つか

もしれない。

〔参考文献〕

田畑茂二郎『国際化時代の人権問題』（岩波書店，1988）

『現代国際社会と人権の諸相（宮崎繁樹先生古稀記念）』（成文堂，1996）

安藤仁介「国際人権保障の展開と問題点」国際法外交雑誌98巻1・2号（1999）

畑博行・水上千之編『国際人権法概論』（有信堂，第4版，2006）

芹田健太郎・薬師寺公夫・坂元茂樹『ブリッジブック国際人権法』（信山社，2008）

国連人権高等弁務官事務所のホームページ

Bridgebook

第10講義
国際社会の構造変革はまたヨーロッパから？

ヨーロッパの統合

1 「ヨーロッパ統合」
——その歴史的な背景と意義

❖近代ヨーロッパで確立した主権国家体制

　現在の国際社会は，グローバル化・ボーダーレス化が進んだとはいえ，依然としてなお主権を有する国家（主権国家）をその基本的な単位として構成されている。国際法は，「国家間」の合意として形成されており，そのようにして作り出された国際法を適用し執行する主体も，やはり各「国家」である。国連をはじめとする国際組織の場でも，最近では国家以外の主体であるNGO等の役割が徐々に高まりつつあるとはいえ，原則としてその組織の加盟国である各国家の代表が討議に参加し，発言をし，投票を行って一定の決定等が行われる。つまり，現在でも国際社会においては，「国家」がわたしたち個々人を代表する枠組みとして基本的に機能しているのである。

　このような主権国家を基本的な構成単位とする国際社会の基本構造は，近代ヨーロッパにおいて，三十年戦争を終結させた1648年のウエストファリア条約によって確立をみたと考えられる。中世の

ヨーロッパ社会で一定の権力を握っていた諸侯や諸都市，宗教権力といった諸主体は，このウエストファリア条約以降の近代ヨーロッパで次第に没落し，国王権力に代表される「国家」というもののみが国際社会での代表性を認められる唯一の主体としての地位を確立した。このようにして近代ヨーロッパにおいて確立した「主権を有する国家のみが国際社会の唯一の構成主体である」という主権国家体制は，「**ウエストファリア体制**」とも呼ばれる。このような国際社会における主権国家体制そのものは，国王が国家の権力を独占する絶対王政がその後の市民革命等によって変更を余儀なくされた後も存続し続け，ヨーロッパのみでなく国際社会全体について妥当する基本原則として21世紀の今日まで基本的に妥当し続けたのである。

❖ヨーロッパの「没落」と「ヨーロッパ統合」によるヨーロッパの「再生」?

このようにして近代ヨーロッパにおいて誕生し，全世界的規模にまでその適用範囲を拡大した主権国家体制に変革を迫る動きが登場したのも，皮肉なことに20世紀の二度にわたる世界大戦の主戦場となって疲弊したヨーロッパにおいてであった。近代以降，ヨーロッパ列強諸国は，世界各地を植民地として政治的・軍事的に支配し，経済や文化などさまざまな面でも世界を支配すると同時に世界の中心としての地位を築いたが，20世紀に入ってから第一次大戦と第二次大戦という人類史上未曾有の大戦争での主戦場となり，大きな打撃を受けた。その結果，第二次大戦後には，米国とソ連という東西両陣営のリーダーである2つの超大国の狭間で，ヨーロッパは，政治的にも経済的にも国際社会の中でその地位を相対的に低下させた。「ヨーロッパの没落」が認識される中，とりわけ20世紀の初

頭まで世界をリードする地位にあった西ヨーロッパ諸国では，少なくともまずは経済面で協力と段階的な統合を進めていくことによって，「ヨーロッパの再生」をはかろうという動きが登場することになる。第二次大戦前までは「理念」として語られるに過ぎなかった「ヨーロッパ統合」が，第二次大戦後に現実の国際社会の政治過程の中で着実に進展をはじめた理由は，このようなヨーロッパ社会が共有することになった一種の危機感にあるということができよう。

2 「ヨーロッパ統合」半世紀の歩み
—— EC と EU の発展

◈ヨーロッパ3共同体の発足と発展

第二次大戦後，さまざまなヨーロッパ統合構想が提案されたが，1948 年にはベネルクス三国（ベルギー，オランダ，ルクセンブルク）間で ベネルクス関税同盟 が結成された。1950 年には，フランスのシューマン外務大臣が，独仏両国の石炭と鉄鋼の生産を管理する超国家的組織の創設を提案する シューマン・プラン を発表した。この提案には，ヨーロッパにおける長年の火種となっていた独仏両国間の対立を石炭と鉄鋼の共同管理によって解消し，東ヨーロッパの社会主義陣営に対抗するためにフランスおよびヨーロッパにおける脅威とならない形で西ドイツ経済の復興をはかるという狙いが込められていた。1951 年 4 月，独仏両国とベネルクス三国にイタリアを加えた 6 カ国は，パリ条約（ヨーロッパ石炭鉄鋼共同体（ECSC；European Coal and Steel Community）設立条約）に署名し，第二次大戦後から今日まで，そして今後も続いていくであろうヨーロッパ統合の長い歩みの第一歩が踏み出された。

翌52年にパリ条約は発効し，正式に発足した ECSC は，石炭と鉄鋼について関税の撤廃等による共同市場の形成に一定の成果を収めた。これを踏まえ，ECSC に加盟する 6 ヵ国は，1957年に経済全般にわたる共同市場の創設をめざす **ヨーロッパ経済共同体**（**EEC**；European Economic Community）と，原子力産業の共同育成をめざす **ヨーロッパ原子力共同体**（**EURATOM** または **EAEC**；European Atomic Energy Community）の設立条約（いずれも **ローマ条約**）に署名し，翌58年にこの 2 つの条約が発効して EEC と EURATOM が発足した。これら ECSC，EEC および EURATOM の 3 つの共同体の総称として，「**ヨーロッパ共同体**」（**EC**；European Communities）という呼称が用いられることとなった。

これら ECSC，EEC および EURATOM の 3 共同体は，それぞれ別個の機関を有する別個の組織体であったが，1965年のヨーロッパ共同体機関合併条約（67年発効）により，3 つの共同体に共通する単一の委員会，理事会，総会（後のヨーロッパ議会），司法裁判所（EC 裁判所）に統合されることとなった。なお，3 共同体の本部（事務局，委員会，理事会等）はベルギーのブリュッセルにおかれ，総会（ヨーロッパ議会）はフランスのストラスブールに，司法裁判所はルクセンブルクに，それぞれおかれることとなった。

◈ **加盟国の拡大と「ヨーロッパ共通市場」＝「市場統合」の完成**

このようにして発足した 3 つの共同体は，その後いくつかの紆余曲折を経ながらも，1960年代，70年代を通じ着実に加盟国間の経済統合を推し進めた。1960年代末には域内関税の撤廃と共通関税の実施による関税同盟が実現し，60年代後半からは共通農業政策が実施されるとともに経済・通貨同盟の実現に向けた政策が推進さ

れることとなった。この間，1960年代にはイギリスによる加盟申請に対してフランスのドゴール大統領が拒否を表明したが，1973年にはイギリス，アイルランド，デンマーク3カ国の加盟が実現し（ノルウェーは国民投票の結果，加盟を否決），加盟国数は9カ国となった。その後，1981年にはギリシアが，86年にはスペインとポルトガルが，それぞれ共同体に加盟し，加盟国数は12カ国に拡大した。

1986年には **単一ヨーロッパ議定書** が採択され（翌87年発効），年2回開催される **ヨーロッパ首脳会議**（ヨーロッパ理事会，欧州サミットとも呼ばれる）の制度化や **ヨーロッパ議会** の権限強化等がはかられた。そして，1992年1月には，**ヨーロッパ共通市場** の形成という形で経済面での市場統合が達成された。

◈ヨーロッパ連合（EU）の発足と共通通貨「ユーロ」の導入

92年1月に市場統合を完成させた加盟国は，92年2月に「**ヨーロッパ連合条約**」（**マーストリヒト条約，EU条約**）に署名し（翌93年発効），ヨーロッパ統合は次なる段階に歩みを進めることとなった。この条約によって，従来の3共同体の基礎の上に新たに **ヨーロッパ連合**（**EU**；European Union）が創設されることとなり，EUは，共通外交安全保障政策や司法・警察分野など従来の3共同体では対象外とされていた分野での協力と統合を推進することとなった。他方で，EUの発足にもかかわらず，従来の3共同体はEUとは別個の組織として依然として存続していた。このEU条約によって，従来のヨーロッパ経済共同体（EEC）がヨーロッパ共同体（EC；European Community）と改称されることとなったため，これを従来の3共同体の総称としてのEC（European Communities）と混同しな

いよう注意する必要がある。なおその後，2002 年には，創設 50 年を迎えた ECSC がその任務を終了して解散した。

1993 年に EU が発足後，1995 年にはスウェーデン，フィンランド，オーストリアの 3 ヵ国が新たに加入し，加盟国数は 15 ヵ国に拡大した。

その後，ベネルクス三国と独仏伊の三国，それにスペイン，ポルトガル，アイルランド，フィンランド，オーストリア，ギリシアの 12 ヵ国で，2002 年 1 月から各国の通貨に替わる共通通貨「ユーロ」が導入された。これらのユーロ参加国では，金融政策の重要な部分が各国の中央銀行からドイツのフランクフルトに設置された**ヨーロッパ中央銀行（ECB）**に移譲され，ヨーロッパにおける経済統合は新たな段階を迎えた。その後，ユーロ参加国は EU 加盟国の拡大とともに次第に増加し，現在では EU 加盟 28 ヵ国のうちの 19 ヵ国が共通通貨ユーロを導入している。現在これらのユーロ参加国を旅行すれば，実際に共通の「ユーロ」紙幣と共通の「ユーロ」硬貨（片面は共通の図柄，もう片面には各国独自の図柄が用いられている）が通貨として用いられており，「ヨーロッパ統合」の現実を実感することができる。

3 21 世紀における「ヨーロッパ統合」の次なる段階
　　　　——その将来像の模索

❖EU の東方へのさらなる拡大

ヨーロッパにおける東西冷戦の終結とソ連・東欧の社会主義陣営の消滅は，その後 EU 加盟国の東部ヨーロッパへのさらなる拡大をもたらすこととなった。1995 年にそれまで東西両陣営の政治的対

163

立の中で中立的立場を保っていたスウェーデン，フィンランド，オーストリアの3カ国がEUに加盟した後，2004年5月にはさらに10カ国がEUに加盟し，EUは新たに25カ国体制に移行することとなった。これらの新規加盟10カ国には，地中海の島国であるキプロスとマルタのほかに，かつて東西冷戦の時代には東側陣営の社会主義国であった東ヨーロッパの5カ国（ポーランド，チェコ，スロバキア，ハンガリー，スロベニア），さらに旧ソ連を構成する共和国であったバルト三国（リトアニア，ラトビア，エストニア）が含まれていた。これら10カ国の加盟により，EU加盟国の地理的範囲は，東西冷戦時代の「鉄のカーテン」を越えて東ヨーロッパから旧ソ連領にまで拡大し，ヨーロッパのほぼ全域をカバーとする一大組織体が出現することとなった。

2007年1月にはさらにルーマニアとブルガリア2カ国のEU加盟が実現し，かつて社会主義陣営に属していた東ヨーロッパの主要国が（旧ユーゴスラビアの一部の構成国を除いて）すべてEUに加盟することとなった。その後，2013年7月にクロアチアが加盟し，現在のEU加盟国は28カ国となっている。

◈EUの新たな課題

他方で，このような加盟国の拡大は，EUにおける機関構成や意思決定手続のあり方について根本的な再検討を迫ることとなった。加盟国が28カ国に拡大した現在，全会一致による意思決定は事実上きわめて困難となり，加盟国国民の直接選挙で選出される議員から構成される ヨーロッパ議会 の加盟国別の議員数配分や，理事会での加盟国別の票数配分等について，その見直しが行われ，複雑な要件による 特別多数決制 が導入されることになった。そして何より

3 21世紀における「ヨーロッパ統合」の次なる段階

も，28カ国体制の下でいかに民主的かつ効率的な組織運営と意思決定のシステムを構築していくことができるのかが EU における今後のきわめて重要な課題であり，それは人類史上の壮大な実験であるとも考えられる。

このような大きな課題を前に，EU における新たな組織改革に向けての「ヨーロッパ憲法」草案 が 2004 年に作成されたが，同草案はその「超国家的性格」が批判され 2005 年にオランダとフランスでの国民投票の結果批准が否決された。その後，2007 年 12 月に新たに調印された リスボン条約 による EU の改革案は，2008 年 6 月にアイルランドの国民投票でいったんその批准が否決されたが，2009 年 10 月の再度の国民投票でようやく承認され，リスボン条約は 2009 年 12 月に発効をみた。このリスボン条約の発効により，それまでの EC（ヨーロッパ共同体）はすべて EU（ヨーロッパ連合）に吸収されることになり，それまでの EC 条約（かつての EEC 条約，ローマ条約）は，EU 運営条約と呼ばれることとなった。

また，トルコなどのいくつかの周辺諸国が EU への加盟を申請しており，とりわけイスラム教徒が人口の多数を占め，地理的にも歴史的にも伝統的な「ヨーロッパ」の外側に位置すると考えられるトルコの加盟問題をどのように処理するかは，「ヨーロッパ統合」の前提となる『『ヨーロッパ』とは何か？」という根源的な問いを，EU 加盟国の政府と国民の双方に対して提起しているといえる。

4 「EU」とは何であるのか
――「EU 法」の法的性質

❖「EU 法」の内容

以上のように半世紀以上にわたり発展を遂げてきたかつての EC および現在の EU によるヨーロッパ統合を法的観点から考えた場合，EU 法・EC 法はきわめて大きな特徴をもつものである。

このような意味での「EU 法」には，具体的にどのような法が含まれるのであろうか。大別すれば，まず第 1 に，かつての EC と EURATOM の 2 つの共同体を創設した設立条約（2 つの**ローマ条約**）と EU を創設した **EU 条約**，さらにこれらの設立条約を改正するための諸条約等が挙げられる。これらの諸条約は，EU をはじめとする各組織の側からみれば，それぞれの組織に関する基本原則を定めた条約（基本条約）であり，いわば国家についての憲法に相当する基本法であるといえる。これらが EU 等を創設する第一次的な法規範であるとすれば，第 2 に，このようにして創設された EU 等が作り出す第二次的な法規範がある。これらは，EU 立法，あるいは EU の二次法規と呼ばれるものであり，EU は「規則」「命令」「決定」という 3 つの形式の拘束力を有する二次法規を採択する権限を有する（EU 運営条約 288 条）。このうち，「規則」は，EU の最も一般的な法規範であり，その全体について拘束力をもち，すべての加盟国において私人に対しても直接適用される。このような「規則」を中心とする二次法規は，加盟国の国内法に置き換えられることなく直接に加盟国内の私人に対しても適用され（**EU 法の「直接適用性」**），かつ加盟国の国内法に優位する効力が認められる（**EU**

法の「優位性」）。

❖「EU 法」の性質と「EU」の位置づけ

　以上のように，基本条約と二次法規からなる EU に関する法の総
体を「EU 法」としてとらえた場合，このような「EU 法」はどの
ような性質をもつものであろうか。この「EU 法とは何か？」とい
う問いは，実は「EU」とは何であるのか（国際組織の一種であるの
か，連邦または国家連合の一種であるのか，あるいはまったく特殊な独
自の組織体であるのか），という問いと密接に関連したものである。

　先に述べた EU 法の2つの構成要素の中の第1の部分，すなわち
EU の法的基礎がそれぞれの組織の設立条約という国際法上の合意
にあるという点を重視すれば，EU 法は法的には国際法の一部を構
成すると理解することが可能である。その場合には，EU をはじめ
とする組織体は，それぞれの設立条約という国際法に基づいて設立
された国際組織の一種，具体的には非常に統合度の高い，かつ組織
的・制度的に精緻に構築された特殊な国際組織であると考えること
ができる。これに対して，EU を一種の連邦（連合国家）へ発展す
る前段階，または既に特殊な類型の連邦の一種であると理解すれば，
EU 法も連邦法の一種ないしはその前段階の法としてとらえられる
ことになる。その場合には，EU 法は，連邦法と類似の国内法の範
疇に属する特殊な形態のものと考えられることになろう。

　先に述べた EU 法の「直接適用性」と「優位性」に照らすと，
EU 法は加盟国による国内法上の立法措置を待たずに直接的に加盟
国内の私人に対する効力をもつという点で，従来の一般的な国際法
とは異なる特徴をもつ。従来の国際法では，たとえば条約がその締
約国の国内法上直接適用されるのは，直接適用可能性のある条約

（**自動執行条約**；self-executing treaty）に限られていた。その意味で，EU法は，従来の伝統的な国際法とは区別されるが，他方でEU法は，加盟国の国内法に優越する効力を認められるという点で，明らかに加盟国の国内法とは区別される存在である。

したがって，将来ヨーロッパにおける国家統合がさらに進展し，EUがヨーロッパ連邦ないしヨーロッパ合衆国を構成するようになり，各加盟国が主権国家としての地位を喪失して連邦または合衆国を構成する州となるとすれば，EU法は完全に連邦法の一種となり，いわば国内法の範疇に属する法となるものと解することができる。しかし，それまでのあいだ，すなわちEUの加盟国が主権国家であり続けるあいだは，具体的にいいかえれば，EU加盟国であるイギリス・フランス両国がそれぞれ国連の安保理の常任理事国としての独自の地位を保持し続け，他のEU加盟国もそれぞれ個別に国連加盟国としての地位を保持し続けるあいだは，仮にいかに共通外交安全保障政策の下でのEU加盟国間の政策協調が進んだとしても，EUは「連邦」でも，ましてや「合衆国」でもありえず，各加盟国は主権を保持した主権国家であり続けると理解すべきであろう。

5　ウエストファリアからマーストリヒトへ，そしてどこへ？
──「ヨーロッパ統合」の国際法上の意義とわたしたち

以上4での検討から明らかなように，現在にいたるまでの半世紀以上に及ぶかつてのECやEUによる「ヨーロッパ統合」の過程は，従来の「連邦（連合国家）」や「国際組織」といった形態ではとらえることのできない新たな独自の組織形態として進展していき，その結果として国際法と国内法といった従来の伝統的な二分論では

割り切ることのできない「EU 法」という新たな範疇の法秩序が創り出されることとなった。その意味で，ヨーロッパ統合とそれに伴う新たな法現象は，国家・国際組織・国家結合（連邦（連合国家）・国家連合）といった伝統的な国際法の主体論や，国際法と国内法の関係といった従来の国際法理論の枠組みに対して，数多くの新たな刺激とインパクトを与えることとなった。

　現段階での EU による「ヨーロッパ統合」は，完全なヨーロッパ連合またはヨーロッパ合衆国を創設するまでにはいたっておらず，そのような段階にまで統合が進むためには，まだまだ多くの紆余曲折と相当の時間を要するものと考えられる。しかし，このような主権国家を超えた新たな統合の枠組みを模索するきわめて大胆かつ野心的な試みが，近代主権国家体制を 17 世紀にウエストファリア体制として確立したヨーロッパ社会そのものの中から生まれてきたことに，ある種の感慨を覚えざるをえない。文化的，社会的な地域の独自性を保持しつつ，さらなる発展のために必要とされる分野での統合と統一を実現すること，この古くて新しい人類永遠の課題に，ヨーロッパの人々は，この半世紀の間果敢に挑戦してきたし，これからも挑戦し続けるであろう。片面は各国共通，もう片面は各国独自の図柄が描かれている「ユーロ」硬貨の両面をしげしげと眺めるにつけ，独自性の保持と統一の実現という二律背反する課題に挑み続け，対立と妥協の中で自ら歴史を切り拓いていくヨーロッパの人々の知恵と努力に，感銘を覚えるのである。

　ひるがえって日本とその周辺の東アジア地域を考えた場合，これから 50 年後，100 年後に向けて，各国の独自性と固有の文化を尊重しつつ，どのような英知を結集した発展のための枠組みの構築が可能なのであろうか。ヨーロッパの人々が，トルコによる EU 加盟

申請をめぐって「ヨーロッパとは何か?」を自問せざるをえないのと同じく，わたしたちも，もう一度，現代の国際社会の中で，日本とは何か？ アジアとは何か？ 東アジアとは何か？ といった問題を真剣に考える必要があるものと思われる。その意味で，21世紀を迎えた現在でもなお，人類史上全く新しい形で国家間の統合を進めつつある「ヨーロッパ」を考えることは，わたしたち自身を考える重要な契機となるものであるといえよう。

〔**参考文献**〕

中村民雄・須網隆夫編『EU 法基本判例集』(日本評論社，2007)

庄司克宏『新 EU 法　基礎篇』(岩波書店，2013)

庄司克宏『新 EU 法　政策篇』(岩波書店，2014)

中西優美子『EU 権限の判例研究』(信山社，2015)

庄司克宏『はじめての EU 法』(有斐閣，2015)

Bridgebook

第11講義
武力を用いずに紛争を解決する

紛争の平和的解決

1 武力を必要とする前に解決する
―― 国際社会と紛争

※国際紛争は当事者の選ぶ方法で平和的に解決されなければならない

　国際紛争とは，どのようなものであろうか。国家間では，さまざまな点について見解が異なることが日常的に起こる。単なる見解の相違は国際紛争ではない。国際社会では，初期の段階でささいな事実認識や理解の相違であったものが，やがて大規模な紛争に発展するということがしばしばおこる。紛争の平和的解決手段を整備することの目的は，このような紛争の深刻化や拡大，あるいは紛争の発生そのものを防止することにある。国際社会の平和と安全の維持にとって，紛争の平和的解決手段の整備は不可欠の課題となっている。

　戦争や武力行使が違法化されるまでは，国際紛争の解決手段として武力を使うことが認められていたものの，平和的解決手段も使われていなかったわけではない。とはいえ，それはあくまで個々の事件に関するアド・ホックなものであったし，また最終手段としての戦争や武力の行使を念頭においたものであった。19世紀末から，戦争を制限し禁止する国際法規則が徐々に形成されていく過程で，

171

第11講義　武力を用いずに紛争を解決する

強制的な力を用いた紛争解決にいたる前に平和的な手段で紛争を解決することの重要性が認識され，紛争の平和的解決手段の整備のための努力がなされるようになった。1899年の第1回 ハーグ平和会議 の成果の1つである 国際紛争平和的処理条約 は，紛争解決手段の制度化への努力の現れといえる。この条約は国際審査を制度化し，常設仲裁裁判所 を設置した。これ以降，国際連盟の下でも国際組織や国際裁判を利用した紛争の平和的解決手段の制度が設けられ，紛争の平和的解決手段の制度化に大きな発展がみられた。

　国連の下では，国連憲章2条3項で，国際紛争を平和的手段によって解決することが国連加盟国の義務の1つとして挙げられ，憲章第6章でこの義務を国連の枠組みの中でどのように実現するかが規定されている。また，第6章の33条は，多様な平和的解決手段を列記するとともに，それらについての選択の自由を紛争当事国に認めている。紛争の平和的解決の義務とその手段の選択の自由は，憲章2条4項の武力行使の禁止と憲章第7章の集団的措置に関する義務と並んで，国際社会における平和の維持のために不可欠なものである。この2点は，1982年の「国際紛争の平和的解決に関するマニラ宣言」でも確認されている。

◈国際紛争平和的解決手段にはどのようなものがあるか

　国連憲章33条に規定されているように，国際紛争の平和的解決手段としては，外交交渉，周旋と仲介，国際審査と国際調停，国際裁判，国際組織による解決などの手段がある。これらの手段は，いずれかが優先するというものではなく，紛争の当事者が自由に選択するいずれかの手段によって紛争が解決されればよいとの趣旨で例示されているのである。

172

1 武力を必要とする前に解決する

◈外交的な紛争解決手段にはどのようなものがあるか

　紛争の平和的解決手段のうち，**外交交渉** では，通常当事者間の直接の交渉により紛争解決がはかられる。周旋と仲介は，紛争当事者のあいだに第三者が関与し，紛争の解決をはかるための援助を行う方法である。**周旋** の場合，第三者の役割は紛争解決についての便宜供与などに限定され，当事者間の紛争解決の内容に立ち入らないのに対し，**仲介** の場合は，第三者がより積極的に紛争解決に関与し，紛争当事国に妥協や譲歩を勧めたり，紛争解決案を提示したりすることもありうる。後で詳しく述べる在テヘランの米国大使館が占拠され大使館員等が人質にされた事件では，国連安保理の関与，国際司法裁判所（ICJ）の判決，米国の一方的な措置などのいずれによっても事態が改善されず，紛争の解決がきわめて困難な状況になっていた。そのような事態を受けて米国とイランの要請によりアルジェリア政府が仲介を行い，1981 年 1 月 19 日のアルジェ協定によって紛争解決が実現した。

　国際審査と国際調停は，いずれも紛争当事国の合意によって設立された国際的な委員会に紛争の解決のための一定の権能が与えられるものである。**国際審査** は，当事者間で事実関係の認識について争いがある場合に事実を明らかにするための手段であり，**国際調停** は，調停委員会が紛争の解決策を提示する手段である。国際審査が紛争の解決に有効に機能した例として，**ドッガー・バンク事件** を挙げることができる。この事件は，1904 年 10 月 21 日から 22 日にかけて，ロシアのバルチック艦隊が北海のドッガー・バンクを航行中にイギリスのトロール船団を日本の水雷艇と誤認して砲撃した事件である。1899 年の **国際紛争平和的処理条約** の規定に従って **国際審査委員会** が設立され，その事実審査の結果を受け入れたロシアがイギリスに金

173

銭賠償を支払うことで紛争が解決した。

　外交交渉，周旋と仲介，国際審査と国際調停がいわゆる外交的な紛争解決手段とされるのに対し，国際裁判は法的な国際紛争解決手段である。国際裁判には仲裁裁判と司法裁判があるが，いずれも原則として国際法に従って拘束力のある判決を下す権限を与えられる。国際裁判については，後に詳しく述べる。

◈国際組織を利用して紛争を解決する（第12講義を参照）

　現代における国際紛争の平和的解決手段の制度化の中で政治的解決手段として特に注目されるのは，国際組織を利用した紛争解決手段である。国際連盟規約の中で，連盟理事会が紛争の平和的解決に関して果たすべき役割が規定されて以来，国際組織という集団的枠組みを利用した紛争の平和的解決の重要性が認識されるようになった。国連憲章では，安保理，総会，事務総長の3つの機関が国連を利用した紛争の平和的解決において一定の役割を果たすべきことが規定されている。

　まず，国連加盟国は継続すれば国際の平和と安全を危うくするおそれのある紛争を当事国の選択する手段で解決する義務を負い（憲章33条1項），そうした手段によって紛争が解決されなかった場合には，紛争を安保理に付託しなければならない（憲章37条1項）。この付託は，一方の当事者の判断によって行うことができる。付託された紛争について安保理は，放置すれば国際の平和と安全を危うくするものであるか否かを検討し，その結果そのようなおそれがあると認めた場合には，当事国に対して，調整の手続又は方法の勧告を行う（憲章36条）か，適当と認める紛争解決条件を提示するかのいずれかの勧告を行わなければならない（憲章37条2項）。総会

や事務総長も，紛争の平和的解決に関する一定の勧告を行う権限を有している。

　連盟や国連の紛争解決手段は普遍的な国際組織のものであるが，その他に，地域的な国際組織も紛争の平和的解決について重要な役割を果たす場合がある。国連憲章の規定する地域的取極（憲章 8 章）として設立された米州機構（OAS）では，ボゴタ憲章（1948 年）によって同地域における紛争の平和的解決について OAS を利用すべき義務が規定されている。同様に，アフリカ連合（AU，2002 年までアフリカ統一機構（OAU））やアラブ連盟も，それぞれの地域での紛争の平和的解決に関する役割を担うものとされている。さらにヨーロッパでは，1989 年の旧社会主義体制の崩壊後，急速に紛争の平和的解決制度の整備が進んだ。1975 年のヨーロッパ安全保障協力会議（CSCE）で採択されたヘルシンキ最終議定書の後に形成された CSCE プロセスは，1990 年の首脳会議（パリ）と 1994 年の首脳会議（ブダペスト）を経て 1994 年にヨーロッパ安全保障協力機構（OSCE）として機能が強化され，機構が常設化された。また，加盟国間での紛争の平和的解決手段に関する条約も作成されている。このような地域的な紛争解決のメカニズムは，密接な関係をもつ地域の中で紛争の平和的解決をはかる手段として，今後もさらに発展していくことが予想される。

2 国際紛争を裁判で解決する
——国際的な裁判制度

◈**国際裁判はどのように発展してきたのか**

19 世紀末以降の国際紛争の平和的解決手段を制度化する試みの

中で，次第に重要な位置を占めるようになったのが，国際的な裁判制度の構築である。国際裁判には，仲裁裁判と司法裁判がある。仲裁裁判は，紛争当事者が紛争についての法的判断を，自らが選択した手続により，自らが選任した仲裁人に委ねるものであるのに対し，司法裁判は既存の裁判制度の下であらかじめ選ばれた裁判官に法的な判断を求めるものである。いずれも，裁判所の判断に法的な拘束力がある点が，他の政治的，または外交的な紛争解決手段との決定的な違いである。

　歴史的にみて先に発達したのは，**仲裁裁判** である。初期の事例では特定の紛争の発生後に個別に仲裁裁判が行われていた。1794 年の英米間の **ジェイ条約** で，両国間の国境問題や個人の請求権について判断する **混合仲裁委員会** が設立され，多くの紛争について判断を下した。また，**アラバマ号事件**（1872 年，英国対米国）では，国家間の仲裁裁判によって紛争が解決された。さらにこの判決は，当事者間の紛争解決だけでなく，中立法に関する国際法の発展にも寄与したと評価される。これらの例も含め，多くの仲裁では，紛争発生後に当事者間で結ばれた特別合意に基づいて仲裁裁判が行われた。

　その後，国際紛争の平和的解決手段の制度化が進む中で，条約によって仲裁裁判を常設化することや，これに強制的な性格をもたせることが検討されるようになった。仲裁裁判所の常設化は，1899 年の **国際紛争平和的処理条約** によって設立された **常設仲裁裁判所** によって実現され，この制度は現在も存続している。ただし，常設仲裁裁判所における常設性とは，あくまで事務局がオランダのハーグに常設され，各国が指名した仲裁人に適切な人のリストがそこに用意されているというにとどまる。また，強制的な仲裁に関しては，1927 年の「**国際紛争の平和的処理に関する一般議定書**」のように，

一般的に国際紛争の仲裁付託義務を規定する例と，ハーグ条約（「航空機の不法な奪取に関する条約」）や条約法条約，国連海洋法条約のように，個別の条約の紛争解決条項の中で当該条約の解釈適用に関する紛争を一方の紛争当事者の判断で仲裁に付託することを認める内容の紛争解決条項をもつ条約の例がある。後者のタイプの中には，外交関係条約などのように紛争解決に関する規定を選択議定書として独立した文書としている場合もある。

◇国際司法裁判はどのように行われるのか

1899 年と 1907 年のハーグ平和会議では，仲裁裁判の常設化に加えて国際的な司法裁判所の設置が検討された。この会議の段階では司法裁判制度の設立は実現しなかったものの，そこで示された司法裁判の必要性の認識は国際連盟規約 14 条に反映された。そして，この規定に基づき，1920 年に法律家諮問委員会が設置されて常設国際司法裁判所の規程案が作成された。この案は連盟の理事会と総会で審議され，若干の修正が加えられて，1921 年 常設国際司法裁判所（PCIJ）規程 が採択された。PCIJ は，1946 年の最後の国際連盟決議により消滅するまで存続し，現在の 国際司法裁判所（ICJ）がその制度を受け継ぐこととなった。

ICJ は，国連の主要な司法機関と位置づけられ（国連憲章 7 条，92条），国際の平和と安全の維持のための国連の制度の中で明確な位置づけを与えられている。この点が国際連盟とは組織的に独立していた PCIJ と異なるものの，裁判所の基本的な制度や権限は変わっていない。裁判所はオランダのハーグ市にある平和宮におかれ，9年の任期をもつ 15 名の裁判官によって構成されている。裁判所は法律的紛争についての判断を下す権限をもち，具体的には国家間紛

争に関して下す **判決**（国連憲章 94 条）と，国際組織が法律問題について要請する **勧告的意見**（国連憲章 96 条）の 2 つの手続がある。

◈国際裁判の利用促進のためにはどのようにすべきか

　国際社会における司法裁判手続の制度化は，紛争解決手段についての予測可能性を高め，紛争の予防や国際法上の義務の履行確保という効果ももつと考えられている。現在の ICJ は，紛争解決の制度化にどの程度貢献しているといえるのだろうか。まず，裁判所の常設化という観点からは，国連での選挙によって選ばれた裁判官によって構成される裁判所が設立されたことは大きな発展である。裁判の義務化という点ではどうであろう。現在の ICJ の制度で，紛争の一方の当事者のみの判断で紛争を裁判所に付託することができるのは，ICJ 規程 36 条 2 項の強制管轄受諾制度に基づく場合と，同条 1 項の規定する紛争の両当事者の同意に基づく付託において条約の紛争解決条項や紛争解決条約などによって紛争の一方的な付託が認められている場合，一方の紛争当事者の紛争付託に対して他方の紛争当事者が応訴する場合である。

◈強制管轄受諾制度とはどのようなものか

　強制管轄受諾制度 と呼ばれるものは，PCIJ から ICJ に受け継がれたものである。仲裁裁判の多くの先例でも，紛争が発生するごとに個別に付託合意が結ばれて裁判が行われていたように，両当事者のあいだの合意によって行われることが国際裁判の原則と考えられてきた。これは，主権国家は自らの意思に反する行為を強制されることがない，という国際法の基本的な原則から導き出されるものである。しかし，国際裁判の制度化に伴って，裁判所に国内裁判所のよ

178

うに強制的な管轄権をもたせようとする立場が出てきた。裁判の利用可能性という観点からすれば，強制管轄があるほうが望ましいであろうし，またそうした制度は紛争の予防にも貢献するからである。PCIJ の設立の過程を見ると，法律家諮問委員会の提案には，一般的な強制管轄権を認める案が示されていた。しかし，この案は多くの国の反対を受けたため，妥協案として示された強制管轄受諾宣言の制度が生まれたのである。

　この制度は，強制管轄を容認する意思のある国家があらかじめその旨を宣言するものである。裁判所の管轄権の行使についての同意を，国家の意思の表明としての「宣言」の形であらかじめ表示しておくことで，少なくともその宣言の範囲で，かつ同様の宣言を行っている国家とのあいだの紛争に限定して，裁判所の管轄権に強制力をもたせることが実現した。宣言の際に各国は，裁判所の強制管轄を認めない紛争の種類を留保することができる。紛争の主題に例外を設けるもの（たとえば，国際法によって判断される国内問題に関する紛争を除く，あるいは漁業資源の保存と管理に関する紛争を除くなど，各国のそれぞれの事情を反映した留保が多い）や時間的制限を設けるもの（宣言後に生じた紛争に限定する，あるいは紛争の相手国の宣言がなされて 12 ヵ月経過後の付託に限定する，宣言に時間的な制限を設けるなど）など，さまざまな留保が実際に見受けられる。

　日本は，この ICJ の強制管轄受諾宣言を 1958 年に行ったが，2007 年と 2015 年に，新しく留保を付け加えた宣言を行った。安保理の常任理事国のうち，この宣言をしているのは英国のみである。フランスと米国はいずれも，この制度を使って訴訟を提起された（**核実験事件** 1974 年先決的抗弁判決（オーストラリア対フランス，ニュージーランド対フランス），**ニカラグア事件（ニカラグア対米国）**）（本講

義 3 参照）ことをきっかけに，宣言を撤回した。他の諸国をみても，強制管轄受諾宣言を行っている国は，2016 年 2 月 10 日現在で 72 カ国にとどまり，必ずしも多いとはいえない。また，宣言自体は行っているものの多様な留保を付している国も少なくない。したがって，現状では強制管轄受諾制度によって実現されている規程の下での ICJ の強制管轄権の範囲は，人的管轄，事項管轄ともに必ずしも広いとはいえない。

◈条約の紛争解決条項や紛争解決条約とはどのようなものか

ICJ への紛争の一方的付託は，36 条 1 項の下での両当事者の紛争付託に関する同意を，条約の形で，事前に得ることによっても可能である。この場合，条約に紛争解決条項を入れておく方法と，紛争解決条約を締結する方法がある。条約の紛争解決条項の例として ジェノサイド条約（1948 年）9 条の，同条約の解釈，適用または履行に関する紛争が紛争の一方当事者の判断で ICJ に付託されうるという規定や，モントリオール条約（「民間航空の安全に対する不法な行為の防止に関する条約」）14 条の，同条約の解釈または適用に関する紛争が当事者間の交渉によって解決されず，また 6 カ月を経ても仲裁裁判所が設立できない場合，紛争の一方当事者の判断で ICJ に紛争を付託することができるという規定をあげることができる。このような規定は，特定の条約の解釈や適用等に関する紛争に限定されるものの，条約の締約国となった時点で将来の紛争について ICJ に強制的な管轄権を認めるものである。また紛争解決条約は，当事国間の紛争を ICJ を利用することによって解決することを制度化するものである。ボゴダ規約と国際紛争の平和的解決に関する欧州条約は，地域的な条約ではあるものの，実際にこれらの条約に基づい

て，紛争が ICJ に一方的に付託されている。こうした条約制度の充実は ICJ の強制管轄の可能性を高める効果をもつといってよいだろう。

◈応訴管轄

規程 36 条 2 項に基づく強制管轄受諾宣言と条約上の根拠があれば，紛争当事国のいずれかによる一方的な紛争付託が可能になる。こうした事前の同意がない場合でも，一方の紛争当事国が紛争を ICJ に付託し，他方の当事者がこれに応じる意思を表明すれば，ICJ での裁判が可能である。これを応訴管轄と呼ぶ。

これまでの ICJ の先例で応訴管轄によって最終的な判決が出された事件は，刑事司法共助問題に関する事件（ジブチ対フランス，2008 年判決）のみである。しかし，日本が竹島問題について，これまでに 3 回（1954 年，1962 年，2012 年），韓国に対して ICJ による解決を提案してきたのはこうした付託方法があるからである。また，一方の当事者が ICJ による解決の提案をすることで，両国間の特別合意の締結につながり合意付託が実現する可能性もあり，応訴管轄という方法は注目に値するといえる。

◈現在ではさまざまな国際裁判制度がある

現在の国際社会での紛争解決に関してもう 1 つ特徴的な点は，ICJ 以外の常設の裁判制度が増えているということである。国際組織で働く国際公務員の雇用関係についての紛争を扱う国際行政裁判所（たとえば ILO 行政裁判所，国連行政裁判所，世界銀行行政裁判所 など），人権の分野ではヨーロッパ人権条約と米州人権条約，バンジュール憲章によってそれぞれの人権裁判所が設立されている。EU で

181

はEU条約の解釈，適用についての法の遵守を確保することを主たる任務とする **ヨーロッパ司法裁判所** が存在する。個人の国際犯罪を裁く裁判所として **旧ユーゴスラビア国際刑事裁判所**（国連安保理決議827号（1993年）に基づいて設立），**ルワンダ国際刑事裁判所**（国連安保理決議955号（1994年）に基づいて設立）などがあり，さらに常設の **国際刑事裁判所（ICC）** を設立するローマ規程も2002年7月1日に発効した。また，海洋法については国連海洋法条約（「海洋法に関する国際連合条約」）（1982年）に基づき設立された **国際海洋法裁判所（ITLOS）**，経済分野ではWTOの紛争解決手続がGATTの下での紛争解決制度よりも司法的性格を強め，投資の分野では **ワシントン条約**（「国家と他の国家の国民との間の投資紛争の解決に関する条約」）（1965年）により **投資紛争解決国際センター（ICSID）** も設けられている。

国際社会における初めての司法裁判機関としてPCIJが設立されてから約100年しか経過していないことを考えると，裁判所やそれに準ずる機関の増加は国際社会の大きな変化であるといってよい。こうした裁判制度の増加は紛争解決手段の選択肢を増やすという効果をもつ。他方で，それぞれの裁判所の手続は独立したものであって，それを設立した条約によって個別に規律される。したがって，紛争が複雑化している現在，各裁判所の管轄権の調整や国際法の統一性の確保など，今後のさらなる取組が求められている問題が多く残されている。その意味で，それぞれの裁判所のあいだでの協力関係の構築が不可欠であるといえよう。

3 実際の国際紛争とその解決プロセス

本講義で扱ったさまざまな紛争解決手続が複合的に用いられた具体的な実例を，ここでは5つ取り上げておきたい。

◈在テヘラン米国大使館人質事件（第5講義2参照）

1979年，イランで革命が起こり，それまでのパーレビ国王を中心とした親米的な政権に替わって，イスラム原理主義に基づく反米政権が成立した。この革命の影響を受けたイラン人学生が，同年11月4日と5日にテヘランの米国大使館とダブリズとシラズの米国領事館を占拠し，大使館員などを人質にした。この学生の行動についてイラン政府は，占拠をやめさせるのに必要な措置をとらなかっただけでなく，むしろこれに好意的な見解を示した。

米国はこの事件を安保理に付託した。安保理はイランの行為を非難し，占拠の即時中止と人質の解放を求める決議を1979年12月4日に採択した。しかし，この決議にもかかわらず，事態は改善されなかった。米国はさらに，ICJに本件を付託した。イラン側は，本件は大使館の占拠等という事象だけでなく，過去にさかのぼった米国とイランの関係をあわせて評価しなければならないという理由で，ICJの管轄権を否定し，出廷しなかった。これに対し，ICJは1979年12月15日に仮保全措置命令を下して人質の即時解放を命じた。さらにICJは1980年5月24日の判決で本件について管轄権をもつとして，大使館などの占拠および人質を取ることが国際法に違反すると判断し，損害賠償の支払いと違法行為の即時の中止を求

183

める内容の判決を下した。

　紛争の付託から判決までのあいだに，米国はイランの在米資産の凍結など経済的な対抗措置をとり，また 1980 年 4 月 24 日，米軍によるヘリコプターを使った人質救出作戦が失敗するという事態も起こった。本件では，安保理決議と ICJ の判決で，イランの行為の違法性が認められ，人質の即時解放や占拠の中止が求められたにもかかわらず，イランはこのいずれにも従わなかった。両国間の紛争は，1981 年にアルジェリアが仲介に入って結ばれたアルジェ協定によって初めて解決をみることになった。このアルジェ協定により，両国国民の相手国政府に対する請求を一括して審理するイラン＝米国請求権裁判所が設立され，その判決の履行確保のために凍結された在米イラン資産を基礎とした基金が設立されたことも注目に値する。

　本件は，国家間の関係が非常に悪い場合，国際裁判や国際組織を利用した紛争解決手段の有効性に限界があり，むしろ古典的な外交的手段のほうが効果的な結果をもたらす場合かあることを示している。しかし他方で，国家間の関係が一定限度修復された後の紛争処理の段階では，特別に設立された裁判所が有効に機能することや，その履行確保のための基金が大きな実際的意味をもつことも示唆されている。

◈ニカラグアに対する軍事的および準軍事的活動事件（ニカラグア事件）

　1979 年，ニカラグアで独裁体制を打倒して左翼的なサンディニスタ政権が誕生した。当初米国は新政権を支援したが，1981 年のレーガン政権成立以降，ニカラグアの反政府組織コントラを支援するようになった。1983 年 9 月から 1984 年 4 月にかけて米国政府に

よるコントラに対する軍事的支援が強化され，敷設された機雷によりニカラグア人が死傷し第三国の船舶の被害などが生じた。またニカラグアの港湾や石油貯蔵施設への攻撃，偵察飛行等も行われた。これらの行為について，ニカラグアが1984年3月に安保理へ問題を付託したが，4月4日に米国を非難する決議案は米国の拒否権行使によって否決された。その直後の4月9日に，ニカラグアは米国の行為の違法性を主張して，ICJに本件紛争を付託した。

この事件では，米国がICJの管轄権を争う先決的抗弁を提起したため，1984年11月26日にこの点に関する判決が下され，ICJは本件に関する管轄権と受理可能性を認めた。その後，1986年6月27日の本案に関する判決で，ICJは米国の行為の違法性を認め，米国に損害賠償の支払義務があることを認定した。ただし，損害賠償の具体的金額については当事者が提出した証拠が十分ではないという理由から，証拠の再提出が求められた。また，米国が本案手続に出廷していないことにも言及し，損害賠償額については，当事者間の交渉で決定されるべきとし，そのような合意が得られない場合，裁判所がその額を決定するとした。

その後ニカラグアで親米政権が成立したため，1991年に同国の書簡により，訴えが取り下げられた。したがって，損害賠償についての判決が下されることはなかった。なお，本事件の管轄権判決の後，米国はICJの強制管轄受諾宣言を撤回した。本件は，小国が大国に対して，国際裁判で勝訴しうることを示した。また，米国の行為が違法であるという認定は，その後の米国の政策に大きな影響を与えたといわれる。ただし，この事件で損害賠償額が具体的に決定されないうちにニカラグアが訴えを取り下げたことや，米国が1984年の判決をきっかけとして強制管轄受諾宣言を取り下げたこ

185

とは，国際裁判手続における主権国家の意思の影響力の大きさを示す例でもある。

❖みなみまぐろ事件

本件は家屋税事件（1905年判決）以来，約100年ぶりに日本が仲裁裁判の当事者となった事例である。

みなみまぐろは，インドネシアの排他的経済水域で産卵し，生後2〜3年の間オーストラリア西岸を回遊し，その後南アフリカ沖からチリ沖までの広い海域を回遊する。1960年代に漁業資源としての本格的な開発が始まった。1980年代に入って資源が激減したため，当時南太平洋での漁獲を行っていた日本，オーストラリア（豪），ニュージーランド（NZ）の3ヵ国の合意で漁獲制限を開始した。その後1993年にこの3ヵ国は みなみまぐろ保存条約 を締結して資源の保存と管理のために みなみまぐろ保存委員会 を中心とする協力体制を作った。

1994年以降漁業資源の回復状況に関する調査の必要性を主張する日本と，漁業資源が減り続けていると主張する豪・NZのあいだで，意見の不一致が生じた。調査漁獲の実施について豪・NZの合意を得られなかった日本は，1999年からの3年間の調査漁獲を予定して，1998年にパイロット調査を単独で行い，1999年にも単独の調査漁獲を実施した。これを受けて，豪・NZは，日本の行為は，国連海洋法条約の下での漁業資源の保存と管理に関する協力義務の違反にあたるとして同条約287条1項（c）の仲裁裁判所に紛争を付託した。また同時に，両国は，ITLOSに対して，同条約290条5項に基づく暫定措置を求めた。1999年8月，ITLOSは，豪・NZの主張を認める内容の暫定措置命令を出し，日本はこれに従った。

その後設置された仲裁裁判所は，2000 年 8 月に本件紛争に関して
管轄権がないとする判決を下し，同時に紛争当事国に対して紛争解
決のための交渉を再開することを勧告した。

　この仲裁判決に従って，仲裁判決の後関係国間の交渉が再開され
た。2001 年 1 月に NZ が，同年 5 月に豪が，日本漁船の寄港禁止
措置を解除し，3 ヵ国間の紛争が最終的に解決された。また，みな
みまぐろの新たな漁獲国である韓国と台湾，インドネシアも，この
仲裁裁判の後，みなみまぐろ保存条約への参加に関心を示すように
なった。韓国（2001 年 10 月）とインドネシア（2008 年 4 月），EU
（2015 年 10 月）がみなみまぐろ保存条約に加入した。台湾は 2002
年 8 月からみなみまぐろの保存に関する拡大委員会に参加すること
となった。さらに条約の当事国ではないものの，フィリピン（2004
年 8 月）と南アフリカ（2006 年 8 月）がこの拡大委員会の協力国と
なっている。本件は，国際裁判に訴えることが，紛争の最終的な解
決にはならない場合でも，紛争解決までの 1 つの過程として重要な
意味をもちうることを示した事例であると評価できる（なお，この
事件に関しては，第 7 講義も参照）。

**※パレスティナの壁建設の法的結果に関する事件——国際社会全体の
利益は国際裁判によって実現されうるのか**

　この講義で扱ってきた，国際紛争の平和的解決のための手続，と
りわけ，国際裁判手続は，2 つの国のあいだでの紛争を前提にする
ものである。しかし，今日では，国際社会全体の利益を確保するよ
うな国際法規範も見られるようになっている。こうした国際社会全
体の利益を確保するような国際法規範の違反について，伝統的な紛
争解決手続は何ができるのだろうか。

187

第11講義　武力を用いずに紛争を解決する

　第二次大戦後に南アフリカのアパルトヘイト政策が国際社会の関心を集めるようになった中で，1960年にエチオピアとリベリアが南アフリカが支配する南西アフリカ地域（後のナミビア地域）でのアパルトヘイト政策の違法性を問う訴訟をICJに提起した。南アフリカはこの地域について，国際連盟時代に委任統治国となったが，連盟消滅後，国連の信託統治に切り替えることなく，アパルトヘイト政策を続けていたのである。両国がこのような訴訟を提起した大きな理由の1つとして，ICJの裁判手続では国家しか当事者になれないため，当時まだ独立国ではなかった南西アフリカ地域自身が訴訟を起こせなかったという事情を挙げることができる。1966年7月18日の第二段階判決で，ICJは，エチオピアとリベリアは，それぞれ自国の法益を侵害されていないため当事者適格が認められないとして，両国の訴えを退けた。南アフリカのアパルトヘイト政策が国際社会全体の関心事となるような重大な国際法の問題であるとしても，訴訟は2国間の直接の法益侵害に関するものに限定されるとの立場が示されたのである。この事件の後，1970年に安保理はナミビア地域での南アフリカの居座りの違法性を認める決議を採択した。そして，**ナミビア事件**の勧告的意見（1971年6月21日）で裁判所はこの決議の法的効果を認める立場を示した。

　その後，国際社会全体の利益を確保するための国際法規範の存在が徐々に認められるようになるとともに，そうした規範に対する違反が問題になる紛争が増えてきた。ICJは**東ティモール事件**（1995年6月30日判決）以降の判決で，**対世的義務**が存在していることと，その違反に関してICJでの訴訟が可能であることは別であるとの立場をとっており，南西アフリカ事件の判決の立場を変えていない。しかし，対世的義務の違反についての判断には変化もみられる。

188

2003 年にパレスティナ占領地域における壁建設の法的効果について，総会が ICJ の勧告的意見を求めた事例では，ICJ はイスラエルの壁建設を違法と判断し，イスラエルが壁の建設を中止すべきこと，既に建設した壁を取り壊すべきこと，これに関する法的措置を無効にすることを求め，さらに，損害賠償を支払わなければならないとした。さらに，イスラエルの国際法に違反する行為にはジュネーヴ第 4 条約や対世的義務の違反が含まれると判断した。ジュネーヴ第 4 条約の違反については，他の条約当事国すべてが，イスラエルのこの条約の下での義務の履行確保についての義務を負うとした。また，対世的義務の違反については，国際社会の他の諸国の義務や国連の総会や安全保障理事会の責務についてもふれる意見を示した。これを受けて，国連総会はこの ICJ の勧告的意見を受け入れる旨の決議を採択した。

南西アフリカ地域と同様に，**パレスティナの壁事件** で直接の被害をこうむっているパレスティナはまだ国家ではないので，ICJ の訴訟の当事者とはなれなかった。このような事情の中で，勧告的意見がイスラエルの行為について，対世的義務を含めた国際法違反を認めたのである。こうした勧告的意見の利用は政治的な色彩が強いといえるし，また本来の勧告的意見制度の趣旨と合致するのかについても議論の余地があるだろう。さらに，こうした勧告的意見が紛争解決に関して実効的であるともいえない。しかし，他方で，少なくともこの事件では，勧告的意見が **対世的義務** の違反に関する認定を得る 1 つの手段となりえたことも事実である。

拷問等禁止条約の下での義務違反について，ベルギーがセネガルを訴えた，訴追か引渡しかの義務に関する問題事件判決（2012 年）で，ICJ は，この条約の下での義務は「条約当事国の共同体全体に

対する義務」であるとし，条約の当事国であるベルギーがこの事件での訴訟の当事者となれると判断したことは，国際裁判の新しい方向を示すものとも考えられる。

◈**南極における捕鯨事件**

1982 年，国際捕鯨委員会（以下，IWC）は，商業捕鯨のモラトリアムを採択するために schedule を修正した。日本はこの修正について異議申し立てをしたが，1986 年にこの異議を撤回した。この異議の撤回により，1986 年から 1987 年の捕鯨の時期の後，商業捕鯨のモラトリアムが日本にも拘束力を持つこととなった。これに対応して，日本は 1987 年から 1988 年の捕鯨の時期から 2005 年から 2006 年の捕鯨の時期まで，JARPA という調査捕鯨を開始した。2005 年 5 月，日本は IWC の科学委員会に JARPAII という JARPA の後継となる調査捕鯨計画を提出した。この JARPAII の調査捕鯨計画は長期の調査を予定しており，JARPA よりも調査対象等を拡大する内容となっていた。

日本が調査捕鯨を行うようになったのは，国際捕鯨取締条約（1946 年）第 8 条で下記のような特別許可が認められていることによる。

第 8 条 1 項：この条約の規定にかかわらず，締約政府は，同政府が適当と認める数の制限及び他の条件に従って自国民のいずれかが科学的研究のために鯨を捕獲し，殺し，及び処理することを許可する特別許可書をこれに与えることができる。（以下略）

同 2 項：前記の特別許可書に基づいて捕獲した鯨は，実行可能な限り加工し，また取得金は，許可を与えた政府の発給した指

令書に従って処分しなければならない。

オーストラリアは，日本が第8条に基づいて特別許可を与えた調査捕鯨について，これは調査捕鯨とは言えず，偽装された商業捕鯨であると主張した。これに対し，日本は，8条の下で認められている調査捕鯨の特別許可を与えるか否かの判断は，許可を与える国にゆだねられており，日本が調査捕鯨として特別許可を与えたJARPAII は8条に基づいて認められるものであるとの立場であった。

日本とオーストラリアは両国ともに ICJ 規程36条2項の強制管轄受諾宣言をしているため，オーストラリアがこれを管轄権の根拠として，JARPAII が国際捕鯨取締条約8条の違反であるとの紛争をICJ に提起した。国際捕鯨委員会で日本の調査捕鯨に反対する立場の国の1つであったニュージーランドは，紛争付託後に規程63条に基づいて，訴訟参加した。

この紛争の背景には，国際捕鯨取締条約の基本的な内容に関する意見の対立がある。日本等の捕鯨国は，国際捕鯨取締条約は，鯨類資源の利用を前提とした資源の保存と管理に関する条約であるとの立場をとっている。資源量が大きく低下している場合は捕鯨を停止する措置も必要ではあるものの，そうした強い保存措置の結果，資源量が回復すれば，再度捕鯨が可能になりうるし，そのような目的のためには資源量の継続的な調査が必要であるというのである。これに対して，国際捕鯨取締条約は歴史的な出発点では，資源の保存と管理に関する条約ではあったものの，その後，生物の多様性や海洋の環境保護のための条約に変容した。このため，鯨類を殺す捕獲は行うべきではないし，鯨類の資源量の調査は目視等の非致死的な手法で十分に可能であるとの立場をとるのが，反捕鯨国である。

こうした立場の違いは，8条の解釈にも反映されることとなる。

191

第11講義　武力を用いずに紛争を解決する

捕鯨を維持することを望む国の立場からは，8条の調査捕鯨はあくまで締約国の判断で特別許可を与えることが可能であるとの結論になるが，反捕鯨国の立場からは，上記のような国際捕鯨取締条約の基本的な目的の変化と国際捕鯨委員会の決議等を通じて，8条が限定的にかつ客観的な基準に従って適用されるべきと解釈されるようになっているとの見解となる。

ICJは2014年3月31日の判決で以下のような判断を示した。まず，国際捕鯨取締条約8条の解釈に関する両当事者の主張の違いについて，どちらが正しいかについて結論づけることはできないとした。そして，8条は特別許可を与える国家に，その条件や決定に関する裁量権を認めているものの，調査捕鯨が科学的研究のためか否かの判断について，特別許可を与える国の判断のみに基づくことを許すものではないとした。ICJは，8条の下での調査捕鯨であるためには，「科学的研究のために合理的な」目的とその実現のための内容と手法でなければならないとした。そして，JARPAIIが，科学的研究の目的から見て合理的な内容と手法になっているかを検討した結果，合理的ではないとの結論にいたった。このような理由から，ICJは，8条の下で致死的な手法を含む調査捕鯨ができないわけではないが，調査の目的の実現のために内容や手法が合理的ではないJARPAIIを継続することは8条と附表7(b)の違反にあたるとの判断を示した。

日本はこの判決を受けて，JARPA IIを即時に中止した。その後，調査捕鯨の方法と内容を再検討し，2014年11月に国際捕鯨委員会に新たな調査捕鯨計画を提出し，科学委員会の審査を受けた後，新たな調査捕鯨（NEWREP-A）を2015年秋から開始した。なお，この新たな調査捕鯨には，致死的手法が取り入れられている。

192

❖国際紛争の解決と国際裁判の役割

　現在のように武力の行使が原則として禁止されている国際社会では，紛争を平和的に解決することは非常に大きな意味をもつ。したがって，国際裁判の制度化が進み，その利用が増えることは望ましいことである。しかし，それと同時に，国際裁判が紛争の最終的解決にならない場合が増えていることも認識されなければならない。国際社会ではみなみまぐろ事件のように，たとえ最終的な判決が出されなくとも，国際裁判への紛争の付託が当事者間の関係の改善に影響を与える事例が ICJ でも多くみられる。このように，外交的な紛争解決手続と法的な紛争解決手続の相互作用によって，当事者間の関係の改善が進むことが望ましいと考えられる。

〔参考文献〕

杉原高嶺『国際司法裁判制度』（有斐閣，1996）
田畑茂二郎他編『判例国際法』（東信堂，2000）
国際法学会編，日本と国際法の 100 年第 9 巻『紛争の解決』（三省堂，2001）

Bridgebook

第12講義
戦争違法化は安全保障につながるか

国際社会と安全保障

1 かつて戦争は正当な行為だった
──武力行使の禁止の実現への道のり

◈武力行使の禁止が実現するまでの歴史──正戦論から無差別戦争観,そして武力行使の禁止の実現へ

第11講義で検討した紛争の平和的解決手段の発展は,国際社会の平和をめざす努力の成果であり,その試みは一定の成功を収めたといえる。しかし,どのように紛争の平和的解決のための手段が発展しても,国際社会の平和を実現するためには,武力を使うことそれ自体に関する法的な規律が必要である。国家が武力を使うことは,歴史的には戦争という形で行われてきた。戦争とは,国家によって組織された軍事組織のあいだで一定期間継続して相当の規模で行われる武力行使を中心とした闘争状態を意味する。戦争は,かつては国家の存立を確保し発展をはかるための手段とされ,国家間の紛争の強力的解決手段と位置づけられてきた。

国際社会で戦争を制限する立場は,戦争に正当な戦争と正当ではない戦争があるといういわゆる正戦論から出発した。ギリシアや古代ローマからヨーロッパ中世にかけて,さまざまな学者が正当な

戦争とはどのようなものかを論じた。特にヨーロッパ中世の正戦論はキリスト教の影響を強く受け，十字軍の正当化の根拠になった。近世初頭の「国際法の父」と呼ばれるオランダの **グロティウス** の時代になると，正戦論は宗教の影響を強く受けながらも，より法的な視点から戦争の正当化根拠が論じられるようになった。

正戦論によって戦争を制限する立場は，近代ヨーロッパ社会で，国家主権の発現形態として戦争の権利を無制限と考える **無差別戦争観** に取ってかわられた。主権国家が行使する戦争の権利について，その是非や正当性について最終的に判断することは不可能であるとして正戦論の根本的な問題点が認識されるようになった。その結果，主権国家の権利の行使としての戦争はその正当性のいかんを問題とせず，すべて認められるべきであるとされるようになった。このような無差別戦争観は，20世紀の初頭まで支配的な立場となり，戦争自体の正当性は問題とせずに，戦時に適用されるルールを整備するという形で交戦法規が発達することになった。

※かつての正戦論と 20 世紀の正戦論は本質的に異なっている

19世紀末から無差別戦争観に代わって新たな正戦論が生まれるようになった。無差別戦争観の下でいくら交戦法規を発達させても悲惨な戦争の状況が改善されないことが，科学・技術の発展によってもたらされた武器を使用した多くの戦争の経験によって再認識されたからである。かつての正戦論と20世紀の正戦論とが異なるのは，後者が戦争という手段に訴えること自体を制限または禁止する国際法規則を創設し，これに違反する戦争を違法な戦争ととらえるようになった点である。たとえば1907年の「**開戦に関する条約**」1条は，宣戦布告を伴わない戦争を違法とした。また，同年の「**契**

第12講義　戦争違法化は安全保障につながるか

約上の債務回収のためにする兵力使用制限に関する条約」は，特定の目的に限定されてはいるものの兵力を使用するという手段を禁止した条約である。これらはあくまで戦争の開始を一定の場合に制限するものに過ぎなかったが，戦争の一般的な違法化と禁止への第一歩であったと評価できる。さらに，国際連盟規約12〜15条は，放置すれば国交断絶そして自動的に戦争へと進む危険のある紛争について，3種類の紛争解決手続のいずれかへの紛争の付託，その結論を待つこと，結論の後3ヵ月待つことを義務として定めた。そして連盟規約16条で，この義務に反して戦争に訴える連盟国に対する制裁措置を規定したのである。このように国際連盟の時代は，戦争の違法化をめざして，国際法の内容の明確化がなされた時期であったといえる。

　戦争そのものを禁止するための初めての条約は，1928年のパリ不戦条約（「戦争放棄に関する条約」）である。日本も，1929年にこの条約の当事国となった。この条約の下で，歴史上初めて国家政策の手段としての戦争の放棄の約束がなされた。パリ不戦条約は，正規の戦争のみの禁止にとどまっており，たとえば「戦争に至らざる武力行使」が禁止の対象外とされたこと，条約の違反に対する有効な制裁措置が欠如していることなど，さまざまな問題点を含んでいた。しかし，1931年の満州事変に始まる日中戦争における日本の行動についての各国の非難や連盟での討議の根拠となったことや，1938年のドイツとチェコスロバキアの関係について各国が不戦条約を援用してドイツの行動を非難したことなどにみられるように，第二次大戦までのあいだ，この条約は一定の役割を果たしたといってよい。

◈国連憲章は広範な武力の行使の禁止を規定した

　第二次大戦の勃発は，国際連盟規約や不戦条約による戦争を制限または放棄する規則の不十分さを露呈した。戦争中からその創設のための交渉が始まった国際連合は，国際連盟と不戦条約の制度の問題点の克服をめざした。その結果，国連の設立条約である国連憲章は，2条4項で，国際関係における武力による威嚇または武力行使の禁止を，すべての国連加盟国の義務として明記した（武力行使禁止原則）。「武力による威嚇または武力行使」は，宣戦を伴わない事実上の戦争や戦争にいたらない武力の行使をも含み，「戦争」より広い概念である。このような文言が選択されたのは，第二次大戦の経験から，単に戦争を禁止するだけでは国際社会の平和が実現しないという認識が生まれたためである。このようにして，戦争に限らない広範な武力の行使の法的な禁止が初めて実現した。ただし，この武力（英語では"force"）という言葉に，武力を伴わないような力の行使，すなわち経済力や政治力の行使が含まれるか否かについては，憲章起草時から議論が続いている。

　武力行使禁止原則 は，その後，アラブ連盟規約5条，米州機構憲章5条，ヨーロッパ安全保障協力会議（CSCE）のヘルシンキ最終議定書（1975年）等でも明文で言及され，さらに1986年の**ニカラグア事件** のICJ判決では，その内容が国際慣習法となっていると判示された。また，この規則は，強行規範となったといわれる場合もある。武力行使禁止原則は今日の国際社会において最も重要な意味をもつものの1つとなっている。

　武力行使禁止原則が確立した国際慣習法上の規則となった現在，国家の合法的な武力行使は非常に例外的なものとされる。国連憲章の制度の下でこの例外に該当するのは，①集団安全保障体制の下で

197

の強制行動，すなわち安全保障理事会が決定した軍事的措置に従った武力行使，②憲章 51 条に規定される自衛権の行使，③ 53 条 1 項末文，107 条の旧敵国条項が援用される場合，に限定されている。

憲章 51 条の **自衛権** では，国家の固有の権利として個別国家の自衛権行使に加えて，**集団的自衛権** の行使が認められている。なお，憲章の **旧敵国条項**（53 条，77 条，107 条）については，1995 年 12 月の国連総会決議で，将来，早期の適切な時期にこれらの条項の削除に関する憲章改正手続を開始する意思があることが示された（決議 50/52）。

国連憲章の制度の下で武力行使の例外として明示されているものの他に武力行使禁止原則の例外と認められるか否かについて議論があるものとして，民族解放のための武力の行使，人道的な目的で行われる武力の行使（いわゆる **人道的介入**）等を挙げることができる。たとえば，NATO 諸国の **コソボ空爆**（1999 年）は安保理の容認決議なしに行われた。参加した諸国はこれを例外的な事情における人道的壊滅状態を避けるための行動と説明した。このようなタイプの武力行使を人道的介入として正当化できるか否かについては議論の余地のあるところである。

2 集団安全保障とはどのようなものか

◈武力行使の禁止を確保する制度としての集団安全保障

集団安全保障 とは，安全保障体制参加国のいずれに対する侵略等についても，他の参加国が協力してこれに対抗して抑圧することを約束し，国家の安全を相互に集団的に保障する安全保障の方式をい

う。これを歴史上初めて実現したものが国際連盟である。連盟規約は，戦争を一般的に禁止することはできなかったが，規約11条で戦争または戦争の脅威が，連盟国全体の利害関係事項であると規定するとともに，12条で国家が戦争する権利を制限する規定をおいた。そして，その履行確保のために，規約16条は，同規約の義務に違反して戦争に訴えた連盟国は，他の連盟加盟国全体に対して戦争行為を行ったものとみなし，連盟加盟国による経済的，政治的制裁を課すこと，および連盟からの除名を規定した。しかし，この連盟による制裁措置は，各連盟国それぞれの判断に基づいて行われるものとされ，また軍事的措置についての具体的な規定が欠如していたため，必ずしも実効的な制度ではなかった。実際に連盟の下でとられた制裁措置は，イタリアによる **エチオピア侵略** の際の経済的措置のみであった。

　国連は，連盟による集団安全保障制度の不十分な点を踏まえ，さらに整備された制度を実現した。国連の集団安全保障体制の下では，国連加盟国は平和の確保と侵略防止の行動を直接に義務づけられ，安保理が国際社会の平和と安全の維持に関する主要な責任を課され，安保理が集権的に決定した措置についての加盟国の協力義務が定められた。これらによって，武力行使禁止原則の違反に対する集権的な対応が制度化された。また，普遍的な集団安全保障の枠組みである国連の他に，多数国間条約あるいは二国間条約に基づく地域的な集団安全保障制度も多く存在する。

◈国連の集団安全保障体制

　国連の主要機関の中で，国際の平和と安全の維持に関する権能が与えられているのは，安保理，総会，事務総長である。

第12講義　戦争違法化は安全保障につながるか

　安保理は，国際社会の平和と安全の維持について主要な責任を負うものとされ（憲章24条1項），国連加盟国は安保理の決定に従う義務があると規定されている（憲章25条）。これらの規定に基づき，安保理は，国際の平和と安全の維持に関して加盟国に代わって行動し，各加盟国はその決定を受諾し履行する義務を負うことになる。国際の平和と安全の維持に関する事項について，安保理は強制行動に関する決定を行う権限を与えられている（憲章第7章）。武力行使禁止原則に違反するような行為について，それが「**平和に対する脅威**」「**平和の破壊**」または「**侵略行為**」であることを決定し（39条），それに基づいて取るべき**非軍事的措置**（41条）または**軍事的措置**（42条）を決定する。また，これらの措置に先立って，安保理は，関係当事国に対して必要または望ましいと認める暫定措置に従うよう要請できる（40条）。国連の集団安全保障体制を国際連盟のそれと比べると，より集権的であり，また軍事的措置について具体的な制度が構築されたため，より有効な措置が可能になったといえる。

　国連総会も，軍縮や軍備規制を含めて国際の平和と安全の維持について審議し，加盟国や安保理に勧告をすることができる（憲章11条1項）。さらに憲章10条と11条2項により，国際の平和と安全の維持に関する具体的な問題の処理の権限が認められ，14条では平和的調整に関する規定がおかれている。これらの国連総会の権限は，安保理の権限に比べて二次的なものにとどまり，また総会が本来協議機関であることを反映して平和維持に関する権限も勧告的なものにとどまっている。

　また，国連の事務総長も，国際の平和と安全の維持について重要な役割を果たしている。事務総長は，国連事務局の長として，（1）行政的，事務的および財政的権限，（2）管理的権限（政治的権限），

200

を有するものとされるが，国際の平和と安全の維持についての権能
は，（2）の権限が根拠とされる。国連憲章起草時には，国際の平
和および安全の維持を脅威すると認める事項について安保理の注意
を促す事務総長の権限（99条）が，それまでの国際組織の長にはな
かった権限として注目された。しかし実際には，国際の平和と安全
の維持に関する事項については通常加盟国の反応が迅速であるので，
必ずしも多くの事例でこの権限が発動されたわけではなかった。な
お，99条の権限には，事務総長の自らの発議による調査権が含ま
れるとされる。

　国際の平和と安全の維持についての事務総長の幅広い活動の根拠
として重要な役割を果たしているのは，むしろ憲章98条である。
この規定は，国際の平和と安全の維持についての権限を明文で規定
しているわけではない。しかし，実際には同条の「事務総長の資格
での行動」という文言が他の機関に対する大きな政治力の根拠とな
り，国際の平和と安全の維持に関する事務総長の行動の法的基礎と
なっている。第2代事務総長の**ハマーショルド**は，平和や安全保障
に関する問題で，憲章に予定された国連組織や伝統的な外交問題の
処理方法によって解決できないものについては，事務総長の権限が
補完的な役割を果たすと述べた。実際に，たとえば1958年の第3
回緊急国連総会における事務総長の発言は，中東危機に大きな影響
力をもったとされる。レバノンに対する国連監視団の規模の拡大決
定（1958年），南アフリカとの人種隔離政策についての協議（1960
年），ベトナム戦争（1966年，1968年），国連緊急軍（UNEF）の撤
退の決定（1967年）などの初期の多くの事例から今日にいたるまで，
歴代の事務総長は自らの発議により行動してきた。ただし，1990
年代なかばのソマリアやユーゴスラビアの紛争や，1991年から

2003 年にかけてのイラクに関する紛争では，事務総長の役割は必ずしも有効ではなかったと評価されている。さらに事務総長は，98 条の末文に規定された年次報告書の提出によって政治的な影響力を行使し，またコンゴ動乱の際のように，安保理や総会によって授権された任務を実行し，紛争における調停者，助言者としての役割を果たす場合もある。

◈冷戦時代に安保理は十全に機能することができなかった

安保理を中心とした国連の集団安全保障体制は，必ずしも有効に機能してきたわけではない。特に東西冷戦の時代には，1960 年以降のコンゴ動乱，1966 年から 1968 年のローデシア問題，1977 年の南アフリカの人種差別問題などの少数の事例を除いて，安保理の決定に基づく国連の集団的な措置はほとんど機能しなかった。その原因として，（1）国連の集権的な措置の基礎となる憲章 39 条の「平和に対する脅威」などの認定についてすべての常任理事国の同意が必要とされること，すなわち拒否権の行使が認められていること，（2）憲章 39 条の「平和に対する脅威」の内容について統一的，客観的な見解が成立していないことと，（3）憲章 42 条の軍事的措置実施の前提となる憲章 43 条の特別協定が成立しなかったこと，などを挙げることができる。

第 1 の点については，東西両陣営の対立の中で，朝鮮戦争発生時を除いて東西対立に関係する事例では拒否権が行使された。また，東西対立とは直接関わらなくとも，常任理事国の利害が関係する事例では拒否権が行使された。このため，憲章第 7 章の下での措置の前提となる憲章 39 条の「平和の破壊」または「平和に対する脅威」の認定が事実上頓挫することとなった。国際の平和と安全の維持と

202

いう重要な分野ではすべての常任理事国の同意を得た上での対応が必要であるという憲章起草時の配慮が，このような皮肉な結果をもたらしたといえる。1947年の **インドネシア紛争**，1948年の **ベルリン封鎖** と翌年の東西両ドイツの分裂，1948年以降の **パレスティナ戦争**，1946年から1954年の第一次ベトナム戦争，1956年の **ハンガリー動乱**，1956年の **スエズ紛争**，1980年のソ連のアフガニスタン侵攻など，歴史的にみて国際政治に大きな影響を与えた紛争で，安保理はいずれかの常任理事国による拒否権の行使のためにその憲章上の本来の機能を果たせなかった。第2の点は，国際の平和と安全とは何かという根本的な問題に関係している。朝鮮戦争やインドネシア問題，コンゴ動乱のように比較的特定の地域に限定された紛争と国際社会全体の平和との関連づけや，**ローデシア問題** のような国内問題の色彩の強い紛争と国際社会の平和との関係づけについての客観的な基準がないことが，判断の客観性や公平性についての問題を生むことになった。この問題は東西問題が解消された後も残されている。また，第3の点のゆえに，憲章42条に基づく国連本来の軍事的措置は事実上不可能となった。42条の **軍事的措置** という強力な制裁措置のない41条の **非軍事的措置** のみでは，十分に強制力を伴った集団安全保障体制の構築は困難であるといえる。

◈冷戦が終わっても，安保理にはさまざまな問題がある

東西冷戦の終了は，安保理の機能に大きな変化をもたらした。それまでの東西両陣営の利害対立による拒否権の行使が減ったため，安保理の決議の採択は以前よりも容易になった。その中で，**ロッカビー事件** の被疑者の引渡しをめぐる紛争でのリビアに対する経済制裁決議（1992年）や，**旧ユーゴスラビア国際刑事裁判所** と **ルワンダ国**

際刑事裁判所 といった国際的な司法機関を設立する決議（1993年，1994年）など，国連憲章が本来予定していた安保理の権限の範囲に入るかどうか議論の余地のある決議も登場した。こうした問題に対応するためには，安保理の決定の対象とされるべき国際社会の平和と安全に対する脅威にあたる行為が何であるかを再検討することが改めて，重要になった。

さらに，その後の国際社会の状況が変化し，イラクに対する武力の行使の是否についての安保理の一種の機能不全（2003年）は，複雑化する国際社会での安保理の役割が改めて問われる契機となった。その後も，ユーゴスラビア（1999年）やシリアの内戦（2011年～）等，安保理が十分に有効な役割を果たしているかが問われる事例は少なくない。

3 集団安全保障体制の限界を補完する
——安全保障と総会，地域的機関，PKO

◇国連による集団安全保障体制の限界への対応

以上でみたように，国連憲章が予定した集団安全保障体制にはさまざまな限界がある。その克服のためにさまざまな手段がとられてきた。具体的には，（1）安保理が機能しない場合に総会の勧告権能を活用すること，（2）地域的な集団安全保障体制との共存，（3）国連の 平和維持活動（Peace Keeping Operations ; PKO）の発展，などを挙げることができる。

◇総会の権限を強化する

国連発足直後からの安保理の機能不全を受けて，総会の権限を強

化しようとする努力が試みられた。1947年には，重要な政治的事項に関する総会の機能の継続性を確保するため，補助機関として中間委員会が設置された。また，1950年の「平和のための結集」決議（国連総会決議377（V））により，安保理が拒否権の行使のために機能しない場合，総会が兵力の使用を含む集団的措置についての勧告を行うことができるものとされた。その際，総会の会期中でない場合には，いずれかの9理事国の投票に基づく安保理の要請または国連加盟国の過半数の要請があった時から24時間以内に「緊急特別会期」が開催され，さらに総会は平和観察委員会，集団的措置委員会，待機軍の設置を勧告しうるとされた。ただし，緊急特別会期がそれほど多く開催されてきたわけではない。また，その他の措置のいずれも少数の事例を除いて実際に利用されることはなかった。

❖国連体制と地域主義の共存

　国連憲章が起草された際，その安全保障体制について世界主義と地域主義の立場が対立したが，最終的には世界主義的な立場を基本とした国連の集団安全保障体制が作られた。しかし，地域主義的な立場も完全に否定されたわけではなく，国連憲章で現在，意味を持つ地域主義を容認するものは，①第8章の地域的取極または地域的機関，②51条に規定される集団的自衛権の行使のための地域的組織である。これらの場合地域的組織による安全保障のための強力的な措置をとることが認められている。国連憲章には旧敵国条項に基づく条約体制に関する規定もあるが，これはすでに事実上廃絶状態である。

　①の 地域的取極 または 地域的機関 は，憲章53条により基本的に国連のコントロール下での強制行動が認められるに過ぎない。これ

にあたるものは，**米州機構（OAS）**（ボゴタ憲章1条），**アラブ連盟**，**アフリカ連合（AU）**等である。これに対して，②の**集団的自衛権**の行使のための地域的組織は，強制行動開始の決定を自らの判断で行うことができ，安保理へは事後的な報告義務が課せられるにとどまる。③にあたるものとしては，**北大西洋条約機構（NATO）**，かつての**ワルシャワ条約機構**，OAS等の多数国間条約に基づく組織や，**日米安保条約**のような二国間条約などの例がある。なお，OASの場合は，①の地域的機関であるが，集団的自衛権の行使にあたっては，②の機能を果たすものと解されている。普遍的な組織である国連の安全保障が機能しない場合でも，地域的な安全保障が効果的な役割を果たすことが期待されることが多い。

◈PKO が発展していった

1956年の**スエズ紛争**では，常任理事国である英仏両国が拒否権を行使したため，安保理が本来の機能を果たすことができなかった。そこで，前述の**「平和のための結集」決議**に基づいて召集された第1回特別総会の決議によって，UNEFの派遣が決定された。また，1960年の**コンゴ紛争**では，安保理の授権の下で事務総長が国連部隊を編成し，**コンゴ国連軍（ONUC）**が派遣された。これらは，国連憲章が規定している憲章第7章下の国連軍とはまったく異なる性質の部隊の派遣であり，憲章の明文の規定に基づくものではなかった。このため，国連がこれらを国連の活動として通常の経費を支出しようとしたのに対し，フランスやソ連などが国連憲章に規定されていない活動について国連の経費を支出すべきではないと主張して，国連への拠出金の支払いを拒否した。この問題について国連総会から勧告的意見を要請されたICJは，1962年の勧告的意見の中で，

UNEF と ONUC の派遣の基礎となった決議が国連憲章に合致するかについて，以下のような意見を示した（**「国連のある種の経費」に関する勧告的意見**）。

　UNEF については，安保理は国際社会の平和と安全の維持に関する「主要な」責任を果たすことが予定されているが，それは「排他的な」責任ではない。総会は，強制行動にいたらない限りで平和維持の分野で役割を果たしうるとの立場から，UNEF の派遣を決議した。また UNEF は関係国の同意を得て派遣された。したがってその意味で強制行動ではなく，国連の主要目的の1つである事態の平和的解決を促進し維持するためにとられた「措置」である。ONUC の場合，事務総長による国連軍の編成と派遣について権限踰越が主張されたが，憲章 98 条の下での事務総長の権限は一般的・包括的であり，ONUC の活動は憲章第 7 章の下での防止的・強制的措置を含まないので，39 条の規定する平和に対する脅威の認定は必要とされない。さらに，経費の支出承認および割当に関する決議が憲章に合致するのかについては，UNEF と ONUC は憲章第 7 章に基づく行動ではないが，国連の活動にあたるので，その経費も国連の機構の経費であるとの意見が示された。

　ICJ のこの勧告的意見は，その後の国連の **平和維持活動（PKO）** の発展の1つの法的基礎となった。憲章 42 条の下での国連による軍事的措置が実現不可能な状況下で，国連による平和維持活動は大きな存在意味をもつようになっていった。冷戦終結までのあいだ，休戦監視団や平和維持軍といった形で PKO が派遣された。これらの PKO の主要な特色として，①紛争当事者の合意または要請の下に当事者間の停戦後に行われる非強制的な性格，②中立的性格をもつものであり内政不干渉義務を負うこと，③武器の使用は自衛の場

合に限られることを挙げることができる。また，PKO の部隊は大国を除いて形成されていた。なお，PKO の経費については，国連の通常予算とは別の PKO 予算により，加盟国の分担金で賄われている。

冷戦終結後の PKO は，派遣事例の増加，規模の拡大，質と機能の多様化などがみられ，大国が参加することもあるようになった。特に，旧ユーゴに派遣された **国連保護軍（UNPROFOR）** や **第二次国連ソマリア活動（UNOSOM Ⅱ）** などのように，憲章第 7 章に基づく安保理決議により従来の PKO よりも強い強制権限を付与された活動の例もみられるようになったことは注目される。こうした PKO の活動の強化と拡大は必ずしもすべてが成功したという評価を得たわけではない。このため，1990 年代後半からは強制的な性格の活動は，むしろ安保理の武力行使容認決議に基づく **多国籍軍** にゆだね，本来の任務である紛争後の対応に限定した活動が行われるようになっている。

◈PKO と多国籍軍は異なっている

冷戦後の国連による平和維持に関する活動と関連してもう 1 つ注目されるのは，多国籍軍の派遣の増加である。多国籍軍は，PKO よりも強力な強制行動が必要な場合に安保理の授権の下で派遣されるもので，憲章 42 条の軍事的措置のように国連の指揮下にはおかれず，参加国の 1 ヵ国あるいは共同の指揮下で活動する。この最初の派遣の事例は，朝鮮国連軍であるが，**朝鮮国連軍** の場合は国連旗の使用が認められた点でその後の「多国籍軍」の事例とは異なる。1990 年以降，湾岸戦争（1990 年），ハイチ（1994 年），アルバニア（1997 年），コソボ（1999 年），東ティモール（1999 年）等，この多

国籍軍が派遣された事例が見られる。

❖日本は PKO にどのように対応しているのか

　日本は憲法上の制約から，PKO や多国籍軍の派遣にあたり，財政面での負担をするにとどまる立場をとっていた。こうした財政面での負担に限定した貢献のあり方に再検討が迫られたのは，湾岸戦争時の多国籍軍の派遣への対応に関してであった。諸外国の批判を受けて，日本は 1992 年に「**国際連合平和維持活動等に対する協力に関する法律**」を作り，PKO への人的な貢献が可能になった。この法律が制定される以前の日本の人的貢献は，国際連合アフガニスタン・パキスタン仲介ミッションや国際連合イラン・イラク軍事監視団等への文民の派遣にとどまっていたのに対し，それ以降カンボジア，東ティモール，南スーダン等に自衛隊員を含む要員が派遣された。

　先にふれたように，今日の PKO は質，量ともに拡大している。現在の日本の制度では，こうした活動のすべてに日本が人的貢献を行うことができるわけではない。協力法 3 条 1 項によれば，日本が要員を派遣できるのは，①国連総会または安保理の決議に基づく活動であること，②紛争当事者間の武力紛争の再発防止に関する合意の遵守の確保，武力紛争の終了後に行われる民主的な手段による統治組織の設立の援助，その他紛争に対処して国際の平和および安全を維持するために国連の統括の下に行われる活動であること，③武力紛争の停止およびこれを維持することについて紛争当事者間の合意があること，④活動が行われることについて，当該活動が行われる地域の属する国家および紛争当事者の合意があること，⑤事務総長の要請に基づき参加する 2 以上の国家および国連の統括の下で行

われる活動であること，⑥いずれの紛争当事者にも偏ることなく実施される活動であること，という6つの条件を満たした活動に限定される。これらのうち③，④，⑥の3条件と，これらの条件が満たされない状況が生じたときには部隊の派遣を終了すること，および武器の使用は派遣要員の生命身体を防御するための必要最小限にとどめることの2つの条件を併せて，日本では **PKO参加五原則** と呼んでいる。2001年12月の改正により，さらに自衛隊の活動の幅が広くなり，派遣が可能なケースも拡大した。

◈将来の安全保障に向けて――国家の安全保障と人間の安全保障，紛争の予防

第二次大戦後の国連を中心とした集団安全保障体制では，制度的に連盟時代よりも進んだ体制が実現されたが，それによって戦争や内戦が完全になくなったわけではない。戦争や内戦によって発生する難民の数などは，むしろ増加しているといってよい。また2001年9月11日に発生した米国に対するテロに象徴されるように，国家間関係の枠組みではとらえきれない力の行使も国際社会に大きな影響を与えうるようになっている。複雑化する国際関係に対応して国際社会の平和と安全を維持するために国家間の関係を前提とした，国連の集団安全保障体制をどのように機能させるべきか，また何らかの新しい制度が必要であるか否かが検討されなければならないといえよう。

このような状況の下で，「 **人間の安全保障** 」の重要性が指摘されるようになっている。国連が制度的に構築した「集団安全保障」体制は，本質的に国家という枠組みを前提としたものである。しかし今日，国際社会の平和の構築と維持のためには，個人の安全保障を

中心に考えるべきであるというのが「人間の安全保障」という考え方である。国家主権の相対化がいわれつつも依然として主権国家の存在を無視できない中で，このような「人間の安全保障」をどのようにして実現していくかは，今後の国際社会の重要な課題であると考えられるべきである。

◈テロリズムとの戦いにおいて，国際法はどのように機能するのか

国際社会におけるテロリズムの問題は必ずしも新しい問題ではない。航空機のハイジャックなどが多発するようになった1960年代後半から既に，国家とは区別される集団が国際社会に脅威を与えるような攻撃を行うことをどのように防止するかが問題とされていた。1970年のハーグ条約と1971年の モントリオール条約 は，航空機に対する攻撃への国際的な取組みを示している。これ以降，個別のテロ行為に対応する条約が国連を中心に策定され，核テロ防止条約（2005年採択）までに13の個別分野の条約が作成されている。また，これとは別に，テロリズムを包括的に防止するような条約の締結への努力も国連で続けられている。ただし，この作業は「テロリズム」という言葉そのものの定義が困難なこともあって，進んでいないのが実情である。

国際社会がテロリズムの防止の必要性を認識しつつ，真に実効的な規則を設けられない状況の中で起こったのが，2001年9月11日のアルカイダによる米国への攻撃である。攻撃の翌日に出された安保理決議1368の前文では，「憲章に従った個別的または集団的自衛の固有の権利」への言及が特になされた。また，この攻撃後，10月に，米国と英国はテロリストとされたアルカイダが所在するアフガニスタンに対して武力行使を行った。その際に，米国は個別的自

211

衛権，英国は集団的自衛権の行使であると説明した。本来，国家間の武力行使に関する権利として形成されてきた自衛権が，国家と区別される団体の攻撃に対抗して，その団体が所在する国家の領域に対して行使されたのである。こうしたタイプの自衛権の行使については，伝統的な自衛権の概念における武力攻撃の定義，差し迫った脅威の内容の要件との関係で，議論がなされているところである。さらに，いわゆる「**イスラム国（Islamic State, IS）**」について，米国等の諸国が，イラクとシリアの IS に 2014 年から武力行使を行っている。米国はこれを自衛権の行使と説明している。

　国家の統治が十分に及ばないような人のネットワークが，国際的なテロリズムに結びつくようになった今日，国際社会の平和と安全の維持に必要な国際法規範のあり方そのものが問われているといってよいだろう。

〔参考文献〕

香西茂『国連の平和維持活動』（有斐閣，1991）

松井芳郎『湾岸戦争と国際連合』（日本評論社，1993）

国際法学会編，日本と国際法の 100 年第 10 巻『安全保障』（三省堂，2001）

佐藤哲夫『国際組織法』（有斐閣，2005）

Bridgebook

第13講義
食卓は世界につながる

自由貿易体制と国際法

1 貿易なしでは立ちゆかない

◇深まる国家の相互依存関係

　今日のわたしたちの暮らしが海外からの輸入に大きく依存していることは，改めて指摘するまでもない。たとえば，食事一つとってみても，パンの原料の小麦は9割ぐらいが輸入であるし，豆腐や納豆の原料である大豆も輸入に頼る割合がかなり高い。コーヒーや紅茶の場合はいうまでもないし，最近では，輸入野菜も決して珍しいものではなくなった。肉や牛乳のような畜産品は，国内で生産されているものも多いと考えられるかもしれないが，その飼料は，ほぼ100%を輸入に頼っている。

　コメや魚は，さすがに国産だといってよいだろう。ただ，コメの場合は従来輸入を事実上禁止してきたためであり，海外で生産されたコメが高品質で安いということになれば，消費者が今後は輸入米を選択する可能性もある（後にふれるGATTのウルグアイ・ラウンドでは，コメの輸入に関してミニマム・アクセスが導入された）。また，魚の場合，缶詰や干物などに加工されたものは，輸入されたものも

少なくない。それに，日本漁船による遠洋漁業は「輸入」ではないが，文字どおり「海外」に魚資源を依存していることに変わりはない。

このほか，身の回りには，輸入品や輸入された原料を用いて製造されたもの，あるいは日本の企業が海外で現地の労働力を用いて生産したものがあふれている。そして何よりも，わたしたちの生活に不可欠な電気をつくるために，あるいは自動車や航空機を動かすために必要な石油などの化石燃料は，そのほとんどすべてを輸入に依存しているのである。

もちろん，国家は，はじめから他の国々と経済交流を行う義務を負っているわけではない。「鎖国」をしたければ，それは構わない。しかし，輸入が中断され，国内で生産されるものだけで暮らしを立てて行かなければならないとしたら，物質的な意味での生活水準を極端に下げざるをえないことは明らかである。けれども，いったん上昇してしまった生活水準を下げることは，人間にとって通常はきわめてむずかしい。そして，よほど強権的な体制の政府でない限り，国民の不満を押さえつけてまで，そうした選択をすることは今ではほとんど不可能だろう。

このように，今日では国家と国家は経済的に深く結びついている。こうした現象は，一般に「相互依存」と呼ばれる。現代は国家間の経済的相互依存が究極的なレベルにまで「深化」した時代であるといえよう。もっとも，国際法と国家間のモノの移動との関わりあいは，はるか昔から存在してきた。

※国際法はいままで貿易にどのように関わってきたのだろう
「国際法の父」と称される **グロティウス** は，国際法の原則の1つ

214

として，「通商の自由」を掲げている。このことからも明らかなように，国際法と通商との関わりはきわめて古くから存在する。たとえば，二国間の通商を発展させるために結ばれる通商航海条約の原型は，中世イタリアの都市国家間に結ばれたものであった。当時の都市国家間の合意は，特定の業者に一種の特許を与えるという形がとられ，今日の通商航海条約とは仕組みが異なっていた。

その後，重商主義の時代には，国家が直接に通商に乗り出し，さまざまな規制を及ぼした。それらは，貿易の制限や，輸出入の数量制限，関税・通航料の徴収などを通じて行われた。このような国家による通商の独占は，当時の家産国家観（領土や人民，財産などを君主の私的な財産とみなすような国家観）を反映したものということができるであろう。

今日の通商航海条約の直接的なモデルが登場するのは，18世紀後半になってからである。すなわち，国家が通商に直接関わることは少なくなり，私人・私企業がこれに取ってかわった。通商航海条約は，相手国の私人・私企業が商業活動を自由に行うため，入国，在留，身体・財産の保護，課税，出訴権などにつき規定した。そして，国家は自国民が外国で国際法上認められない損害をこうむったときに外交的保護を行使するというかたちで，このような制度を背後から支えた。つまり，国家は問題が生じたときには自国民の保護のために行動するが，それ以外は通商活動を私人に任せたのである。こうして，19世紀には通商航海条約が諸国の間に網の目のように結ばれて，ヨーロッパにおいて古典的な自由貿易体制が確立したのである。

第13講義　食卓は世界につながる

◈ヨーロッパで確立した自由貿易体制は長続きしなかった

　もっとも，こうした体制は長続きはしなかった。なぜならば，市場経済の仕組みをとる各国は周期的に恐慌におそわれるため，各国政府は経済過程への介入を深めざるをえない。また，そうした事態に対応するために，経済のブロック化をはかったからである。その結果，自由貿易体制は本来の活力を失い，世界経済は縮小してしまった。第二次大戦が発生した一因は，戦間期におけるこうした世界経済の深刻な状況にあったともいえるのである。

2　貴重な役割を果たした GATT
　　　——その歴史的展開

◈第二次大戦後の世界経済秩序の構想

　戦間期の苦い経験に対する反省に基づき，第二次大戦後の国際経済秩序の青写真が描かれた。すなわち，金融分野においては国際通貨基金（IMF）を設立し，復興および開発援助の分野においては国際復興開発銀行（世界銀行，IBRD）を設立し，貿易分野においては国際貿易機関（ITO）を設立するというものである。この「三本柱」により，戦後の世界経済秩序を形成し，維持・発展させていくことが構想された。

　IMF 協定と IBRD 協定は，米国ニュー・ハンプシャー州ブレトン・ウッズで採択され，ITO 憲章はキューバの首都ハバナで採択された。戦後の国際経済体制がしばしば ブレトン・ウッズ体制 とか，ブレトン・ウッズ＝ハバナ体制といわれるのは，このためである。また，それが米国の圧倒的に優位な経済力を背景として考案されたものであったことは，いうまでもない。

216

2 貴重な役割を果たした GATT

　このうち，IMF と IBRD の設立，および今日にいたるまでの各々の成果に関してはよく知られているとおりである。IMF は，世界の金融秩序の安定化に多大な貢献をなしてきた。また，IBRD も，開発援助に関して大きな役割を果たしてきた。現在では，日本は米国に次いで IBRD に対する世界第 2 位の出資国であるが，今から 50 年以上も昔の東京オリンピック（1964 年）開催のときには，東海道新幹線と首都高速道路を建設するために，IBRD からの融資を受けた。

◇国際貿易機関の挫折と GATT の誕生

　ところが，ITO のほうは結局設立されず，貿易分野に関して国際組織を設けるというもくろみは頓挫してしまった。すなわち，1948 年にハバナで ITO 憲章が採択され，53 ヵ国が署名したが，この憲章を批准したのは結局オーストラリアとリベリアの 2 ヵ国だけだった。1951 年には，この構想のリーダー役であったトルーマン米大統領自身が，とうとう ITO 憲章の批准を議会に対して求めないことを表明した。こうして，ITO の「流産」が確定したのである。

　なぜ，ITO は挫折してしまったのだろう？　その理由は，ひとことでいえば ITO のめざしたものが，当時の諸国にとっては「進歩的」過ぎたのである。すなわち，通商分野における国際機関ができることによって，各国の国内産業はさまざまな影響を受けることが予想された。その中には「痛み」を伴うものも少なくなかった。そして，さまざまな影響をこうむる産業に従事する各国の国民にとって，それは受け入れがたいものだった。国民，つまり有権者の支持が得られなければ，政治家がその意向と異なる選択をすることはいずれの国でも非常にむずかしい。こうして，ほかならぬ米国をはじ

217

めとして，多くの国家はITO設立に伴う国内産業への影響に反発を強めたのである。

ところで，ITOの起草と平行して行われた関税引き下げ交渉の結果と，本来はITO憲章において規定されるべき若干の原則が，1947年に「関税及び貿易に関する一般協定」（GATT）としてまとめられていた。GATTは，ITOが晴れて設立された暁には，消滅する予定の暫定的なもののはずだった。ところが，ITOの設立がありえなくなったため，GATTだけが残った。そして，このGATTが，その後50年近くにわたって国際貿易の拡大にはからずも中心的な役割を果たすことになったのである。

※「当分の間」のつもりでも結構成果は上げたのだが…

このような変則的な誕生の歴史からも推測されるように，GATTがいくつか「弱点」を抱えていたことは否定できない。ITO憲章の一部分のみをとりだした形であったために，GATTには組織的性格が希薄であったのは，その1つである。しかし，GATTは，従来通商航海条約で規定されていた 最恵国待遇 と 内国民待遇 の多辺化を実現した。前者は，ある国の領域内で他の国や他の国のヒトまたはモノに与えられる待遇で第三国に与えられうる待遇よりも不利でない待遇を意味する。つまり，最も有利なものと同じ待遇が与えられるということである。また，後者は，他国民または他国からの輸入品を自国民または自国内の同種の国内産品と同等に扱うことを意味する。つまり，外国人や外国の産品を差別しないことである。

そして，「ラウンド」といわれる多角的貿易交渉を通じて，実に半世紀にわたって世界経済の拡大に計り知れない貢献をなしてきた。すなわち，1947年に開始したジュネーヴ・ラウンドから1973年に

開始した **東京ラウンド** まで，合計7回の関税引き下げ交渉を行った。その結果，先進国間の鉱工業製品の貿易に関しては，「関税はもはや問題視するレベルにはない」といわれるまでの関税引き下げに成功したのである。そして，こうした GATT 体制の恩恵を最も享受したのが，ほかならぬ日本であったといわれている。

◈ウルグアイ・ラウンド開始の背景は3つあった

けれども，主として1980年代の初め頃からの国際環境の変化に伴い，GATT も次第にその限界を示し始めた。それが **ウルグアイ・ラウンド** が開始されるにいたった理由である。それは以下の3点に要約できる。すなわち，第1に，米国を筆頭に，先進国がおしなべてインフレと不況の同時存在に悩まされるようになった。その結果，「保護主義」的性格の措置が蔓延するようになった。具体的には，**輸出自主規制** に代表される「**灰色措置**」と，米国通商法301条に代表される「**一方的措置**」の広がりである。「灰色措置」とは，GATT との両立性が疑わしいため，このような「不名誉な」名称で呼ばれる措置である。また，「一方的措置」とは，主として米国国内法に基づくものであるが，やはり GATT との整合性が問題とされるような措置である。いずれにせよ，こうした措置の広まりにより，GATT 体制の根幹が揺らぐようになった。

第2に，先進国の経済のソフト化・サービス化である。すなわち，1980年代の中頃には，米国における雇用の7割近くが，また日本やドイツの場合には6割近くが，サービス産業に従事するもので占められるようになった。製造業以外のすべての産業がサービス産業であるといわれるように，サービス産業を定義することは非常にむずかしい。しかし，代表的な例としては，金融，運輸，通信，流通，

219

医療，教育，弁護士業務などを挙げることができる。このような先進諸国における経済のサービス化に伴い，国家間のサービス貿易も増大した。けれども，GATTは基本的にモノの貿易に関するルールのみを提供するものである。そのため，特に先進国を中心として，以上のような新たな変化に対応すべきであるとされたのである。

最後に，農業部門および繊維部門に対しても，GATTのルールを適用すべきことが主張されるようになった。GATTの基本原則は，無差別自由化というきわめてシンプルなものであるが，GATT規定がきわめて複雑なのは例外だらけだからである。その中でも，これらの部門は，格別に例外扱いされてきた。それは，各国の国内事情によるところが大きかった。しかし，これらの分野もGATTの中に組み込まれるべきであるという主張が，次第に力を得るようになったのである。

3 ようやくできあがったWTO

◇組織は格段に強化された

このような背景の下に，1986年から開始されたウルグアイ・ラウンドにおいて，GATTと関連するいくつかの協定を整理統合する形で，世界貿易機関（WTO）が設立された。

WTOの特色はいくつかあるが，第1に指摘できるのは，組織的な面での強化を行った点である。すなわち，先にふれたように，GATTは「偶然の産物」という側面があったため，組織としての性格が希薄であった。WTOは，こうした欠点を克服するために，国際法上の法人格をもつことを明確に規定した。このほか，閣僚理

事会や一般理事会，紛争解決機関などを設けて，組織が整えられた。

実は，GATT を組織的に強化することが，ウルグアイ・ラウンドで初めから目標とされていたわけではなかった。しかし，著名なGATT 法の専門家である米国のジャクソン教授が 1989 年にジュネーヴ（GATT 事務局の所在地）で行った講演での提唱が 1 つの有力なきっかけとなって，こうした組織的改編が行われたのである。

❖WTO の紛争処理は裁判に匹敵する

2 番目に注目されるのは，GATT と比べて，WTO は紛争解決機関を格段に整備したことである。GATT の場合，紛争解決の仕組みは，そもそもあまり正式な手続を経ることなく，事実のほうが先行して導入されたいきさつがある。また，紛争解決のための **小委員会**（「**パネル**」と称される）の手続の各段階において，当事国どうしのコンセンサスが必要とされた。そのため，一方当事国がパネルによる紛争解決に消極的な場合は，手続の進行が限りなく滞ってしまう危険性があった。米国が問題を提起し，一方的措置に訴えたのも，まさしくこの点に原因があったのである。

これに対して，WTO の紛争処理は，ひとことでいえば裁判に匹敵するような仕組みとなった。それは，第 1 に，「**逆コンセンサス方式**」（「ネガティヴ・コンセンサス」または「リヴァースト・コンセンサス」ともいわれる）の採用である。すなわち，パネルを設置しないことをコンセンサス方式によって決定しない限り，パネルが設置されることが決定される意思決定の方式が採用された。その結果，片方の当事国が申立てを行えば，ほとんど自動的にパネルの設置がなされるようになったこと。第 2 に，パネルのいろいろな手続に関して時間的制限が設けられ，不必要ないし不当に審理が遅延するこ

とがなくなったこと。第3に，パネルの報告に不服な当事国の申立てを扱う 上級委員会 をつくって，紛争処理を再検討する制度を設けたことである。こうした組織的整備は，国際経済紛争処理を「司法化」するものであるため，多くの人々の強い関心を集めた。また，WTO の紛争処理は，「準自動的」にパネルが設置されるため，必ずしも貿易プロパーの問題とはいえないような事案も持ち込まれるようになった。

❖新しい分野にも取組みが進められた

3番目に注目されるのは，GATT では十分に取り組まれていなかったサービス貿易や知的所有権の貿易に関しても，まとまった規定が設けられたことである。これらの分野は，米国の企業が他の国の企業に先んじている分野である。そのため，米国および米国企業の関心が最も高く，結果的には自国に好都合なルールづくりを急いだともいえよう。

また，農業や繊維部門に関しても，一層の自由化が進められた。先ほども述べたように，農業や繊維部門は GATT の適用の対象とされてはきたものの，実際には一種の「聖域」扱いされてきた。手を出すことができない分野という意味である。日本のコメ問題を引き合いに出すまでもなく，農業や繊維部門は，個別国家の国内事情がきわめて顕著かつ複雑に現れる分野だからである。

これは，ある意味で，日本のプロ野球やプロサッカーのチームが「外国人枠」を設けているのと似たようなものかもしれない。つまり，選手の実力の観点だけから完全な「自由競争」に基づいてチームの編成を行えば，低い年俸で同等の実力を発揮する外国人選手は世界中にザラにいる。その結果，日本のプロ野球チームや J リーグ

222

のプロサッカー・チームのメンバーは，全員外国人選手になりかねない。しかし，それでは「ツマラナイ」と感じる日本のファンが少なくないのではないだろうか。良いか悪いかは別として，「日本のチームならば日本人が中心になってほしい」と暗黙に望む人が多いのだろう。そこで，外国人枠が設けられて，人数が制限されているのではないだろうか。同じような制度は，日本だけでなく多かれ少なかれ他の国にもあるようだ。

これと同じように，GATT の場合も自由貿易を根本的な規範とし，関税のみによって国内産業を保護する仕組みをとる。けれども，そのことは，徹底的に自由化を推し進めて，輸入によって特定の国内産業が駆逐されてしまっても構わないということを意味するものではない。また，その産業に従事する人々が，失業や転職に追い込まれてしまっても政府は一向に関知しないということを意味するものでもないだろう。GATT の推進する自由化は「より自由な貿易」であって，国家のもつ「ナショナルな部分」までも解体してしまうようなものではないのである。そのため，多くの国々において，農業や繊維部門は大なり小なり GATT の例外扱いされ，これまで簡単には自由化されてこなかったのである。それが，WTO では大幅に規律の対象とされるようになったのだ。

いずれにせよ，このようにして成立した WTO は現在では 160 カ国以上の加盟国を擁し，文字どおり貿易に関する世界共通のルールを提供する機関であるといってよい。2001 年に，畳表に用いるイ草の中国からの輸入が急増したことを受けて，日本は**セーフガード**（**緊急輸入制限**）を発動した。その際，日本は自らの措置が WTO ルールに従ったものであることを強調した。当時，中国はまだ WTO に加盟していなかったので，日本が WTO ルールを尊重することが

当然に必要だったかどうかは必ずしも明確ではない。けれども、WTO ルールに則った措置であれば、中国に対して国際法上有効に対抗しうることが期待されたため、このような選択がなされたのである。

2001 年に WTO が直面した最大にして最重要の課題は、中国の加盟に伴う問題であった。中国は人口 13 億人を抱えるため、「最後の有望市場」であるとか、「世界の工場」などと形容される。こうした文字どおりの大国の加盟は、さまざまな影響や波乱を伴うことは容易に想像がつくであろう。中国は、その後 WTO に加盟したが、それに伴い生じる国内の法や制度の改変などの問題のスムーズな処理は、依然として課題として残されている部分も少なくないといえよう。

◈シアトルでの第 3 回 WTO 閣僚会議の決裂とその後の展開

WTO の閣僚会議は機構の最高の意思決定機関であり、通常 2 年ごとに開催されることになっている。また、ラウンドの開始は閣僚会議で決定される。ところが、1999 年にシアトルで開催された閣僚会議に対しては、先進国の NGO（民間団体）を中心としたラウンドの開始に反対する非常に多数の人々が押し寄せて、その開始の宣言を行うことができなかった。

閣僚会議に対して反対の意思表示を行い、ときには暴力的な行為にまで及んだ人々の立場は必ずしも一様ではなかった。しかし、WTO の下で自由化を進めていくことに対しては、かなりの批判があるということは明らかだろう。すなわち、途上国の中には、WTO が推進する自由化、つまりグローバリゼーションに対する警戒感が少なくない。なぜならば、それが先進国と途上国のあいだの

格差をますます拡大する作用をもたらしうるからである。

　先進国の NGO はこうした警戒感に共鳴し，あるいはその警戒感を主導しているともいえる。彼らは，WTO による自由化の推進が地球全体の自然環境の破壊や，途上国固有の伝統的な文化の破壊に結びつくと考えて批判しているのである。このようなアンチテーゼもあってか，WTO の下での貿易の自由化の進展は，その後，必ずしも順調な歩みをみせていない。2001 年に開始されたドーハ開発ラウンド（途上国が「ラウンド」という名称を使用することに反対したため，正式名称は「ドーハ開発アジェンダ」である）も，先進国と途上国の対立により行き詰まりをみせた。逆に，世界の各地域では**自由貿易協定（FTA）**や**経済連携協定（EPA）**を締結し，その域内での貿易の自由化をより進めようという動きが顕著である。日本は，もともとは WTO の下での貿易の自由化を優先する立場だったが，他国との競争で不利な立場におかれることを避けるため，2002 年のシンガポールとの経済連携協定を皮切りに，多数の国々と同じような協定を締結している。また，現在さかんに議論されている環太平洋経済連携協定（TPP）があることは，周知のとおりである。もっとも，こうしたさまざまな自由貿易協定や経済連携協定の締結は，潜在的には WTO 協定とのあいだに緊張関係を生じるものである。

4　日本と WTO

※うって出る日本

　最後に，日本と WTO との関わりについてふれておくことにしよう。資源に乏しく国土も狭小な日本は，貿易によって生きるしか途

225

はない。GATT体制下で最も恩恵をこうむったのは日本だと述べたが，この点はWTO体制の下でもそれほど変わるわけではない。

もっとも，GATT体制下ではもっぱら恩恵を受ける立場にあった日本が，最近では新興工業諸国（NICs）に「追われる立場」に立たされるようになったことも事実である。そのため，かつては「受け身」一方だった日本が，近年では攻勢に転じるようになった。このような日本の姿勢の転換は，1980年代末のECの部品ダンピング規則事件あたりから，次第に明らかになってきた。

この事例は，1987年にEC理事会が制定したダンピング防止税の迂回防止のための規則をめぐって，日本がGATT紛争処理を初めて用いたケースである。そもそもダンピングとは，輸出国の国内価格を下回るような価格でもって輸出先の市場で物品を販売することである。こうしたいわゆる「投げ売り」は同業者の駆逐とそれに伴う独占状態の形成につながるため，GATTでは不公正貿易とされている。そのため各国は，ダンピング防止税などの措置を用いて，これに対抗しうることが認められている。ただし，ダンピング防止税の賦課の要件は比較的緩やかであるため，それが保護主義的な手段として用いられやすいという事情がある。

ところで，日本製の電子タイプやコピー機，油圧ショベルなどは，日本からEC域内に進出した工場で日本製の部分を用いて生産されていた。そのため，もともとダンピング防止税の対象とはならなかった。EC理事会は，このような生産方式をダンピング防止税の「迂回措置」と位置づけ，それを防止すべく規則を制定した。しかし，これらの規則のGATT適合性に関して，日本や韓国はかねてより問題を提起していたのである。そこで，日本はECと二国間協議を行った。しかし，その結果が不調だったため，パネルの設置を

求めたのが本件である。

1990年に採択された報告で，本件での日本の主張が実質的に認められた。もっとも，そのことよりも，GATT加入以来初めて日本がその紛争処理を用いたという点で，本件は画期的な意義をもつのである。そして，従来の「受け身」一方だった立場から日本の立場が「攻勢」に転じたという変化は，今後もますます強まることが予想されるであろう。以前にふれた中国に対するセーフガードの発動や，日本のタオル業界が海外からの輸入の急増に対して，政府にセーフガードの発動を求めたことなども，同じような文脈の中で理解することができるだろう。

◈日本への期待

他の国からの輸出攻勢にさらされて日本がセーフガードを発動したり，日本が他国の不当な措置の標的とされるケースは，今後とも増えることが予想される。その際，日本のとりうる選択肢はいくつかある。従来であれば，二国間協議により，灰色決着が行われることも珍しくなかった。しかし，経済力や日本が苦手とされる政治力にものをいわせて問題の解決をはかろうとするのは，賢明なやり方とはいえないのではないか。なぜならば，そうした「実力」にものをいわせて相手を屈服させても，それは問題の安定的ないし永続的な解決をもたらさない場合が多いからである。

むしろ，求められるのはルールに基づいた解決である。ルールによる解決は相手に対する「説得」に基づくがゆえに，安定性をもちうるのである。それは，いわば異なる立場に立つ相手を対象にするときに，有効な手段だということができる。そして，これこそWTOが提供するルールに従った解決であるということができるの

である。日本の経済力の大きさと国際通商において占める規模の大きさに鑑みれば，日本がますますこうした仕組みを利用し，それが国際経済関係において定着するよう貢献することが求められるのである。

〔参考文献〕

ジャクソン（松下満雄監訳）『世界貿易機構』（東洋経済新報社，1990）

溝口道郎・松尾正洋『ウルグアイ・ラウンド』（日本放送出版協会，1994）

岩沢雄司『WTOの紛争処理』（三省堂，1995）

佐々波楊子・中北徹『WTOで何が変わったか』（日本評論社，1997）

中川淳司ほか『国際経済法』（有斐閣，2003）

中川淳司『WTO貿易自由化を超えて』（岩波書店，2013）

Bridgebook

第14講義
国際法は人類の幸せに寄与するか

難民・犯罪・インターネット・テロリズム・NGO

1 国際社会が変われば国際法も変わるのか

❖グローバリゼーションと多様化

20世紀から21世紀にかけての50年に,国際社会は大きく変化した。まず,交通手段や科学技術の発展,経済活動の大規模化により地球は小さくなって,あらゆる分野での国際的相互依存関係が増大した。国境を越えて大勢の人や物資が移動し,資金や情報も一瞬のうちに世界中を移動する。ニューヨークの金融市場の動きは直ちにロンドンや東京に伝播し,米国や日本の景気が悪化すれば東南アジア諸国の失業率が増大する。アジアやアフリカで貧困や戦争に苦しむ人々はさまざまな輸送手段を用いて北米やヨーロッパの豊かな国へ大量に移動する。日本がどんな環境対策をとっても,他の国々が対策を講じなければ海洋汚染は改善されず,日本にも酸性雨が降ってくる。

これまでも,1つの国の防衛力の増大が隣国の安全保障に脅威を与えるとか,A国とB国の同盟がA国と対立関係にあるC国とD国の関係を強化するといった政治的軍事的な面で,各国の動きは互

いに密接に影響しあってきた。しかし，いまや相互依存関係は安全保障分野だけではなく経済社会のあらゆる分野に及んでいる。また相互依存関係の内容も，１つの国の利益が別の国の不利益になるいわゆるゼロサム的な関係に加え，１つひとつの国では手に負えないが世界中の国が協力すればすべての国にとって何らかの利益になるという関係が増えてきている。

　同時に，この50年間に，さまざまな文化や歴史，宗教的背景を有し，政治的，経済的発展段階の異なる多くの国が国際社会のメンバーとなり，また，主権国家以外で，国際社会に大きな影響を有する団体も出現した。ヨーロッパ諸国のように統合に向けて進む国々もあれば，旧ソ連やユーゴスラビアのようにいくつかの国に分かれて再出発した国もある。米国のように，軍事的・経済的存在感をますます増大させて国際社会に大きな影響力をもつ国もあれば，貧困にあえぎ，内戦に引き裂かれて国家としての最低限の責務すら果たせない国もある。また，世界をまたにかけて活動し多くの国の国家財政や GNP よりも大きな経済規模をもつ多国籍企業や巨額の資金を動かす国際的な投資家，さまざまな機能を有する国際機関，さらには，独自の情報網と専門知識，政治的影響力を有する NGO などが出現し，国際社会の多様化が著しい。

◈国際法はこれにどう対応するか

　国際法は，本来，国家が，その領域と国民の面倒をきちんと見ることを大前提としている。国家は，その領域内の治安を維持し，自らの判断と責任によって，領土を防衛，管理し，国民の安全と権利を保障し，経済を運営し通貨価値を維持することを期待される。そして，国際法は，国家のこのような機能が何らかの理由で重複した

り，衝突したときにこれを調整するという，どちらかといえば消極的な（国家の機能に対して二次的な）役割を果たしてきたのである。

　しかしながら，以上で述べたような密接な相互依存関係と，すべての国家が協力して追求すべき利益の増大，複雑化する統治機能を十分に果たしえない国家の出現，国家以外の団体の影響力の増大などが要因となって，国際法は，経済社会を含むあらゆる分野で，国際共通基準の設定やこれを実現するための具体的な方法の策定，目的遂行のための途上国への支援の枠組みの設定など，これまでより積極的な役割を果たすようになっている。これらの役割のうち，地球環境や海洋秩序，貿易，紛争解決といった分野は本書の他の部分で扱うので，ここでは，難民や国際組織犯罪，国際テロリズムなどグローバリゼーションのもたらした負の（マイナスの）部分といわれる諸問題への対応を主として取り上げ，その後に，国際社会に出現した国家以外のアクターである NGO が国際法の生成と適用に果たす役割について簡単にふれることとする。

2　人は国境を越える

◈「条約難民」と広義の難民

　一般国際法上，国家は，原則として，外国人の入国を自由に認めたり，拒否したりすることができる。また，外国人の入国を認める場合にも，入国や滞在について自由に条件をつけ，また入国した外国人を国外に追放することができる。他方で，シルクロードの昔から，国境を越えた商人や投資家，技術者などの往来は，文物のさまざまな交流をもたらし，国家の繁栄に大きく寄与するものであるの

231

で，各国は，通商航海条約を締結するなどして，このような外国人に一定の待遇を与えることとし，望ましい人の交流を国際法の面からも促進してきた。

ところが，第一次大戦前後から第二次大戦にかけて，ヨーロッパ諸国は，革命や少数民族弾圧を逃れたロシア人，アルメニア人，ユダヤ人などの大量の難民の流入に悩まされる。このような人々の多くは本国において重大な人権侵害を受け，また本国がその救済を事実上拒否しているのであるから，人権の国際的保障が必要となる典型例でもあり，1948年の世界人権宣言14条は，「すべての者は，迫害を免れるため，他国に避難することを求め，かつ，避難する権利を有する」と述べた。さらに，1951年，国連主催の世界会議において，**難民条約**（「難民の地位に関する条約」。その後，1967年の**難民議定書**により対象難民の時間的限定がなくなる）が採択された。この条約は，難民を，人種，宗教，国籍若しくは特定の社会的集団の構成員であること又は政治的意見を理由に迫害を受けるおそれがあるという十分に理由のある恐怖を有するために本国の外にいる人々であると定義し，不法に入国した難民に刑罰を科さないことや，難民の追放の制限，特に，迫害を行った本国への送還の禁止を締約国に義務づけ（**ノン・ルフルマンの原則**。ただし，難民を入国させること自体を締約国に義務づけているわけではない），また，裁判を受ける権利，教育，社会保障，雇用などにおいて自国民や他の外国人と同等に扱うことを求めている。また，これとは別に，主要な人権条約の1つである**拷問等禁止条約**の3条は，拷問が行われるおそれのある国へのいずれの者の追放や送還も禁じている。

東西対立は戦後の新たな難民流出の原因となったが，その終了後も，陸海空の大量輸送手段の発達と宗教対立を含む多様な価値観の

ぶつかり合い，さらにそこから生じた武力衝突や大規模な迫害により，非自発的な人の移動は増大の一途をたどった。彼らの多くは，難民条約が定義しているような厳密な政治難民（「**条約難民**」という）というよりも，難民条約が規定する以外の要因，すなわち，災害，紛争，極度の貧困や飢餓などを逃れて国外に出たいわゆる「**広義の難民**」であり，また，本拠地を離れたが国外に出るにいたらず，国境の中で避難民となっている「**国内難民**」も膨大な数にのぼる。**国連難民高等弁務官事務所**によれば，難民・国内難民の数は，同事務所の援助の対象となっているものだけで，2014年末時点で5490万人，難民発生国のトップ3は，シリア（388万人），アフガニスタン（259万人），ソマリア（111万人）である。アジアやアフリカの多くの途上国は，隣国から大量に難民が流入した場合，これらの人々を保護する余裕がないばかりか，流入によってその国自身の経済的社会的基盤を脅かされ，また難民の取扱いがこれら受入れ国における新たな紛争の原因となることも多い。

　「広義の難民」の移動は，経済のグローバル化や先進国と途上国の経済格差の拡大に起因する途上国から先進国への大量の労働力の移動とも結びついている。先進国は，高度成長期に多くの自発的な移住労働者を受け入れたが，このような合法的な移民とともに，就労目的の大量の不法入国者や「広義の難民」が流入し，その流れはいまでも続いている。そして，これは，送出し国にとっては，しばしば，未来を支えるべき人的資源の流出でもある。また，国際組織犯罪グループによる大規模な不法移民の送り込みと不法就労の斡旋，さらには性的搾取や強制労働などを目的とした国境を越える人身取引も増えてきた。このような移民が流入した国は，「条約難民」を保護するとともに，「広義の難民」については，本国に送還したり，

233

その状況によっては人道的な理由から在留を認めたりし，また，不法就労目的の不法入国・滞在者やその斡旋者については厳しく取り締まり，本国に送還する政策をとっているが，グローバリゼーションの中で，途上国のみならず，先進国にとっても，国境管理は手に負えなくなっているのが実情である。

　国際社会は，このような不正常な人の移動の問題についてさまざまな対応を試みてきた。特に，難民については，国連は，国際連盟時代の難民救済機関の流れを汲む国連難民高等弁務官事務所を中心にその救済にあたっており，日本人として初めて弁務官を務めた **緒方貞子** 氏の活躍は記憶に新しい。難民高等弁務官事務所は，各国に資金協力を仰ぎ，関連 NGO とも協力して，難民の保護や自主的帰還，難民受入れ国への支援などを行っているが，これに加えて，そもそも難民を出さないための方策として，安全保障理事会や地域的国際機構を通じた紛争防止のための努力も行われている。国際的犯罪組織が関与する不法移民の送り込みについては，2000 年，国連において，後述する **国際組織犯罪防止条約** に付属する **密入国議定書** が採択された。この議定書は，締約国に対し，営利目的で他人を不法に移民させる行為の取締りおよびそのための国際協力を義務づけるとともに，移民の本国が送還された不法移民を受け入れる措置をとる義務を定めている。また，人身取引について，同時に採択された同条約の **人身取引議定書** は，人身取引行為を犯罪とすることを義務づけ，このような行為の取締りや被害者の保護・送還について規定している。

　国境管理や社会の変化だけではなく，難民（特に難民条約上の保護の対象とならない広義の難民）や移住労働者の人権の保障も大きな問題である。この問題は，特に高度経済成長期以後，単純労働に従

2　人は国境を越える

事する外国人や不法入国者に対する経済的搾取や人権侵害の深刻化，ヨーロッパにおける外国人排斥運動の高まりなどによってクローズアップされるようになった。外国人（不法入国・滞在であるか否かを問わず）であっても国際人権規約や人種差別撤廃条約などの関連部分が適用されることはもちろんであるが，国民と比較して「異質」であるがゆえに弱者となりがちなこれらの人々の権利を特に保護するために，ヨーロッパにおいては，1977年に**移住労働者権利条約**（「移住労働者の法的権利に関する条約」）が採択され，国連においては1990年に移住労働者権利条約が採択された。また，この問題は，人種差別や女性差別などをテーマとするさまざまな人権関係の国際会議でも常に取り上げられ，各国NGOの活動も活発である。

　しかしながら，政治的経済的な安住の地を求めてさまよう人々の数は未だに減少していない。また，移住労働者権利条約は，各国の国境管理や不法入国者の取扱いに関する裁量権を制限するものであることから，2003年にようやく発効したものの他の人権関係条約に比べて著しく加盟国数が少なく，その内容が国際基準として受け入れられているとはいいがたい。異なる人種的，文化的，宗教的背景をもつ人々の移動と相互の遭遇は，本来，そして現在も依然として，送出し国と受入れ国双方の活力の源であり，国際社会の潤滑油である。しかし，大量の人の非自発的移動とこれが本人および双方の国にもたらす悪影響は，いまやグローバリゼーションと多様化の負の部分を象徴する問題となっており，その中で国際社会と国際法は必死に出口を模索しているように思える。

3　犯罪も国境を越える

◈国際社会共通の悪

　公海上の海賊行為や奴隷貿易などは，古くから国際社会が共同して取り締まるべき害悪とされ，通常であれば国家の権限が及ばない公海上で行われた行為について各国がそれぞれの国内法で処罰することを認めたり，条約で取締りを義務づけたりしてきた。第二次大戦後，この「共通の害悪」の範囲は徐々に広がり，戦争犯罪や，集団殺害（ジェノサイド），海洋汚染や麻薬取引，テロリズムなどが対象とされるようになった。むろん，具体的な処罰や取締りについての国際法の定め方は，その「害悪」の内容や形態によって異なっている。国際法による最も「進んだ」規制は，国際裁判所の設置までも視野に入れたジェノサイド条約や国際刑事裁判所規程に見ることができるが，これについては，戦争犯罪とともに別講で扱う（第15講義参照）。

　犯罪の取締りについては，各国が，自国の領域の中で起こった犯罪（加害者や被害者の国籍を問わない）について，自国の刑事法（実体法および手続法。日本でいえば，刑法と刑事訴訟法が代表例）に基づいて捜査，訴追し，処罰するというのが，国際法の原則である。どのような行為を犯罪であると定め，どのように処罰するかは，領域内の社会秩序の維持のための主権国家の重要な権能の一部であるからである。ただし，国外で行われた犯罪についても，加害者や被害者が自国民であった場合などに限定的に自国の刑法を適用することが認められてきた。また，領域内で行われた犯罪の証拠が外国に存

在したり，あるいは，加害者が外国に逃亡するといった事例は古くから存在したため，各国は，二国間条約や国内法に基づいて，証拠物の収集や証人尋問などに関する協力や犯罪人の引渡しを行ってきた。たとえば，日本には，**国際捜査共助法** や **逃亡犯罪人引渡法** があるほか，米国や韓国とのあいだで **犯罪人引渡条約** や **刑事共助条約** を結んでいる。なお，多くの場合には，このような協力，特に犯罪人引渡しを行うにあたって，対象となる行為が双方の国において犯罪であることが条件とされた。自国において罪にならないような行為について強制力を行使して人を拘束し，他国に引き渡すことは不当であると考えられたからである。また，政治犯は引き渡さないという原則や，国によっては，自国民は引き渡さないという原則も形成された。

これに対し，上述のような，国際社会に共通の害悪の概念が生まれ，これを協力して取り締まることの重要性が認識されるようになると，多数国間条約によって一定の行為を犯罪として刑事法の対象とすることを義務づけ，さらに，これらの犯罪についての捜査共助や引渡しを義務づけるようになった。

その最初の例の1つである薬物犯罪は，古くから存在する最も基本的な国境を越えた犯罪である。比較的少量の物質を生産国から消費国に運ぶだけで大きな利益が得られるからである。薬物の取締りについては，1912年の **アヘン条約** 以来1961年の **麻薬単一条約** などさまざまな条約が作成されてきたが，グローバリゼーションに伴う不法取引の急増とこれが各国の経済社会に与える影響の深刻化を受けて，取締りについての詳細な規定をおいた1988年の **国連麻薬新条約**（「麻薬及び向精神薬の不正取引の防止に関する国際連合条約」）が作成された。この条約は，不正薬物の製造，販売，輸出入，所持な

どを犯罪として処罰することを各国に義務づけ，司法・捜査共助や犯罪人の引渡しについて規定している。この条約の特色は，犯罪の構成要件や刑罰の内容，捜査や裁判における国際協力について，詳細な規定をおいたことである。特に，薬物犯罪を資金面から防止することを目的とした薬物犯罪への資金の提供や資金洗浄（マネー・ローンダリング）の処罰規定，薬物犯罪から得た不法収益の没収・追徴やこれらの収益が国境を越えて移転された場合の国際協力，さらには 監視付移転（薬物が輸入されたときに国境で摘発せず，その後の経路を監視して適当な時期に摘発する捜査手法で，主犯の特定に効果的とされる）のような具体的な捜査手法について規定がおかれていることが特徴的である。このうち，不法収益に関する規定は，後述の国際組織犯罪防止条約やテロ資金条約にも大きな影響を与えた。

❖国際犯罪組織を追い詰める

これに対して，殺人や窃盗などの普通犯罪は，近年にいたっても，あくまでも国家が国内法に基づき，国内裁判所において処罰すべきものとされていた。

しかし，人や物や資金の国際的な移動が容易になるにつれて，薬物犯罪以外の一般犯罪も一挙に国際化した。銃器などの不法取引，上述した人身取引や不法移民の送りこみ，盗品売買，国際的な詐欺，通貨偽造，わいせつ物や違法コピー商品の製造販売，犯罪組織による事業支配，脱税や資金洗浄など，国際的な犯罪組織は低くなった国境の障壁を越えてさまざまな犯罪に手を伸ばし，莫大な利益をあげ，武器と闇の資金を手に，刑事司法制度の弱体な国々の治安を脅かし，国際的な金融システムを揺るがすまでになった。最新の輸送・通信技術を駆使すれば，仮に1つの国で厳正な取締りを行った

3 犯罪も国境を越える

としても，犯罪組織は簡単に外国に逃げ込み，あるいは瞬時に証拠と犯罪収益を遠く離れた国に移すことができるし，そもそも法執行機関の手の及ばない他の国に本拠をおきながら犯罪を敢行することも容易である。主権の壁，すなわち，法執行が国際法上典型的な主権の行使とみなされて国境を越えることがきわめて困難であることが，グローバリゼーションの成果を最大限に活用する国際犯罪組織の繁栄を許すこととなったのである。

1990年代の後半になって，G8サミットなどさまざまなフォーラムが本格的に組織犯罪対策に取り組み始め，2000年には，国連において，**国連国際組織犯罪防止条約**（「国際的な組織犯罪の防止に関する国際連合条約」）およびこれに付属する密入国，人身取引，銃器の不正取引に関する3つの議定書が採択された（銃器議定書のみ2001年の採択）。また，最近では，安全保障理事会がテロと国際組織犯罪に関する決議を採択するなど，テロ活動の資金源としての組織犯罪の防止のための協力が行われている。

国連国際組織犯罪防止条約は，国際的かつ組織的に行われる重大犯罪（締約国において長期4年以上の拘禁刑又はこれより重い刑に相当する犯罪）を対象とするほか，共謀・参加，資金洗浄，腐敗行為，司法妨害などを組織犯罪と密接に関係する犯罪としてその構成要件を規定して各国における処罰を義務づけ，また，犯罪人引渡しや捜査共助についても広範な規定をおいている。裁判権については，原則として領域内で行われた犯罪を対象とし，犯罪が自国民によって行われた場合や自国民に対して行われた場合等について，任意的な裁判権の設定を認めている。また，締約国は，自国民であることを理由に引渡しを行わない場合には，訴追のために自国の権限ある当局に事件を付託することが義務づけられる。さらに，法人の責任，

239

犯罪収益の没収・追徴，共同捜査，監視付移転や電子的監視，潜入捜査などの特別な捜査手法，証人保護，犯罪組織に関する情報交換，金融機関の顧客の本人確認，疑わしい取引の報告，国境を越えた資金の移動の監視などの資金洗浄防止のための措置，犯罪組織による法人支配や調達手続への介入の防止などについて，幅広く義務的ないし裁量的な規定を設けている。また，3つの付属議定書は，国際犯罪組織が関与する特に深刻な犯罪である不法移民の斡旋や移送，国際的な女性や児童の売買および銃器の不法取引について，組織犯罪防止条約の条文を適用しつつ，それぞれその特則を定めたものである。

　この条約のもう1つの特色は，途上国支援に関する条項である。国際組織犯罪対策で最も重要な点は，国境を越えて暗躍する犯罪組織に「安全な場所」（セイフ・ヘイブン）を与えないということである。犯罪組織の逃げこめる場所が1カ国でもあれば，組織はそこに本拠をおき，その国の主権の壁のなかに隠れて他の国に魔手を伸ばすことができるが，このような場所をなくすためには，条約によって法的規制の網の目を世界中に広げるだけでなく，このような法的規制が各国において有効に実施されなければならないからである。本条約の場合は，犯罪対策のための法的枠組み作りという性格上，（貿易や環境関係の条約とは異なり）義務の内容そのものについて先進国と途上国のあいだに差異を設けることは行っていないが，条約の実施に困難をきたすと思われる国に対する財政・技術支援を盛り込むことによって条約の実効性を確保しようとしたといえよう。

　この国連国際組織犯罪防止条約および議定書は，上述の麻薬新条約を拡大し，各国の多様な実情を踏まえ，かつ，各国の属地的および対人管轄権という伝統的国際法の原則は維持しつつも，国際組織

犯罪の防止と抑圧というグローバリゼーション時代の新たな国際共通目的の達成のために，刑事司法という「主権の牙城」に国際法が切り込んだ例であるといえよう。

❖お代官様への小判は国際法違反？

国際社会は，次に，腐敗を取り上げた。腐敗とは，公的地位を私的利益のために利用することであり，その典型的な例が贈収賄である。国際社会が最初に着目した腐敗の影響としては，まず，経済発展への影響がある。腐敗は正常な市場原理に介入することによって資源の有効な配分を阻害し，持続可能な経済発展を困難にする。特に，途上国の場合は，外国からの援助が公務員の懐に入ったり無駄に遣われたりして，本来の目的である貧困の削減や経済発展に活用されないこととなる。しかし，最も重要な影響は，腐敗が，社会的公正と正義を損ない，国民の国家および公的機関に対する信頼を失わせ，法の支配と民主的プロセスを脅かすことである。

腐敗に関する条約としては，まず，1997年にOECDにおいて，投資や貿易に与える影響に着目した「国際商取引における外国公務員に対する贈賄の防止に関する条約」が採択され，1999年には欧州評議会が民間や国際機関における腐敗をも対象とした「腐敗に関する刑事条約」を採択した。さらに，2003年，国連は，腐敗全般について規定した初めての普遍的条約である国連腐敗防止条約を採択した。

この条約は，腐敗防止策として，採用，昇進，報酬などを含む公務員制度，政府調達，公共事業，情報公開，会計基準などに関する規定を設けるとともに，贈収賄，公金の不正使用，影響力の行使，権力濫用，民間における腐敗，外国公務員および国際公務員の贈収

賄などについて犯罪化規定を設け（ただし，一部については義務づけは行っていない），かつ，これらを資金洗浄の前提犯罪としている。また，組織犯罪防止条約に倣った広範な国際協力規定（情報交換，捜査・司法共助，没収・追徴についての協力，引渡しなど）や途上国支援に関する規定を有するほか，画期的な規定として，腐敗の収益の返還（たとえば，腐敗した政治家が，受け取った賄賂や横領した公金を外国の金融機関に隠匿した場合に，外国がこれを元の国に返還すること）を義務づけている。

　公務員制度や公務員の贈収賄は，これまでは，一般犯罪の処罰以上に，各国の典型的な国内事項であるとみなされてきた。この条約の採択は，国際的な経済・金融活動の活発化に伴う大規模な国際的腐敗行為の頻発に対応するものであるとともに，個々の主権国家の健全な持続的発展と民主的プロセスの確保に国際社会がこれまで以上に関心を払うようになったことの表れであるといえよう。

◈国際法はインターネットに追いつけるか

　グローバリゼーションが国境の壁を低くしたとすれば，これを極限まで推し進めたものがインターネットをはじめとする情報通信技術である。ネット上に構築されたサイバースペースに国境は存在せず，国家主権の有する多くの機能が意味を失ってしまう。しかし，サイバースペースは仮想の世界（ヴァーチャルスペース）ではなく，あくまでも現実の世界である。そこでは既に多くの現実の商取引が行われ，政治活動や軍事活動が行われ，そして，犯罪も行われる。

　コンピューター犯罪は，グローバリゼーション時代の犯罪の典型例である。日本の銀行から巨額の金を盗もうと思ったら，わざわざ逃走用の車と覆面と武器を用意して危険を冒して強盗に入る必要は

ない。アフリカのA国からアジアのB国，アメリカのC国，ヨーロッパのD国のコンピューターを経由して銀行のコンピューターに進入し，瞬時のうちにねらった口座の金を移し，進入の痕跡を消去しておけばよい。むろん銀行側は最大限の防御措置を講じているだろうが，最近の犯罪者も最先端の技術入手のための組織と資金，技術者を抱えている。また，犯人は犯罪の実行にあたっても証拠の隠滅にあたっても国境の壁に阻まれることはないが，捜査当局はそうは行かない。国内にあるプロバイダーの事務所を捜索したり個人のコンピューターのデータを押収したりするのとは異なる，さまざまな国際法上の問題が待ち受けている。まず，犯人を特定するためには，銀行のコンピューターからD国のコンピューターにさかのぼる必要があるが，捜査目的でD国の領域内にあるコンピューターに蔵置されたデータにアクセスし，おそらくはパスワードや暗号によって保護されているであろうそのデータを押収・解析するためには，D国政府の同意を得なければ主権侵害となってしまう可能性が高い。D国政府が協力したくても，D国のプロバイダーが守秘義務を理由にデータの提出を拒めば（あるいはデータ保存のコストを避けるためプロバイダー自身がとっくにデータを消去しているかもしれないが），D国の裁判所から令状を得なければいけないかもしれない。このような手続を経て得られたデータの解析により，初めてC国のコンピューターの存在が突き止められ，C国に対して同じ手続が繰り返される。A国にたどり着く頃には，とっくにデータは消去され，犯人は逃げてしまっているだろう。仮に犯人が特定できても，銀行のデータの改変がA国において犯罪とみなされていなければ，A国は犯人の引渡しを拒むかもしれない。

　コンピューター犯罪には，データの改変，窃盗，詐欺だけではな

第14講義　国際法は人類の幸せに寄与するか

く，コンピューターを利用した薬物の違法な売買や児童ポルノの頒布なども含まれる。また，人権分野でもインターネットを通じた人種差別の扇動や差別情報の流布が大きな問題となっている。

このような状況を改善するための条約が，2001年に作成された。ヨーロッパ審議会が作成した（ただし，作成作業には米国やカナダ，日本も参加しており，採択されれば欧州以外の国も締約国になることができる。日本は2012年に締約国となった）サイバー犯罪条約であり，2004年に発効した。

この条約は，締約国に，コンピューターへの違法なアクセス，データの改ざんやこれによる詐欺，児童ポルノの製造や頒布などの行為を犯罪として処罰することを求めているが，これに加えて，コンピューター・データの保全，通信経路を示すデータの開示，データ提出命令，データの捜索，差押えおよび押収，通信の傍受などのさまざまな手続およびこれらの手続を国境を越えて行う場合の手続について詳細な規定をおいていることが特徴である。最終的にどの国がこの条約の締約国となるか（上述のA国からD国までのすべての国が締約国とならなければ，意味はない）は不明であるし，このような条約ができても，IT技術や取引方法がさらに変化を遂げれば，条約はあっという間に時代遅れになる可能性もある。また，そもそも，表現の自由やプライバシーをどのように確保するかといった基本的な問題があるし，インターネット産業の健全な発展を阻害することのないようにする必要もある。ともあれ，この条約は，グローバリゼーションの有無を言わせぬ力に直面した国際法が，これまで踏み込むことを避けてきた手続法に大胆に踏み込んだ最新のタイプの条約であるとはいえよう。

244

4 テロとの闘い

　テロとの闘いは最近の国際政治のキーワードの1つとなっているが，国際法上，テロリズムの定義は存在しない。国連で行われているテロリズムに関する包括的条約交渉も，民族解放闘争や国家テロをめぐる意見の相違から，テロリズムの定義について合意できないまま現在にいたっている。しかし，テロ行為についての一般的な理解は存在し，1999年の「テロ資金供与防止条約」が，条約上犯罪とされる資金提供行為等の対象として挙げる「文民又はその他の者であって武力紛争の状況における敵対行為に直接参加しないものの死又は身体の重大な障害を引き起こすことを意図する……行為。ただし，当該行為の目的が，その性質上又は状況上，住民を威嚇し又は何らかの行為を行うこと若しくは行わないことを政府若しくは国際機関に対して強要することである場合に限る。」がそれであるとされる。

　このような状況下で，これまで，テロリズムに関しては，個別の行為に着目してその防止と処罰のための条約を作成するというアプローチがとられてきた。現在までに，上述のテロ資金供与防止条約のほか，ハイジャックに関する1970年のヘーグ条約（「航空機の不法な奪取の防止に関する条約」）および71年のモントリオール条約（「民間航空の安全に対する不法な行為の防止に関する条約」），シージャックに関する88年の「海洋航行の安全に対する不法な行為の防止に関する条約」，さらに，73年の国家代表等保護条約，79年の「人質をとる行為に関する国際条約」，80年の「核物質の防護に関する条

第14講義　国際法は人類の幸せに寄与するか

約」，97年の 爆弾テロ防止条約，2005年の「 核テロリズム防止条約 」などの多数国間条約が採択・締結されている。

　これらの条約は，いずれも，国際的なテロ行為に特徴的な一定の犯罪類型を定め，締約国に対して，これらの犯罪が自国の領域で行われた場合や自国民によって行われた場合のみならず，犯人が自国領域内で発見された場合の処罰や，自ら処罰を行わない場合の関係国への犯罪人の引渡しを義務づけるものである。たとえば，「人質をとる行為に関する国際条約」は，「人質の殺害，傷害又は拘禁の継続をもって脅迫をする行為であって，人質の解放のための明示的又は黙示的な条件として何らかの行為を行うこと又は行わないことを第三者にたいして強要する目的で行うもの」を人質をとる行為と規定し，このような行為，その未遂およびこれに加担する行為を犯罪として，その重大性を考慮した適当な刑罰を科することができるようにする義務を締約国に課すとともに，このような犯罪を締約国間の犯罪人引渡条約上の，あるいは国内法令上の 引渡犯罪 としている。また，この条約は，犯罪が自国の領域内で行われる場合，自国民によって行われる場合，自国に対する強要目的で行われる場合，および（適当と認めるときには）自国の国民が人質となった場合に裁判権を設定する義務を定め，さらに，容疑者が自国の領域内に所在する場合で容疑者の引渡しを行わないときには，犯罪がいかなる場所で行われたかを問わず裁判権を設定し，訴追のために自国の権限のある当局に事件を付託することを要求している。すなわち，これらの条約は，国家は原則として自国の領域内の出来事や自国民の行動にだけ責任をもつという伝統的な国際法の立場を超え，国際的なテロリストに対して逃げ場所を与えないという国際社会に共通の利益の確保のために各国が協力する枠組みを作るものなのである。

246

これらの条約に加え，2001年9月の同時多発テロ発生直後，国連安全保障理事会は，決議1373を採択し，すべての国に対して，資金提供の防止および犯罪化を含むテロ対策の実施を義務づけるとともに，上述のテロ対策諸条約の締約国となることを求めた。この決議は国連憲章7章に基づく法的拘束力のある決議である。その後も安保理は，テロの扇動行為の禁止等に関する決議（1624号，2005年），外国人テロ戦闘員問題に関する決議（2178号，2014年）などを採択している。また，国連総会も，法的拘束力はないが，2006年に「国連グローバル・テロ対策戦略に関する決議」を採択した。

5　個人も国際法に寄与できる

◈NGO の作る国際法

　第二次大戦後の国際法の大きな変化の1つは，国際機関，多国籍企業，政治・宗教団体，NGO，個人といった国家以外のものが（主体としてであれ客体としてであれ）国際法に占める地位の上昇である。このうち，国際機関，個人，営利団体，テロリスト・グループ，国際犯罪組織などについては別に取り上げたので，ここでは，最近注目を浴びている NGO の役割について簡単に述べる。

　NGO の明確な定義はないが，非政府，非営利で，公益のために特定の分野で専門性のある活動を行う市民団体を想像すればおおよそ間違いはない。日本でいえば，東日本大震災のときに活躍したボランティア団体などがこれにあたる。世界の NGO の中には特定の場所だけで地道に活躍するものもあれば，ノーベル平和賞を受賞した「国境なき医師団」のような豊富な資金力と人員，世界的な知名

第14講義　国際法は人類の幸せに寄与するか

度と活動実績を誇る国際 NGO も存在する。また，その活動分野も，環境，軍縮，人権，開発，女性など多岐にわたる。

　これらの NGO は世論の喚起や各国政府への働きかけを行うほか，国連などの国際機関と連携して，条約や国際的な基準の作成に大きな役割を果たすようになった。国連事務局や会議主催国を補佐して条約のもととなる情報を提供したり，条約草案の作成を手伝ったりといった作業を行うのである。

　よく知られている例は，1997 年に採択され，99 年に発効した **対人地雷禁止条約**（「対人地雷の使用，貯蔵，生産及び移譲の禁止並びに廃棄に関する条約」）である。対人地雷は，安価で敷設も簡単なことから各地の紛争で使用され，その多くは紛争終了後も除去されていない。世界中で 1 億 1 千万個が敷設・遺棄されて毎週数百人の民間人が犠牲になっているといわれ，人道上の問題であるばかりでなく，復興の大きな妨げとなっている。カンボジアや，最近ではアフガニスタンに残る地雷の被害は日本のテレビや新聞でも大きく取り上げられている。対人地雷の規制をめぐる交渉は，当初，ジュネーヴにおいて，**特定通常兵器使用禁止制限条約** の議定書の改正交渉の形で行われたが，中国やインドをはじめとする途上国を中心に反対が多く，効果的な議定書作成にはいたらなかった。国家中心で，かつ，全員一致を原則とする軍縮関連会議の枠組みの限界があらわになったのである。他方，対人地雷の根絶を目指す各国の NGO は世界的な組織である国際地雷廃絶キャンペーンを結成して大々的な国際世論喚起活動を行い（英国の故ダイアナ元妃の活動は特によく知られている），また，カナダ，ノルウェーなどに対人地雷禁止条約作成を働きかけた。この結果，地雷根絶を支持する国や NGO が中心となって，すべての有力国の賛成を前提としない交渉が行われ，約 1 年

248

間という記録的な短期間で，対人地雷禁止条約の作成が行われたのである。

❖NGO の役割と限界

NGO の最大の武器はその専門性である。専門性とは，政府や国際機関にない知識・情報・技術・経験等を有していることとともに，その活動を行うにあたってその分野以外の考慮に煩わされないという意味での「中立性」をも意味する。すなわち，環境保護を目的とする NGO は政府情報とは別の独自の情報源に基づいて行動し，いかなる国に対しても環境以外の分野での政治的考慮を払うことはないということである。このような立場を活用して，NGO は，条約や国連決議の作成のほか，条約や決議の実施の監視，実施のための国際協力なども行っている。国際人権規約に違反する人権侵害について情報収集して国際機関に通報したり，国連女性会議で採択された宣言の履行のために，途上国において貧困女性の救済のための活動を行ったりといった活動がそれである。国によっては，国際会議への政府代表団の中にその国の NGO が参加する。国際法とは直接の関係はないが，難民救済，紛争・災害時の人道援助，途上国における草の根的な開発援助などの分野でも，多くの NGO が現地に入って積極的な活動を繰り広げており，いまやこれらの分野において NGO は欠かすことのできない存在となっている。

むろん，このような NGO の活動には，困難や限界もある。もともと NGO は，特定の分野に特定の理念に基づく特定の関心を有する人々の集合体であって，政府のように国民の選挙などの手続によって選ばれた代表ではなく，その意味での政治的正統性はないし，ある国の政策を自由に批判する一方，その国の将来に責任をもつわ

けでもない。また，政治的中立を志していても，その活動が結果的に特定の国を利することになったり，特定の国に利用されて，その政治性を批判されることもある。さらに，NGOとの連携に努め，大きな成果を上げてきた国連においても，開発途上国や中国などは，人権や環境分野のNGOの「内政干渉」を嫌い，国際会議などにおけるNGOの活動に反発を強めている。成功例といわれる対人地雷禁止条約にしても，せっかく条約を作成しても，実際に地雷を製造しあるいは使用している国が締約国とならないのであれば，本当の成功とはいえないだろう。市民活動の長い伝統をもつ先進国の主導になりがちな大規模な国際的NGOへの反発もあるし，NGOの数と種類の増大に伴い，政府（あるいは反政府団体）の息のかかったNGOも出現するようになった。

　それでも，グローバル化と多様化の中で複雑になる一方の多様な国際問題に対して，国家の問題処理能力は相対的に低下しており，これを補うものとしてのNGOを含む非政府機関の役割が増大することは歴史的必然である。多くのNGOはこれを自覚して，その組織や活動をますます洗練・強化させつつある。NGOの「量」とともに「質」を確保することが，この歴史的必然をよりよい必然としていく鍵となるだろう。

〔参考文献〕

本間浩『難民問題とは何か』（岩波書店，1990）
山本草二『国際刑事法』（三省堂，1991）
馬橋憲男『国連とNGO』（有信堂，1999）
国連，国連難民高等弁務官事務所，国際ウィーン本部などのホームページ

Bridgebook

第15講義
戦争であっても許されないことがある

国際人道法というルール

1 禁止されても戦争はなくならない
—— 1990年代以降の新しい戦争

❖人類の歴史は戦争の歴史

　世界史の教科書をひもとけば，○○の戦い，××戦争といった記述が多いことに驚かされる。ある統計によれば，紀元前3600年から現在までの約5600年のあいだに世界中のいかなる場所でも戦争が行われなかった期間は300年足らずだとのことである。このことからすれば，人類の歴史とは戦争の歴史であったといってもよいのであろう。ちなみに，「二度まで言語に絶する悲哀を人類に与えた」世界大戦を経験したことを反省して，国連憲章において戦争の禁止（武力不行使原則）が規定されたが，この状況は大きく変わってはいない。むしろ，冷戦が終結した1990年代以降は，わたしたちが戦争ということばから想像する国家間の戦争とは異なる新しいタイプの戦争や武力紛争が頻発するようになってさえいるのである。例えば，ストックホルム平和研究所の報告書によれば，2002年から2011年までに発生した組織的な暴力——25名以上死亡者が出たもの——は全部で426件あり，そのうち国家が関わった紛争は73

251

件，国家以外の主体が関与した紛争は 223 件，市民を狙った一方的なテロなどは 130 件あったとされる。

その理由の 1 つは，冷戦時にさまざまな要因から封じ込められていた国内の民族間や宗教（宗派）間の対立が，冷戦の終結後一気に表面化するようになり，武力紛争にまで発展するようになったことである。つまり，世界中で，民族・宗教間の内戦（国内紛争）が多発するようになっている。たとえば，旧ソ連・東ヨーロッパ地域では，旧ユーゴスラビア連邦の解体に伴う**旧ユーゴ紛争**やロシア連邦内での **チェチェン紛争** やロシアの介入によるウクライナでのクリミア危機などが発生した。また，中東では，古くから続くイスラエルにおけるパレスチナ問題や，トルコやイラク国内でのクルド人の独立問題などが激化している。さらに，最も紛争の多いサハラ以南のアフリカでは，部族，氏族間の対立が根底にあるルワンダ，ブルンジ内戦や南スーダンの独立で終結したスーダン内戦などが発生した。

もう 1 つの理由は，これまで国内の政治的対立などが原因となって発生していた「テロ」行為が，その国家にとどまらず，外国に対して向けられるようになり，大規模な国際「テロ」活動となったことである。さらに，それに対して「**対テロ戦争**」の名の下に国家が武力行使を行うようにさえなっている。2001 年 9 月 11 日のアルカイダによる米国同時多発テロとそれに対抗して行われた米国によるアフガニスタンへの武力攻撃やテロ活動を支援していることを理由の 1 つとした米国と英国によるイラクへの武力攻撃（**イラク戦争**），また，イラクやシリアに拡大しているいわゆる **イスラム国** (Islamic State, IS) に対する有志連合などによる空爆などがその例である。このように，現在においても国家間の戦争だけでなくさまざまなタイプの武力紛争が行われ，多数の死傷者を出しているので

252

ある。

❖泣くのは弱い者ばかり

　新しいタイプの武力紛争が行われるようになったことから，これまで以上に一般市民，特に女性や子どもが犠牲となることが多くなっている。確かに，二度の世界大戦においても多数の一般市民が犠牲になったが，1990年代以降の紛争においては犠牲者の約90％が一般市民であり，そのうちの80％が女性や子どもであるとされており，その割合は尋常ではなくなっている。こうした結果になっている理由は，たとえば少し古い話だが，旧ユーゴ紛争やルワンダ内戦の状況をみれば分かるのではないだろうか。

　旧ユーゴ紛争においては，「民族浄化」（ethnic cleansing）政策と呼ばれる大規模な人権侵害が行われた。ここでいう「民族浄化」政策とは，ナチス・ドイツによるユダヤ人絶滅政策がその例として挙げられるが，簡単にいえば，多数の民族が混在する地域で他民族を殺害・追放することによって1つの民族だけが居住する地域にしようとすることである。特に複雑な民族構成をしていたボスニア・ヘルツェゴビナでの内戦では，セルビア人，クロアチア人，ボシュニャク人（ムスリム人とも呼ばれるイスラム教徒）勢力が三つどもえとなって互いの市民を殺害し，居住地域から追放し，強制収容所へ収容するといった残虐行為を組織的かつ大規模に行ったのである。その結果，学校や病院といった施設も関係なく，住宅の60％が破壊され，20万人にものぼる死者と250万人以上の避難民が出たとされる。

　中央アフリカのルワンダの内戦では，フツ族とツチ族という植民地時代に作り出された「部族間対立」が原因となって集団殺害（ジ

ェノサイド）が行われた。この内戦では，主に，ツチ族の住民がツ
チ族であるというだけの理由で，フツ族の住民によって老人，子ど
もも含めて残酷な方法で殺害され，女性は性的暴行を受けたといわ
れている。その結果，1994年のうちのほんの数カ月の間に人口
600万人の国内で50万人以上の市民が殺害され，250万人にも及
ぶ避難民が国外に流出した。

　このように，内戦であれば，戦闘行為は普段人々が生活している
場所で生じるのが一般的であり，また，民族間・宗教間の対立が原
因となっていることから，敵対するグループの兵士だけでなく，一
般の住民全員が攻撃の対象とされる。したがって，武器ももたない
弱い者を狙った攻撃が頻繁に行われ，特に女性と子どもの犠牲者が
増えるのである。また，対テロ戦争では，そもそも攻撃の対象であ
るテロリストは一般住民に紛れて存在していることもあり，戦闘行
為によって一般住民の犠牲者も必然的に多くなるのである。

　こうした無辜の人が戦争の犠牲になるという悲劇をなくすために
は，戦争の発生を防止することが最も重要である（第12講義を参
照）。しかし，現実に戦争が起きてしまった場合には，その被害を
できるだけ抑えることも同じように重要であり，むしろ戦争の惨禍
を軽減させるには実効的でさえある。

2 「人道」が残虐な行為の防波堤となる
——国際人道法の基本原則

◈「人道」とは何か

　人を殺害することが許される戦争であれば，どのような残虐な行
為でも許されると考えるかもしれない。でも，戦闘に巻き込まれ，

2 「人道」が残虐な行為の防波堤となる

親とはぐれて泣く小さな子どもや目の前で武器を捨てて助命を請う者がいるときに，その者を殺害しようと考えるだろうか。古くからこうした者に対しては危害を加えるべきではないと考えられてきた。たとえば，**ルソー**は『社会契約論』の中で，「戦争の目的は敵国を壊滅することであるから，その相手方が武器を手にしている限りは，これを殺す権利がある。しかし，もし相手方が武器を捨てて，降伏したときは，そのときから再び一人の人間に戻るのであるから，このような人の生命を奪う権利はない」と述べている。このように，たとえ戦争であっても許されないことがあるという，人間の本性に由来する感情を「人道」という。

　したがって，戦争が発生してしまえば，各国は戦争の目的を達成するためにさまざまな手段や方法をとるが，人道に基づく考えから少なくとも一定の制限が存在するとされてきたのである。すなわち，たとえ戦争であっても，目的を達成するために必要かつ効果的な手段や方法を用いるべきであり（このことを軍事的必要という），また，戦争に関係しない者を殺傷するといった人道に反する行為は慎むべきである（このことを人道的考慮という）という2つの要請を満たさねばならないのである。このような要請に基づいて，武力紛争における戦闘行為を規制するためのルールが国際慣習法として成立していった。このルールは，正規軍がぶつかり合う国家間の戦争の時代には，どのような兵器なら用いることができるか，どういった戦闘方法なら許されるかといった戦闘のためのルールを規定することに主眼がおかれていたため，**交戦法規**や**武力紛争法**と呼ばれていた。しかし，戦争が違法化された現代では，一般住民が戦闘に巻き込まれ犠牲になることをできる限り回避するように，戦争犠牲者の保護に重点をおいてルールが規定されるようになり，**国際人道法**と呼ば

れるようになっている。では，国際人道法のルールがどのように発展してきたか簡単にみることにしよう。

❖ルールづくりは2つの柱ですすめられた

国際人道法のうち，戦闘の手段や方法についてのルールは，オランダのハーグで行われた国際平和会議で法典化されたことにちなんで，「ハーグ法」で呼ばれている。ハーグ法に関する条約として最も古いものとしては，1868年の「サンクト・ペテルブルク宣言」があり，400グラム以下の破裂弾の使用を禁止するものであった。この兵器が敵の兵士に不必要な苦痛を与え，必ず死に至らしめるものであることが人道の法に違反するというのがその禁止理由とされた。その後，1899年と1907年にはハーグ陸戦条約や陸戦規則が制定された。また，以下で述べるが，その使用が禁止される兵器については，個別の条約によって規制がなされている。

これに対して，戦争犠牲者の保護についてのルールはスイスのジュネーヴにある赤十字国際委員会（ICRC）が中心となって法典化を進めたことを受けて，「ジュネーヴ法」と呼ばれている。最初の条約は，1864年の戦場の負傷兵の保護を目的とした第一回赤十字条約である。その後，二度の世界大戦において，戦闘員以外の一般住民（文民）や非軍事関連施設（民用物）が攻撃され，多くの犠牲者が出たことから，戦闘にかかわらない傷病兵・捕虜・文民といった戦争犠牲者全般の保護について，1949年に4つの条約からなるジュネーヴ諸条約が制定された。このジュネーヴ諸条約の共通3条では，これまで国内問題に過ぎないとされてきた内戦についても最低限度の人道的保障がなされることが規定された。しかし，人民の自決権に基づく民族解放戦争や一定の規模をもつ内戦では国家間の

戦争と同様に大きな被害が生じることから，犠牲者に対する保護がより一層求められるようになった。そこで，1977年に民族解放戦争における犠牲者の保護に関する **ジュネーヴ諸条約第一追加議定書** と内戦における犠牲者の保護に関する **第二追加議定書** が制定された。なお，この2つの追加議定書は，戦闘の手段や方法についてのルールも規定しており，ハーグ法とジュネーヴ法の2つの内容をもつ条約となっている。

このように，国際人道法は「人道」という考え方に基づいて，新しい兵器の開発や新しい形態の戦争に対応するように変化し，それらを規制するようにその内容を発展させてきている。こうした国際人道法の発展によって戦争の惨禍が軽減されることは望ましいが，このことを裏返せば，戦争がいまなお繰り返されていることの現れであり，諸手を挙げて喜ぶわけにはいかない。ところで，現在の国際人道法は，具体的にどのようなルールを定めているのであろうか，特に，兵器の規制と戦争犠牲者の保護についてみることにしよう。

3　国際人道法とはどのようなルールか
――兵器の使用の禁止と犠牲者の保護

❖どのような兵器の使用が禁止されるのか

上で述べた軍事的必要と人道的考慮という2つの要請からすれば，戦争においてどのような兵器でも使用可能というわけにはいかない。たとえば，サンクト・ペテルブルク宣言やジュネーヴ第一追加議定書35条2項に規定されているように，相手に過度の傷害や不必要な苦痛を与える兵器の使用は禁止されることになる。また，攻撃は戦闘員や軍事目標にのみ向けられるものでなくてはならない（これ

257

第15講義　戦争であっても許されないことがある

を軍事目標主義という）ことから，第一追加議定書51条4項に規定されているように，戦闘に関係しない文民や民用物を巻き込むと考えられる兵器の使用も禁止されることになる。これらは国際人道法の基本原則であるとされるため，こうした抽象的なルールによって兵器を規制する方法は，新しい兵器に対して柔軟に対応できるというメリットをもっている。しかし，それぞれの兵器について具体的に適用しようとすると解釈が分かれることもあり，実際には兵器の使用を禁止できないというデメリットもある。たとえば，核廃棄物から作られた **劣化ウラン弾** のような新しい兵器については，一見したところ過度の傷害や不必要な苦痛を与えるもののように思われる。しかし，軍事的に必要かつ効果的であれば，「過度」や「不必要」といったことばの解釈が分かれてしまうことになり，実際にはその使用を禁止できないことになってしまうのである。

　そこで，実際に戦闘において使用され，その使用が国際的に非難を受けるような兵器については，条約によって禁止するという方法がとられている。たとえば，対人地雷については，一度埋められれば半永久的に機能するものであり，紛争が終結した後もその危険性が継続するものである。また，多数の子爆弾がばら撒かれるクラスター弾についてもその不発弾が地雷と同じ問題をもたらすとして国際的に非難された。これを受けて，1997年に「**対人地雷禁止条約**」，2008年に「クラスター弾に関する条約」が作成され，その使用，貯蔵，生産，移譲のすべてが禁止されている。また，安価に作ることができることから，「貧者の核兵器」とも呼ばれているBC兵器（生物・化学兵器）などの大量破壊兵器も，その被害の甚大さから条約で禁止されている。たとえば，第一次大戦での大規模な毒ガスの使用を受けて，1925年に「**毒ガス等の禁止に関する議定書**」が制定

258

された。また、生物兵器については1972年に「**生物毒素兵器禁止条約**」が、また化学兵器については1992年に「**化学兵器禁止条約**」が作成され、これらの兵器の使用、開発、生産、貯蔵が禁止されている。ただ、こうした条約による兵器の使用の禁止が実効性をもつためには、軍縮や軍備管理といった平時に行われる兵器の規制をいかにして進めるかが重要な課題となる。

◈核兵器の使用は禁止されていないのか

では、大量破壊兵器の中でも究極の兵器である核兵器についてはどうであろうか。その他の大量破壊兵器についても条約があるのだから、核兵器についても当然そうした条約があると考えるかもしれない。しかし、核兵器の使用については、長いあいだ未解決の問題として残されてきたのである。この問題について注目されるのが、国連総会の要請に基づいて、1996年7月6日に下された「**核兵器の威嚇または使用の合法性**」に関する国際司法裁判所（ICJ）の勧告的意見である。この勧告的意見の中でICJは、核兵器の使用そのものを禁止する条約や国際慣習法が存在していないとしつつも、国際人道法の基本原則は核兵器についても適用されることを認めた。したがって、核兵器による攻撃が軍事目標に限定されるものではなく、また、放射能によって長期にわたる不必要な苦痛を人体にもたらす兵器であることから、その使用は国際人道法の基本原則に一般的には違反するとしたのである。ただし、この勧告的意見では、国家の存亡がかかるような自衛の極限的な状況においては、核兵器の使用が合法か違法かを明確に決定できないとした。この結論部分は、核兵器が国際人道法の基本原則に明らかに違反しているとする判断と矛盾するものであり、現在の核保有国の立場によった考えのように

第15講義　戦争であっても許されないことがある

も思われる。なお，日本の国内裁判所では被爆者が国に損害賠償を求めた事件で原爆が不必要な苦痛をもたらす兵器であり，国際法に反するとする判決が下されている（1963年東京地裁の「原爆判決」）。

◈無差別攻撃は許されない──攻撃目標の規制

　さて，話は変わるが，禁止される兵器さえ使用しなければ，いかなる人や物に対しても攻撃することが許されるのであろうか。答えはノーである。たとえ使用が許されている兵器によって空爆などを行う場合であっても，文民や民用物を攻撃対象としてはならないという **軍事目標主義** を守らなければならない。しかし，具体的に何が軍事目標になるかは，その時々の戦闘や作戦の状況によって異なるため，明確に特定することができないことが多い。たとえば，鉄道や橋などは軍事的に利用されることもあれば，民用物とされることもあるからである。また，第二次大戦のような総力戦では，特に軍事目標と民用物の区別がむずかしくなり，「 絨毯爆撃 」のような地域全体を目標とした攻撃が行われることになった。そこで，ジュネーヴ諸条約第一追加議定書51条4，5項では，特定の軍事目標に向けられたものでない攻撃や特定の軍事目標のみを対象とすることのできない攻撃を，すべて無差別攻撃として禁止したのである。特に，かつて行われてきた文民や民用物が数多くある地域に点在するいくつかの軍事目標を攻撃するために，その地域全体を爆撃することは明示的に禁止されることになった。さらに，歴史的な文化財・礼拝所，食糧や飲料水施設など文民である住民の生存に不可欠なライフライン，自然環境，ダム・堤防・原子力発電所などその破壊が危険な威力をもつ工作物や施設に対する攻撃も禁止されている。

260

3 国際人道法とはどのようなルールか

◈戦争犠牲者として保護されるのは

ところで，人道的考慮からすれば，戦闘にかかわらない者については攻撃の対象としてはならないだけでなく，場合によっては一定の保護を与えなければならないと考えられる。たとえば，戦闘員であった者が傷病者となった場合や武器を捨てて捕虜になった場合はもちろんのこと，戦争の最大の犠牲者と考えられる文民には，より一層の保護が与えられねばならないであろう。以下では，捕虜と文民に対する保護についてみることにする。

まず，戦闘員が相手方の権力内に陥った場合には，捕虜の資格を得ることになる。捕虜となった場合には，ジュネーヴ諸条約の1つである「**捕虜条約**」に規定される保護を受けることになる。具体的には，戦闘行為に参加したことのみを理由として処罰されることはなく，生命や身体を侵害するような行為が禁止され，また名誉を尊重される権利が保障されるなど，人道的な待遇を受けるべきものとされている。また，第二次大戦後に行われたソ連による日本兵のシベリア抑留といった捕虜の長期抑留は禁止されており，捕虜は敵対行為の終了後すみやかに送還されなければならないとされている。ところで，今日の新しい戦争においては，これまで戦闘員とは考えられてこなかった者，たとえば虐殺行為を行った一般住民やテロ活動を行ったテロリストが捕虜の資格を得ることができるのかが問題となっている。特に，米国同時多発テロに対して行われたアフガニスタンへの攻撃の結果，米国がテロ組織 **アルカイダ** の構成員を容疑者として多数拘束したことから，その待遇を法的にどのようにすべきかが問題となっている。これらの容疑者の一部は，キューバにある **グアンタナモ米軍基地** に移送され，取調べを受けているが，そこで虐待とも呼べるような不当な待遇を受けているとされる。もし，

第15講義　戦争であっても許されないことがある

ここで拘束されている容疑者に捕虜の資格が認められるのであれば，米国の待遇は国際人道法に違反することになると考えられる。ところが，米国は，これらの容疑者が不法な「**敵性戦闘員**」であり，そもそもジュネーヴ諸条約が適用されず，「捕虜」にはなりえないと主張した。かといって，国内法上の犯罪者であるともしていない。その結果，テロ容疑者は，その資格が不明確なままグアンタナモ米軍基地に無期限に拘留されているのである。しかしながら，国際人道法の基本原則からすれば，こうした者も捕虜でないと認められない限り，捕虜の待遇を受けられると考えるべきではないだろうか。

　戦争や武力紛争のさいに，相手方の権力内にある文民については，ジュネーヴ諸条約の１つである「**文民条約**」や第一追加議定書に規定される保護を受けることになる。具体的には，身体，名誉，家族としての権利，信仰や習慣などを尊重される権利が保障され，いかなる場合であっても人道的な待遇が保障されなければならないとされる。たとえば，文民に対する拷問，医学的・科学的実験などによる虐待や殺戮，軍事活動への利用，連座制による処罰，人質，居住地域からの強制移送などが禁止されている。しかしながら，これらの規定は女性や子どもの保護という観点からは不十分なものであった。たとえば，武力紛争下の女性に対する性的暴行は日常的に行われてきたにもかかわらず，これまでその加害者を処罰する制度が存在さえしなかったのである。現在では，こうした行為については，以下で述べる国際刑事裁判所規程において国際犯罪とされることになり，その保護の必要性がようやく認識されるようになってきている。また，最近では数十万人にも達するといわれている「子ども兵士」の問題がクローズアップされている。子どもたちは命令に従順に従い，恐れることなく人を殺すために戦闘に利用しやすいという

262

理由から，誘拐や徴兵などさまざまな方法によって戦争に従事させられている。この問題に対しては2000年に「**武力紛争における子どもの関与に関する選択議定書**」が採択され，18歳未満の子どもが戦闘に従事することが禁止されるようになった。

このように，国際人道法についてはさまざまな条約が締結されているが，そこに規定される国際人道法のルールを戦争という極限状態において国家や個人に守らせなければ，絵に描いた餅となってしまう。そこで，国際人道法を守らせるためにどのような方法があるのかを以下でみることにする。

4　国際人道法を守らせるためには
　　　──履行確保と国際刑事裁判所

❖国際人道法を守らせるためには…

　戦争中の行為を規制する国際人道法を守らせることは，ケンカ中に約束を守らせるのと同じように，非常に困難なことであるということは分かるであろう。しかし，その履行を確保しなければ，戦争は残虐化し，醜い争いが繰り返されることになってしまう。そこで，その履行を確保する方法の1つとして，戦時復仇という方法が古くからとられてきた。**戦時復仇** とは，国際人道法の違反を行った相手国に対して，その違反をやめさせるために国際人道法の違反を行うことが認められるというものである。この方法は違反すれば同じことで仕返しをされるということを認めることで，「自分がされたくないことは相手にもしない」という結果を導こうとするものである。確かに，この方法は一定の効果をもつものであると考えられるが，民族間の対立などでは，むしろ紛争が激化するおそれがあり，紛争

263

第15講義　戦争であっても許されないことがある

の残虐化の防止には役立たないであろう。したがって，今日では戦時復仇は逆に禁止される行為とされている。

このように当事国のあいだで国際人道法を守らせることは困難であることから，第三者機関に監視させることで履行を確保しようとする制度がある。たとえば，利益保護国や国際事実調査委員会による監視が挙げられる。**利益保護国**とは紛争の当事国双方が任命した中立国のことであり，また，**国際事実調査委員会**とは，国際人道法の重大な違反行為が行われたとの申立てに基づいて，事実調査を行う機関のことである。こうした第三者機関に紛争中の国際人道法の違反を監視させることで，その履行を促そうとするものである。しかし，こうした第三者機関が紛争地域に入って，事実調査などを行うためには，戦争をしている当事国間で話合いをし，一定の合意にいたらなければならない。実際の問題として，こうした制度が機能する状況を作り出すことは，多くの場合困難であると考えられる。

また，禁止される兵器の使用や捕虜の虐待など国際人道法の違反を行った個人を戦争犯罪人として裁判で処罰するという制度が設けられている。つまり，違反者を処罰することによって，さらなる違反を抑止し，義務を履行させようとするものである。この処罰制度は，ジュネーヴ諸条約において初めて規定された（たとえば，「傷病者条約」49，50条など）。すなわち，これらの条約では禁止される国際人道法の「重大な違反行為」を行った者や命令した者を処罰することができるように，条約の締約国は必要な立法を行い，自国の裁判所で訴追する義務を負うものとした。また，他の締約国に引き渡し，そこで訴追させてもよいとされている。この重大な違反行為に関する処罰制度は，ジュネーヴ諸条約の締約国に訴追義務を課すものであり，理論上は，国際人道法の違反を行った戦争犯罪人は必ず

訴追されるということになるのである。この制度は，国際人道法の履行確保の手段としては画期的なものではあったが，不十分なところも数多くあるように思われる。たとえば，この処罰制度は，国内裁判所における訴追を義務づけるものにすぎない。少しうがった見方かもしれないが，その国家の政策や上官の命令に従って自国の兵士が国際人道法の違反を行った場合には，訴追さえすればよく，事実上不処罰にすることも可能であるとも考えられる。また，この処罰制度は，国家間の戦争と民族解放戦争にのみ規定されており，1990年代以降の多発している内戦については規定されていない。したがって，内戦において行われた国際人道法の違反については，この制度によって処罰されないということになる。

そこで，こうした国内裁判所における処罰制度に加えて，国際人道法の重大な違反を行った者を国際裁判所において訴追，処罰するという新たな履行確保の手段が設けられることになった。このことは，単に新たな制度が誕生したということだけでなく，国際人道法の重大な違反が国際社会の一般利益に反する国際犯罪であると認識されるようになり，その違反者は国際社会の名の下に処罰されるようになることを意味する。

◇新しい戦争が国際裁判所を必要とした

さて，国際人道法の違反を行った者を訴追・処罰するための国際裁判所が設置されるきっかけとなったのは，「民族浄化」政策 の下で大規模な残虐行為が行われた 旧ユーゴ紛争 であった。この紛争は旧ユーゴ連邦の崩壊に伴って発生したため，内戦と国家間戦争の性格をあわせもつ複雑なものであった。また，民族間の対立が続いていたため，この紛争にかかわる国々が国際人道法の違反を訴追する

265

第15講義　戦争であっても許されないことがある

裁判制度が十分に機能するとは考えられなかった。そこで，1993年に，国連安保理は国連憲章第7章下の強制措置として国際人道法の重大な違反を行った者を訴追・処罰するための**旧ユーゴ国際刑事裁判所（ICTY）**を設置した。翌年には，安保理は同様の手続によって，ルワンダ内戦における集団殺害などを行った者を訴追・処罰するための**ルワンダ国際刑事裁判所（ICTR）**を設置した。こうした経緯から，これらの国際裁判所では，ジュネーヴ諸条約の重大な違反行為，内戦に適用されるジュネーヴ諸条約共通3条と第二追加議定書の重大な違反などの戦争犯罪だけでなく，集団殺害犯罪や人道に対する犯罪（一般住民に対して組織的または大規模に行われる殺害，拷問，性的虐待などの非人道的行為をいう）など戦争とかかわらない犯罪も訴追・処罰の対象としている。

　これらの国際裁判所は，国際社会の重大な関心となっている紛争を早期に解決し，これらの地域における平和を回復するという目的から安保理が設置したものであり，地理的，時間的に限定されたものである。しかし，これらの裁判所では，何人もの戦争犯罪人を訴追・処罰するだけでなく，国際人道法にかかわる重要な判決を出すことによって，国際人道法の発展に大きく寄与してきた。

❖そして国際刑事裁判所（ICC）が作られた

　しかし，戦争が発生するたびに国際裁判所を設置することは，理論上は可能であるが，実際上はさまざまな問題がある。たとえば，裁判所が設置されるかどうかは政治的機関である安保理の判断に委ねられるという問題や，誰が莫大な裁判所の運営費用を負担するのかという問題が考えられる。また，国際人道法の重大な違反が国際社会の一般利益にかかわるとするならば，その違反者が処罰されな

266

い状況を放置しておくことは，国際社会にとって大きな問題である。そこで，国際社会における「法の支配」を確立するという理念のもと，1998年に常設の国際裁判所を設立する**「国際刑事裁判所規程」（ICC規程）**が採択された。この規程は，2002年に採択から4年という短い期間で発効し，2007年10月には日本も105番目の締約国となった。短期間でこの規程が発効したことは，国際社会においてICCの必要性が強く認識されていたことの表れではないだろうか。しかしながら，米国，中国，ロシアといった大国や紛争地帯を抱えている中東の国々がICC規程を批准しておらず，また米国は自国民がICCで訴追されることのないようなさまざまな例外措置（たとえば安保理決議によってICCで米国兵が訴追されることを猶予させたり，米国兵をICCに引き渡さないことを約束する条約を締結するなど）を講じていることなどから，ICCがその機能を十分に果たすにはまだまだ大きな課題が残されている。

　さて，ICCが訴追・処罰の対象としている犯罪は，国際社会全体が関心を有する最も重大な犯罪である集団殺害犯罪，人道に対する犯罪，戦争犯罪，侵略犯罪（侵略犯罪については犯罪の定義について合意がなされなかったため，当分の間，ICCが管轄権を行使しないものとされていた。しかし，2010年6月に行われた規程の検討会議で，定義と管轄権行使のための条件についての改正案が採択された。この規定が発効すれば，「その性質，重大性及び規模により国際連合憲章の明白な違反を構成する」侵略行為の計画，準備，開始又は実行した国家指導者が訴追の対象となる）である。ところで，世界中で行われたこれらの犯罪すべてをICCが一手に引き受けることは事実上困難である。したがって，こうした犯罪についても従来どおり各国の国内裁判所で訴追・処罰されることを前提として，国内裁判所が訴追・処罰す

第15講義　戦争であっても許されないことがある

る意思を欠いている場合や能力がない場合にのみ ICC が権限を行使できるとしている。つまり，ICC は国内裁判所を補完する機能（これを **補完性の原則** という）を果たすのである。ただし，ICC が権限を行使するのは，犯罪が行われているとされる事態を締約国または安保理が検察官に付託した場合か検察官が職権により捜査を開始した場合に限られている。これまでのところ，ICC はアフリカで発生した内戦や戦争（コンゴ民主共和国，中央アフリカ，ウガンダが自ら付託した事態や安保理が付託したスーダンのダルフール紛争など）について訴追手続を行っており，2012 年 3 月には初めて有罪判決を下している（ルバンガ事件）。ICC が国際人道法やその履行確保にいかなる影響を与えるのか，今後の展開をじっくり見ていく必要があろう。

❖許されないことを赦してこそ

　最後に，これまで述べてきた国際人道法を守らせるための方法がうまくいくためには，わたしたち自身が国際人道法とは何か，国際人道法の違反がどのような悲惨な状況を作り出すのかを知っていなければならない。つまり，すべての人々に対して国際人道法を周知し，教育することが国際人道法の履行確保にとって重要なのである。また，民族間・宗教間の根深い対立から発生した内戦の場合には，国際人道法の違反を行った者を訴追・処罰したとしても，新たな争いの火種は消えないように思われる。こうした内戦の場合には，南アフリカやシエラレオネで設置された「**真実和解委員会**」という制度がもつ役割も重要であろう。すなわち，場合によっては戦争犯罪人を赦すことによって，真実を明らかにし，対立する者どうしが対話をすることで，和解を実現しようとするのである。戦争でも許さ

268

れない行為を行った者を赦し，和解をすることが，争いの火種を消すことはできなくとも，小さくすると考えられるからである。

〔参考文献〕

モーリス・トレッリ（斎藤恵彦訳）『国際人道法』（白水社文庫クセジュ，1988）

藤田久一『戦争犯罪とは何か』（岩波新書，1995）

竹本正幸『国際人道法の再確認と発展』（東信堂，1996）

藤田久一『国際人道法（新版・再増補)』（有信堂高文社，2003）

筒井若水『違法の戦争，合法の戦争』（朝日新聞社，2005）

多谷千香子『「民族浄化」を裁く』（岩波新書，2005）

最上敏樹『いま平和とは』（岩波新書，2006）

多谷千香子『戦争犯罪と法』（岩波書店，2006）

藤田久一『核に立ち向かう国際法——原点からの検証』（法律文化社，2011）

井上忠男『戦争と国際人道法——その歴史と赤十字のあゆみ』（東信堂，2015）

ウィリアム・A・シャバス『勝者の裁きか，正義の追求か——国際刑事裁判の使命』（岩波書店，2015）

Bridgebook

第16講義
日本と国際法

1 戦後は国際法とともに始まった

❖戦後は平和条約で始まる

19世紀,日本が長い鎖国をやめて国際社会にデビューしたとき,国際法は既に成熟しかけていて,幕末や明治の人々はこれを必死で学び,自分のものとした。そして,第二次大戦での敗戦が,日本の国際法にとって第2の出発となった。

通常,戦争は法的には平和条約の締結をもって終了するとされる。第二次大戦の場合には,日本が45カ国の連合国と締結した **サンフランシスコ平和条約** や,当時の中華民国と結んだ **日華平和条約**,インドネシア等と締結したいくつかの二国間平和条約がそれである。このうち日華平和条約は,中華人民共和国との「不正常な状態」の終了,外交関係の樹立,賠償の放棄等を決めた1972年の **日中共同声明** の発出による日中国交正常化の結果として存続の意義を失って終了し,1978年に **日中平和友好条約** が締結された。当時のソ連とは1956年の **日ソ共同宣言** で戦争状態の終了,外交関係の回復,賠償・請求権の放棄などを決めたが,後述の領土問題が未解決であ

るため，平和条約の締結にはいたっていない。また，サンフランシスコ平和条約で日本から独立することとされた朝鮮については，韓国とは 1965 年になってようやく **日韓基本関係条約** が成立したが，北朝鮮との関係正常化は未だに行われていない。

もう 1 つの敗戦国であるドイツは，第二次大戦終了とともに東西に分裂し，冷戦の中で，平和条約を締結しないまま 1990 年の再統一にいたるまで周辺の旧連合国との法的関係の整理に追われた。同様に，日本も，「戦後」をきちんと始めることにすら，さまざまな法的政治的な困難があったのである。

◈戦後はまだ終わっていない

平和条約で始まった戦後は，いまでも終わったわけではない。ロシアとの平和条約締結交渉，北朝鮮との国交正常化交渉，戦後補償をめぐる問題，平和条約に基づき日本国籍を離脱した人々（大半は，朝鮮半島および台湾出身の在日の人々およびその子孫）の法的地位など，第二次大戦から生じた国際法をめぐる問題が現在も残っており，その多くが大きな政治問題ともなっている。

たとえば，戦後補償をめぐる問題は，「強制連行」問題，いわゆる「従軍慰安婦」問題，捕虜虐待・強制労働問題，朝鮮半島や台湾の元軍人・軍属に対する補償問題，シベリア抑留問題など多岐にわたる。このうち，**「強制連行」問題** は，朝鮮半島や中国から多くの人々を徴用して，日本内外の工場や鉱山で劣悪な条件の下で労働させ，多くの場合賃金も払わなかったとされるものであり，国，企業の双方に対して補償を要求する裁判が起こされたが，事実認定や国内法の適用の問題は別として，国際法上は，以下のような論点が挙げられるだろう。

271

第16講義　日本と国際法

(a) **日中共同声明** や **日韓請求権協定** などによる請求権の解決は，国家間の請求権のみを対象としたものであるのか，個人による日本政府や企業に対する請求権も解決ずみということなのか，解決ずみであるとすればそれは国際法上の請求権か国内法上の請求権か。

(b) 上に述べたような強制連行は当時の国際法に違反していたのか（国際慣習法でいえば，当時，奴隷制の禁止や人道に対する罪といった法が成立していたのか，成立していたとすれば，強制連行はこれに該当するか，当時日本も締約国であった「**強制労働に関するILO 第 29 号条約**」や「**陸戦の法規慣例に関する条約**」などとの関係はどうか，など）。

(c) 違反していた場合，個人は一般国際法上あるいは関連条約上国家に対する請求権を有するのか。

(d) 国際法上，これらの事項について時効や排斥期間があるのか。

(e) これらの国際法上の論点と国内法との関係。

また，靖国神社問題や教科書問題も，**東京裁判（極東国際軍事裁判）** や当時の国際慣習法の評価（東京裁判等で認定された侵略や人道に対する罪とはどのようなものか，それらの犯罪は第二次大戦当時の国際法において，個人の国際法上の犯罪として条約上あるいは国際慣習法上成立していたのか，**サンフランシスコ平和条約** 11 条の，東京裁判を「受諾する」とはどういう意味か，など）と深い関係を有している。

これらの問題は，重大な政治・外交問題でもあり，国内外でさまざまな立場からの議論が行われている。同時に，戦後処理問題は現代の日本と国際法の関係をみる上での原点ともいうべき問題である。また，その法的論点は，紛争下における大規模人権侵害や過去の植民地支配の法的効果といったきわめて今日的な諸問題とも共通する

ものであるので，国際法を学ぶ学生は，政治的意見とは別に，国際法上の問題点をきちんと整理しておく必要があろう。

2　日本の領土問題

　戦後の日本にとって，戦後処理と並ぶ重大な国際法上の問題として，北方4島（国後，択捉，歯舞，色丹），竹島，尖閣諸島の3つの「領土問題」がある（ただし，尖閣諸島については，日本政府は，領有権の問題は存在しないとの立場である）。このうち，北方領土問題と竹島問題は，戦後処理とも深い関係を有している。また，これらの地域はいずれも，漁業資源をはじめとする豊かな海洋資源に恵まれた海域にあり，沿岸国が主権的権利を有する経済水域や大陸棚の拡大に伴ってその経済的重要性が増していることにも留意する必要がある。

❖北方領土

　日本とロシアのあいだで最初に国境を画定した条約である1855年の日露通好条約は，ウルップ島と択捉島のあいだに国境を定め，その後，1875年の樺太千島交換条約でシュムシュ島からウルップ島までが日本領となった。この後第二次大戦末期にいたるまで，北方4島が平和裏に日本に帰属していたことについて異論を唱える国はない。

　第二次大戦中の1941年8月，米英両国（ソ連は9月に参加）は**大西洋憲章**に署名して両国が領土の増大を求めないことを宣言し，1943年11月，英米および中華民国の発出した**カイロ宣言**（ソ連は

第16講義　日本と国際法

北方領土の位置

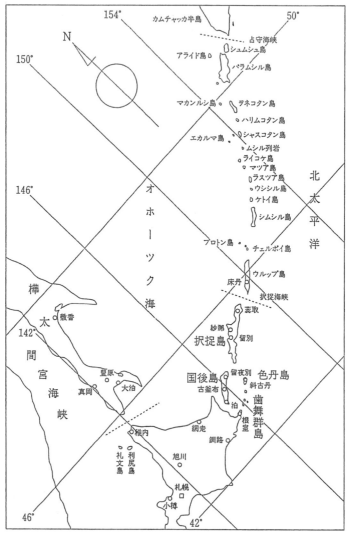

外務省国内広報課「われらの北方領土　2001年版」より引用

45年8月に参加）は，**領土不拡大原則** を確認しつつ，日本が「暴力と貪欲により略取した」全地域から日本を駆逐するとした。1945年2月の **ヤルタ協定** で，英米ソ3国は，ソ連の対日参戦の条件の1つとして千島列島のソ連への引渡しに合意した。英米華3国のよる1945年7月の **ポツダム宣言** は，カイロ宣言の条項は履行されなければならず，また，日本の主権は，本州，北海道，九州および四国ならびに連合国の決定する諸小島に限られると規定し，ソ連は同年8月8日にこの宣言に参加した。日本は8月14日にこの宣言を受諾し，降伏した。なお，ソ連は，同年8月9日に日本に対して宣戦を布告，8月末から9月にかけて4島を占領し，1946年2月の最高会議幹部会令で4島をソ連に編入した。

　1951年の **サンフランシスコ平和条約** において，日本は千島列島に対するすべての権利，権原および請求権を放棄した。ソ連はこの条約には署名しなかったため，日ソ間で平和条約交渉が行われたが，領土問題について合意にいたらず，平和条約は締結されなかった。このため，両国は，1956年に **日ソ共同宣言** を発出して両国間の戦争状態の終結および外交関係の回復，平和条約交渉の継続，ならびに，平和条約締結後にソ連が日本に歯舞群島および色丹島を引き渡すことに合意した。1960年，新日米安全保障条約の締結に際し，ソ連は，歯舞群島および色丹島の引渡しの新たな条件として日本領土からの外国軍隊の撤退を求め，その後，領土問題はすべて解決ずみとの立場をとった。その後，ゴルバチョフ政権下において，ソ連は，領土問題の対象は4島であることを認めた上で，領土問題の解決を含む平和条約の締結を目指すべきことに合意し（1991年），日本は，ソ連を引き継いだロシアとのあいだでも，1993年の **東京宣言** において，4島の帰属の問題を法と正義の原則等を基礎として

275

解決することにより平和条約を締結するとの指針について合意した。以後，東京宣言及びこれを確認した1997年のクラスノヤルスク合意，1998年の川奈合意，2001年のイルクーツク声明等に基づき，現在にいたるまで日ロ間での領土問題に関する交渉が続いている。

　北方4島の帰属に関するロシア側の主張の根拠の主なものは，カイロ，ヤルタ，ポツダムの諸宣言（協定）およびポツダム宣言を受け入れた日本の降伏である。また，いずれにしても，サンフランシスコ平和条約において，日本は千島列島を放棄しており，ソ連がこの条約の締結国ではないからといって，日本がソ連に対して千島列島の領有権を主張できるわけではない（領土処分条項の物権的・対世的効果）との指摘がある。これに対し，日本政府は，ヤルタ協定は英米ソ3国の首脳のあいだで戦後の処理方針を述べたにすぎないものであり，関係連合国間において領土問題の最終的処理につき決定したものと考えられず，また，そもそもヤルタ協定に参加していない日本はこれに拘束されない，ポツダム宣言で引用されているカイロ宣言等はむしろ連合国の領土不拡大原則をうたったものであって，他方4島は常に平和的に日本に帰属してきた（暴力と貪欲によって略取したものではない）日本固有の領土であると主張している。また，ヤルタ協定およびサンフランシスコ平和条約双方の当事者である米国の解釈を含むさまざまな資料ならびに日ロ間で作成された諸文書および諸合意をもとに，サンフランシスコ平和条約で日本が放棄した千島列島には北方4島は含まれないと主張している。戦争後の領土の帰属は本来平和条約で決められるべきものであり，事実上ヤルタ協定のみを根拠とするロシア側の主張には無理があろう。

◈竹　島

　竹島は，隠岐島と韓国領の欝陵島とのあいだの日本海にある島である。17世紀半ばから，竹島は幕府の承認の下に日本人が経営しており，日本は1905（明治38）年に閣議決定およびそれに続く島根県告示によりこれを島根県に編入，以後も実効的支配を行ってきた。しかし，1946年の占領軍覚書によって，日本から分離される地域の1つに指定され，竹島に対する行政上の権力の行使は停止された。1952年，韓国は竹島を含む漁業専管水域を設定して日本漁船を締め出し，その後施設の設置や警備隊の配備を行って，現在にいたっている。この間，日本側は韓国に抗議を続け，1954年以降3回にわたり国際司法裁判所（ICJ）への付託を提案したが韓国がこれを拒否，1965年の日韓基本関係条約においてもこの問題はふれられないままとなっている。

　韓国側の竹島領有権主張の根拠は，日本の竹島経営以前の竹島の認知およびその後の実効的支配，1905年の島根県の編入は秘密裏に行われた一方的なもので韓国政府に通報がなく無効であること，カイロ宣言において日本が暴力と貪欲によって略取した領土を放棄することとなっていること，先に挙げた占領軍覚書などである。これに対し，日本側は，1905年以前の実効的支配については，竹島経営に関する日本側の史料に比して韓国のそれは分量も少なく信憑性にも欠けること，1905年の編入は正式に公示され，これに対して韓国側の異議申立てがなかったこと，このような経緯に鑑みると竹島が「暴力と貪欲によって略取した領土」とはいえないこと，サンフランシスコ平和条約起草時，韓国は，日本が放棄すべき地域に竹島を加えるよう米国に要請したが，拒否されたこと，占領軍覚書は，領土帰属の最終決定に関するものではないことを覚書自体明

竹島と尖閣諸島の位置

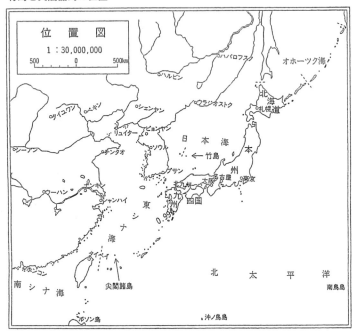

国土地理院「日本とその周辺　1:30,000,000」より。「竹島」と「尖閣諸島」を書き加えた。

記していることなどの反論を行っている。

◇尖閣諸島

　尖閣諸島は，沖縄県の八重山列島の北方にあり，日本政府はこの島が無人島であり，清国の支配が及んでもいないことを確認の上，1895年に閣議決定により日本領に編入，以来1970年にいたるまで，いずれの国の抗議を受けることもなく，現在もこれを実効的に支配している。1960年代末に東シナ海大陸棚の石油埋蔵の可能性が指

摘されると，1970年に中国（および台湾当局）が領有権を主張しはじめた。中国側の根拠は琉球王国時代の中国側の航海記録などであるが，実効的支配を示す史料はなく，また，いずれにしても，1970年にいたるまで領有権の主張をまったく行っていないという難点がある。

3 日本が条約を結ぶには

明治以来，日本の外交は多くの条約によって規律されてきた。第二次大戦後50年を経て，わが国の国際的地位が上昇し，またあらゆる分野での国際的な相互依存関係が強まるにつれ，わが国が作成に関与し，また，締約国となっている条約の数は飛躍的に上昇している。その数は，1948年から2000年までに締結したものだけでも，国会の承認を得た条約および条約附属文書をあわせて1,196本，行政府限りで締結するいわゆる行政取極は14,763本となっている。また，2006年の通常国会に提出された条約だけでも14本ある。これらの膨大な数の条約の中には，日米安全保障条約や日中平和友好条約のような政治的に重要な二国間条約や，IMF協定やWTOの諸協定のように世界経済の運営に大きな影響をもつ条約，海洋や宇宙といった広大な空間の秩序を決める国連海洋法条約や宇宙条約もあれば，人権関係の条約や社会保障協定のように個人の権利に密接な関係をもつ条約，さらには，郵便や電気通信条約のように，技術的であるがわたしたちの日常生活を支えるために不可欠の条約などもある。それでは，日本は，どのようにしてこれらの条約を作成し，またこれらの条約に拘束されてきたのだろうか。

❖日本が条約を作るには

条約は，政府間の交渉によって作られる。したがって，交渉を実際に行う人間は政府の代表である。実際には，交渉は複数の代表からなる代表団が行うことが多い。たとえば，漁業関係の条約の交渉であれば，対外関係をつかさどる外務省のもとに，漁業を担当する水産庁，違反操業を取り締まる海上保安庁の職員らが参加して代表団を構成する。これらの省庁（これらの省庁が利益を代表する国内の人々）の見解が対立することもあるので，まず，政府部内で統一的な方針を固めるのに時間がかかることがある。また，関心のある国会議員や業界団体，NGO の意見を聞くこともある。政治的に重要な条約であれば，外務大臣が代表団長をつとめることがあるし，逆に，簡単な交渉であれば，現地の大使館員が政府を代表して行う。二国間の条約の場合，たとえば，日本とフランスが条約を結ぶ場合は，双方の国の代表がパリと東京で数回にわたって交渉を行い，条約の条文を作成することが多い。

多数国間条約の場合はもう少し複雑である。国連や**経済協力開発機構（OECD）**などの国際機関が主催してその事務局の所在地（国連であればニューヨークやジュネーヴ）で作成されることもあれば，特定の国が主催する国際会議で作成されることもあるが，前者であれば，会議運営に慣れた国際機関の事務局を最大限活用できるし，会議場も完備されているので，便利でお金もかからない。後者は，ある国が特に力を入れている条約を作るときに，その国の貢献を内外にアピールするために会議を招待することが多い。最近では，**国際刑事裁判所規程**の作成会議をローマで開催し，この規程にローマ条約という通称をつけたイタリアなどがある。条約草案は事務局や一または複数の参加国，場合によって委託を受けた専門家委員会が

280

起草し，この草案を1条ずつあるいはグループ別に審議し，必要な修正を加えていく形で交渉が行われる。多数国間条約の場合も日本から政府代表団が出かけていったり，現地に常駐している日本政府代表部の職員が交渉に参加するが，二国間条約と違って，日本の発言権は，形式的には，たとえば60カ国が交渉に参加していれば60分の1であるので，その中で日本の主張を通すことはなかなかむずかしい。そういう場合は，立場が似た国と協力したり，代表団が手分けをしていろいろな国に働きかけたり，舞台裏で妥協案を作るといったことも行われる。意見が対立すれば投票で決まることになるが，通常は，全会一致で採択されるようギリギリまで努力が行われる。日本風に「和」を尊重する，というわけではなく，条約文の採択の段階で対立があるような条約は，仮に採択されても締結する国が少なく，多数国間条約を作成する意味がなくなってしまうからである。他方で，全会一致で採択するために妥協に妥協を重ね，条約の内容が無意味なものになってしまう可能性も大きい。「マルチ（多国間）交渉は普遍性と実効性の相克」と言われる所以である。

　第二次大戦直後は，日本が交渉の場に参加できないことが多く，参加できても発言権は大きくなかった。そのような状態で作成された多数国間条約は，必ずしも日本の状況を反映しておらず，また，交渉経緯がよくわからないこともあって，締結するにあたってもさまざまな困難があった。これに対し，日本の国際的地位が高まるとともに，日本はこのような交渉に積極的に参加し，自国の立場を条文に反映することができるようになった。たとえば，多数国間の貿易協定を作るにあたっては，仮に形式的な発言権が60分の1であっても，「経済大国」は大きな実質的発言権を有する。条約が作成されても，その分野で重要な地位を占める国が加入しなければその

条約は絵に描いた餅になるからである。他方で，そのような発言権は，大きな責任も伴う。多数国間条約の多くは，国際的な秩序作りをめざすものであるので，その内容を確定するにあたっては，日本の短期的国益のみならず，条約の実効性や国際社会全体の利益も考えなければならないからである。米国とEU諸国が対立して日本がキャスティング・ボートをにぎった気候変動枠組条約交渉はその良い例といえよう。さらにいえば，経済や環境分野での「経済大国」としての発言権だけではなく，さまざまな分野の国際法の生成により多くの発言権と責任をもつような形での日本の国際的地位の上昇も期待されるところである。

❖日本が条約を締結するには

条約が作成されれば，次はこれを締結することとなる。締結のための手続は国によって異なるが，日本においては，日本国憲法73条が，内閣の行う事務の1つとして，「条約を締結すること。但し，事前に，時宜によつては事後に，国会の承認を経ることを必要とする」と定めている。具体的には，法律事項を含むもの（条約を締結するために新たに法律を改正する必要があるなど，国会の立法権にかかわる条約），財政事項を含むもの（国会が決めた予算を超えた支出が必要となるような条約）および政治的に重要な条約であって，そのために発効のために批准が要件とされているものについて，国会の承認を得ることとなっており，これ以外の既存の法律や予算の範囲内で実施可能な実務的なものは，憲法73条2項で定められる「外交関係を処理すること」と位置づけられ，「行政取極」と呼ばれ，行政府限りで締結することとなる。

政府は，ある条約を締結する方針を大枠として決めると，外務省

を中心に，関係各省庁が協力して締結に向けた具体的検討に入る。その条約の各条文の解釈はどのようなもので，日本の国益にかなう内容かどうか，既に日本が入っているほかの条約と矛盾しないか，国内法を改正したり新たに法律を制定したりする必要があるか，その場合はどのような法律にすればよいか，条約に入ることによってどの程度の財政支出が必要となるか，などが主な検討内容である。二国間条約の場合は，相手国と交渉を開始する段階で，締結の方向性は固まっているし，条約自体を日本が締結しやすいような内容にすることができるので比較的簡単であるが，多数国間条約，特に，日本が作成の時点で大きな発言権をもたなかったような条約の場合は，検討にかなり時間がかかることがある。この検討が大体終わると，内閣法制局が審査して最終的なチェックを行い，国会提出の閣議を経て国会に提出される。国内法の変更が必要な場合は，そのための法案も一緒に（あるいは事前に）提出されることが多い。

　提出された条約（案）は，衆参両院で審議されるが，憲法 60 条 2 項および 61 条は，両院の意見がくい違ったときの衆議院の優越を規定している。また，国内法の場合と異なり，国会は条約を承認するか否かだけで修正はできないと解されるが，これには反対する学説もある。いずれにしても，国会が承認にあたって付帯決議のような形で意見表明をすることはよくあることである。

　国会の承認が得られると，通常，（事前の承認の場合）批准書等の交換や寄託の形で条約が締結されて，公布され，日本において効力が発生することとなる。

4　日本の中で国際法を使う

◈国際法と国内法

このようにして締結された条約は，日本においてどのように実施・適用されているのだろうか。

わが国の日本国憲法 98 条 2 項は，「日本国が締結した条約及び確立された国際法規は，これを誠実に遵守することを必要とする。」と定めており，これにより，条約や国際慣習法は，国法の一形式として受け入れられ，いいかえれば，国内法上の効力をもつと解されている。多くの条約は，既存の国内法の枠内で実施されうるので，あまり問題は生じない。たとえば，日本は，憲法その他の既存の国内法によって拷問が禁止されているので，拷問等禁止条約を締結するために新たな措置をとる必要はないとした。ただし，この条約を締結すれば，拷問を容認するような新たな措置をとることはできなくなる。他方で，既存の法律を変更する内容の条約を締結した場合には，これらの法律との関係をどうやって整理するかが問題となる。

条約の中でも「**自動執行力のある**」（セルフ・エクセキューティング；self-executing）**条約**といわれるものは，そのまま国内法として扱ってよいほど内容も明確で，裁判所も国民もなんら不便を感じないと思われるものであり，条約の公布によってそのまま実施される。このような条約の例としてよく挙げられるのが，子に対する扶養義務の準拠法を子の常居所地の法律と定める「**子に対する扶養義務の準拠法に関する条約**」である。

しかし，条約は基本的に国と国との関係について定めたものであ

り，その表現や形式も，国と個人，あるいは個人対個人の関係を規定する通常の国内法とは異なる。したがって，いくら憲法98条2項があるといっても，公布だけ行って他に何もしない場合には，これを国内で直接適用することが不可能であることも多い。この場合は，条約に入ると同時にその実施のための法律を作る（または改正する）ことになる。たとえば，1971年の モントリオール条約 (「民間航空の安全に対する不法な行為の防止に関する条約」）は，締約国に対し，飛行中の航空機の安全を損なうおそれのある航空機内の人に対する暴力行為，業務中の航空機の破壊や一定の損害を与える行為，業務中の航空機を破壊するような装置や物質を置く行為，航空施設の破壊や損傷，虚偽情報の通報などの行為およびこれらの行為の未遂，加担などを処罰し，これらについて重い刑罰を科することができるようにする義務を課し，また，裁判権の設定や犯罪人の引渡しについても，広範な義務を課している。この条約によって処罰義務を課される行為の中には，刑法の殺人罪，傷害罪，建造物損壊罪や器物損壊罪などによってカバーされるものもあるが，すべてが当てはまるわけではないし，また，これらの刑法上の罪の法定刑の中にはとても「重い」とはいえないものもある。また，裁判権の設定については既存の刑法ではカバーできない部分がある。といって，憲法98条におすがりしてこの条約をそのまま刑法に優先させて適用するわけにはいかない。条約が列挙する犯罪の中には，構成要件の定め方が日本の刑法の考え方にそぐわないものもあるし，そのままでは不明確で，罪刑法定主義という憲法上もっと重要な原則に引っかかってしまう条文もある。「重い刑罰」というだけでは日本の裁判所も困ってしまうであろう。そこで，日本は，1974年にこの条約の締約国となるにあたり，「航空の危険を生じさせる行為等の処罰

に関する法律」（昭和 49 年法律 87 号）を刑法の特別法として制定した。この法律は，条約上の罪を，航空の危険を生じさせる罪，航行中の航空機を墜落させる等の罪，業務中の航空機の破壊等の罪，業務中の航空機内に爆発物等を持ち込む罪，未遂，過失犯に再構成して規定し直して重い法定刑を定め，かつ，これらの罪をすべての者の国外犯としている。この法律によって，日本の裁判所は安心して，モントリオール条約を適用し，犯人を裁くことができるのである。

◇裁判所も条約を使う

他方，裁判所が，条約を直接適用して行政府と異なる判断を示すこともある。1966 年の自由権規約（「市民的及び政治的権利に関する国際規約」）14 条 3 項（f）は，刑事裁判において「裁判所において使用される言語を理解すること又は話すことができない場合には，無料で通訳の援助を受けること」ができると規定されている。日本政府は，この条約を締結するにあたり，通訳費用について別段の措置を講じておらず，刑事訴訟法 181 条 1 項にいう訴訟費用の一部としての扱いをしてきたが，1993 年に，東京高等裁判所は，14 条 3 項（f）の自動執行性を認めた上で，同項の「保障は無条件かつ絶対的のものであって，裁判の結果被告人が有罪とされ，刑の言渡しを受けた場合であっても，刑訴法 181 条 1 項本文により被告人に通訳に要した費用の負担を命じることは許されないと解するを相当とする」と判示した（東京高判平成 5・2・3）。この判決の内容については，通訳費用以外の訴訟費用との関係をどうとらえるかを含めて学説上異論もあり，その後これと対立する判例もあるのでその当否は別途検討を要するが，条約の直接適用の観点から見るならば，高裁のレベルで人権規約の自動執行性を認め，かつ具体的条文

の解釈に踏み込んだ貴重な例の1つである。

　国際法の力は，多くの場合，行政府の施策や国内法を通じて国民に到達するので，わたしたちが直接その影響を感じることはあまりない。わが国の裁判所が条約その他の国際法を直接適用することもまだまだ少ない。しかし，太平洋でとれた魚が食卓にならぶのも，飛行機が飛ぶのも，通信衛星を使った電波がわが家のテレビや携帯に届くのも，どこかで国際法が関与しているのである。裁判所でも，人権分野などで，条約への言及は増えつつある。そしてその傾向は，今後増えることはあっても減ることはないだろう。

〔**参考文献**〕

国際法事例研究会『日本の国際法事例研究 (3)・領土』（慶應通信，1989）

柳井俊二「国際法規の形成過程と国内法」『国際法と国内法（山本草二先生還暦記念)』（勁草書房，1991）

藤田久一・鈴木五十三・永野貫太郎編『戦争と個人の権利』（日本評論社，1999）

中川淳司「戦後補償訴訟と国際法──司法を通じた戦後補償の可能性と限界」法学教室238号（2000）

谷内正太郎「日本に於ける国際条約の実施」国際法外交雑誌100巻1号（2001）

外務省『われらの北方領土 2014年版』（外務省，2014）

欧文略語一覧
（ABC 順）

ASEAN ; Association of South-East Asian Nations（アセアン，東南アジア諸国連合）

AU ; African Union（アフリカ連合）

CSCE ; Conference on Security and Cooperation in Europe（ヨーロッパ安全保障協力会議）

EC ; European Communities（ヨーロッパ共同体＝ECSC,EEC,EURATOM 3 共同体の総称（EU 条約発効以前））

EC ; European Community（ヨーロッパ共同体＝旧 EEC が EU 条約発効により改称したもの）

ECB ; European Central Bank（ヨーロッパ中央銀行）

ECSC ; European Coal and Steel Community（ヨーロッパ石炭鉄鋼共同体）

EEC ; European Economic Community（ヨーロッパ経済共同体）

EEZ ; Exclusive Economic Zone（排他的経済水域）

EIA ; Environmental Impact Assessment（環境影響評価）

EPA ; Economic Partnership Agreement（経済連携協定）

EU ; European Union（ヨーロッパ連合）

EURATOM または EAEC ; European Atomic Energy Community（ヨーロッパ原子力共同体）

FAO ; United Nations Food and Agriculture Organization（国際連合食糧農業機関）

FTA ; Free Trade Agreement（自由貿易協定）

GATT ; General Agreement on Tariffs and Trade（ガット，関税及び貿易に関する一般協定）

IAEA ; International Atomic Energy Agency（国際原子力機関）

IBRD ; International Bank for Reconstruction and Development（国際復興開発銀行〔世界銀行〕）

ICAO ; International Civil Aviation Organization（イカオ，国際民間航空機関）

i

欧文略語一覧

ICC ; International Criminal Court（国際刑事裁判所）

ICJ ; International Court of Justice（国際司法裁判所）

ICSID ; International Centre for Settlement of Investment Disputes（投資紛争解決国際センター）

ICTR ; International Criminal Tribunal for Rwanda（ルワンダ国際刑事裁判所）

ICTY ; International Criminal Tribunal for the Former Yugoslavia（旧ユーゴスラビア国際刑事裁判所）

ILC ; United Nations International Law Commission（（国際連合）国際法委員会）

ILO ; International Labour Organization（国際労働機関）

IMF ; International Monetary Fund（国際通貨基金）

IS ; Islamic State（「イスラム国」）

ISS ; International Space Station（国際宇宙ステーション）

ITLOS ; International Tribunal for the Law of the Sea（国際海洋法裁判所）

ITO ; International Trade Organization（国際貿易機関）

ITU ; International Telecommunication Union（国際電気通信連合）

IWC ; International Whaling Commission（国際捕鯨委員会）

NATO ; North Atlantic Treaty Organization（ナトー，北大西洋条約機構）

NGO ; non-governmental organization（非政府間（国際）組織〔民間団体〕）

NICs ; Newly Industrializing Countries（新興工業諸国）

NPO ; non-profit organization（非営利団体）

OAS ; Organization of American States（米州機構）

OAU ; Organization of African Unity（アフリカ統一機構）

OECD ; Organization for Economic Cooperation and Development（経済協力開発機構）

ONUC ; United Nations Operation in the Congo（コンゴ国連軍）

OSCE ; Organization for Security and Co-operation in Europe（ヨーロッパ安全保障協力機構）

PCIJ ; Permanent Court of International Justice（常設国際司法裁判所）

PKO ; Peacekeeping Operations（国連平和維持活動）

TAC ; total allowable catch（総漁獲可能量）

TPP ; Trans-Pacific Strategic Economic Partnership（環太平洋経済連携協

定）

UNEF ; United Nations Emergency Force（国連緊急軍）

UNOSOM II ; United Nations Operation in Somalia（第2次国連ソマリア活動）

UNPROFOR ; United Nations Protection Force（国連保護軍）

UPU ; Universal Postal Union（万国郵便連合）

WHO ; World Health Organization（世界保健機関）

WIPO ; World Intellectual Property Organization（世界知的所有権機関）

WMO ; World Meteorological Organization（世界気象機関）

WTO ; World Trade Organization（世界貿易機関）

事 項 索 引
（五十音順）

〔あ行〕

ILO 行政裁判所 ····················· 181
アイスランド漁業管轄権事件 ······· 95
アジア開発銀行 ····················· 91
アパルトヘイト（人種隔離政策）··· 143
アフリカ統一機構（OAU）·· 90,121,175
アフリカ連合（AU）····· 90,121,175,206
アヘン条約 ························· 237
アラバマ号事件 ····················· 176
アラブ連盟 ····················· 175,206
アルカイダ ························· 261
ECE 越境環境影響評価条約 ········ 125
ECE 条約＝ECE 長距離越境大気汚
染条約 ··························· 119
EU →ヨーロッパ連合 ··············· 90
　──条約 ····················· 166
　──法の「直接適用性」·········· 166
　──法の「優位性」·············· 166
威厳説 ····························· 53
移住労働者権利条約＝移住労働者の
法的権利に関する条約 ······· 151,235
イスラム国（Islamic State,IS）
··························· 212,252
一般慣行 ····························· 5
一般的国際組織 ····················· 90
一方的措置 ························· 219
違法性阻却事由 ····················· 72

イラク戦争 ························· 252
インドネシア紛争 ··················· 203
ウィーン会議 ······················· 8
ウィーン宣言 ······················· 147
ウィルソン大統領 ··················· 23
ウエストファリア講和会議 ··········· 8
ウエストファリア条約 ·········· 80,158
ウエストファリア体制 ·············· 159
宇宙救助返還協定 ··················· 112
宇宙空間 ························· 110
　──平和利用委員会 ·············· 111
宇宙ゴミ（スペース・デブリ）····· 113
宇宙条約＝月その他の天体を含む宇
宙空間の探査及び利用における国
家活動を律する原則に関する条約
··························· 40,111
宇宙損害責任条約 ··················· 112
宇宙物体登録条約 ··················· 112
ウルグアイ・ラウンド ·············· 219
エチオピア侵略 ····················· 199
NGO ····················· 87,247,249
MOX 工場事件 ····················· 123
欧州復興開発銀行 ··················· 91
大平三原則 ························· 25
緒方貞子 ························· 234
沖ノ鳥島 ························· 108
オスロ条約の附属書を改正する議定
書 ····························· 130

オゾン層保護条約 ······ 119, 126, 127, 128

〔か行〕

外交官 ······························· 50
外交関係条約＝外交関係に関するウ
　ィーン条約 ·················· 44, 50
外交関係の樹立 ··················· 45
外交交渉 ························· 173
外交使節団の設置 ················ 50
外交職員 ························· 50
外交的庇護 ······················ 58
外交的保護 ······················ 65
　——権 ························· 76
外交特権 ······················ 53, 55
解釈宣言 ························· 29
開戦に関する条約 ················ 195
海賊行為 ························· 102
海洋航行の安全に対する不法な行為
　の防止に関する条約 ············ 245
海洋投棄規制オスロ条約 ·········· 130
海洋投棄規制ロンドン条約 ········ 130
海洋法に関する国際連合条約 ······ 98
カイロ宣言 ······················ 273
家屋税事件 ······················ 186
化学兵器禁止条約 ················ 259
核実験事件 ·············· 122, 127, 179
核テロ（リズム）防止条約 ···· 211, 246
核物質の防護に関する条約 ········ 245
核兵器の威嚇または使用の合法性
　······························· 259
家産国家観 ······················ 215
ガブチコヴォ・ナジュマロシュ計画
　事件 ························· 123

カリエール ······················ 23
カルタヘナ議定書 ················ 119
環境影響評価（EIA） ············· 125
勧告的意見 ······················ 178
監視付移転 ······················ 238
関税及び貿易に関する一般協定
　（GATT） ·············· 84, 133, 218
帰　化 ························· 140
気候変動枠組条約
　············ 119, 126, 127, 128, 132, 282
旗国主義 ························· 101
北大西洋条約機構（NATO） ···· 90, 206
機能（的必要）説 ················ 53
逆コンセンサス方式 ·············· 221
規約人権委員会 ·················· 153
旧敵国条項 ······················ 198
旧ユーゴ（スラビア）国際刑事裁判
　所（ICTY） ········· 60, 78, 182, 203, 266
旧ユーゴ紛争 ·············· 252, 265
強行規範 ························· 12
強制管轄受諾制度 ················ 178
強制失踪条約 ···················· 151
行政協定 ························· 25
行政取極 ························· 282
「強制連行」問題 ················ 271
強制労働に関するILO第29号条約
　······························· 272
共通だが差異ある責任 ············ 131
京都議定書 ·············· 44, 119, 128
京都メカニズム ·················· 132
拒否権 ························· 202
緊急避難 ························· 73
金銭賠償 ························· 77, 121

v

グアンタナモ米軍基地 …………… 261
クラスター爆弾 ………………… 249
「クリーン・スレート（clean slate）」
　理論 …………………………… 48
グレートベルト海峡通航事件 …… 122
グロティウス …………… 118,195,214
軍事的措置 ……………… 200,202,203
軍事目標主義 …………………… 260
経済協力開発機構（OECD）… 120,280
経済社会理事会決議 1503 ……… 150
経済連携協定（EPA）………… 225
刑事共助条約 …………………… 237
契約自由の原則 ………………… 12
契約上の債務回収のためにする兵力
　使用制限に関する条約 ………… 195
血統主義 ………………………… 139
原状回復 ………………………… 77
原子力事故援助条約 …………… 124
原子力事故通報条約 …………… 124
合意は拘束する（合意は守られなけ
　ればならない）（pacta sunt ser-
　vanda）………………………… 19,41
公　　海 …………………… 97,100
　──自由の原則 ………………… 97
　──使用の自由 ………………… 100
広義の難民 ……………………… 233
航空の危険を生じさせる行為等の処
　罰に関する法律 ………………… 285
交　　渉 ………………………… 76
交戦法規 ………………………… 255
高度回遊性魚類 ………………… 109
拷問等禁止条約＝拷問及び他の残虐
　な，非人道的な又は品位を傷つけ

る取扱い又は刑罰に関する条約
　……………………………… 151,232
国際違法行為 ………………… 62,67
国際衛生理事会 ………………… 83
国際会議 ………………………… 88
国際海底機構 …………………… 100
国際海洋法裁判所（ITLOS）…… 182
国際海洋法条約 ………………… 98
国際河川委員会 ………………… 82
国際慣習法 ……………………… 4
国際機関 ………………………… 87
国際行政裁判所 ………………… 181
国際行政連合 …………………… 84
国際刑事裁判所（ICC）……… 182,266
　──規程（ICC 規程）… 155,267,280
国際原子力機関（IAEA）……… 123
国際事実調査委員会 …………… 264
国際司法裁判所（ICJ）………… 177
　──規程 ………………………… 4
国際商取引における外国公務員に対
　する贈賄の防止に関する条約 … 241
国際審査 ………………………… 173
　──委員会 ……………………… 173
国際信託統治制度 ……………… 37
国際人道法 ……………………… 255
国際責任 ………………………… 62
国際捜査共助法 ………………… 237
国際組織 ………………………… 81
　──のアカウンタビリティー …… 92
　──犯罪防止条約 ……………… 234
国際調停 ………………………… 173
国際通貨基金（IMF）………… 92,216
国際電気通信連合（ITU）…… 84,91

国際犯罪組織 ················· 238

国際復興開発銀行 (IBRD) ····· 91,216

国際紛争の平和的解決に関するマニ
　ラ宣言 ···················· 172

国際紛争の平和的処理に関する一般
　議定書 ···················· 176

国際紛争平和的処理条約 ··· 172,173,176

国際法委員会 (ILC) ·········· 9,51,66

国際貿易機関 (ITO) ············· 216

国際法の強行規範 ················· 12

国際法の法源 ····················· 4

国際法の法典化 ··················· 7

国際捕鯨委員会 (IWC) ·········· 109

国際捕鯨取締条約 ··············· 109

国際民間航空機関 (ICAO) ········ 91

国際連合 (国連) ················· 86
　——平和維持活動等に対する協力
　に関する法律 ··············· 209

国際連盟 ······················· 85

国際労働機関 (ILO) ············· 85

国　籍 ························· 139
　——継続の原則 ··············· 76

国内管轄事項 ··············· 136,141

「国内事項不干渉」原則 ··········· 38

国内的救済完了の原則 ············· 76

国内難民 ······················ 233

国連海洋法条約→海洋法に関する
　国際連合条約

国連行政裁判所 ················· 181

国連公海漁業実施協定 ········ 109,126

国連国際組織犯罪防止条約＝国際的
　な組織犯罪の防止に関する国際連
　合条約 ···················· 239

国連食糧農業機関 (FAO) ·········· 84

国連難民高等弁務官事務所 ········ 233

「国連のある種の経費」に関する勧
　告的意見 ··················· 207

国連腐敗防止条約 ··············· 241

国連保護軍 (UNPROFOR) ······· 208

国連麻薬新条約＝麻薬及び向精神薬
　の不正取引の防止に関する国際連
　合条約 ···················· 237

個人通報制度 ··············· 153,154

コソボ空爆 ···················· 198

国家財産，債務および公文書の国家
　承継に関するウィーン条約 ······ 48

国家主権 ······················· 38

国家承継 ······················· 48

国家承認 ······················· 45

国家責任 ······················· 62
　——条文 ···················· 66

国家代表等保護条約 ············· 245

国家通報制度 ··················· 153

国家の3要素 ···················· 36

国家の基本権 ··················· 37

国家平等権 ····················· 41

子に対する扶養義務の準拠法に関す
　る条約 ···················· 284

混合仲裁委員会 ················· 176

コンゴ国連軍 (ONUC) ·········· 206

コンゴ紛争 ···················· 206

〔さ行〕

最恵国待遇 ···················· 218

在テヘラン米国大使館人質事件
　·················· 56,68,183

サイバー犯罪条約 …………………… 244
再発防止の保証 ……………………… 77
査証（ビザ）…………………………… 52
サティスファクション ……………… 78
サンクト・ペテルブルク宣言 …… 256
三十年戦争 …………………… 80,158
サンフランシスコ平和会議
………………… 8,261,263,266
サンフランシスコ平和条約
………………… 270,272,275
自　衛 ……………………………… 72
　――権 …………………………… 198
ジェイ条約 …………………………… 176
ジェノサイド条約 ………………… 180
　――適用事件 …………………… 78
事前協議 ……………………………… 124
事前通報 ……………………………… 124
事前同意 ……………………………… 124
持続可能な発展の原則 …………… 129
実効的国籍 …………………………… 140
自動執行条約 ……………… 168,284
自動執行力のある条約→自動執行条約
児童の権利条約＝児童の権利に関す
　る条約 ………………… 151,152
私法類推 ……………………………… 18
社会権規約＝経済的，社会的及び文
　化的権利に関する国際規約 … 26,143
自由海論 ……………………………… 96
自由権規約＝市民的及び政治的権利
　に関する国際規約 …… 27,140,143,277
重国籍 ………………………………… 140
周　旋 ………………………………… 173
集団安全保障 ……………………… 198

集団殺害（ジェノサイド）……… 146
集団的自衛権 ……………… 198,206
絨毯爆撃 ……………………………… 260
周辺事態法 …………………………… 29
自由貿易協定（FTA）…………… 225
自由貿易体制 ……………………… 215
シューマン・プラン ……………… 160
主　権 ……………………………… 136
「主権平等」原則 ………………… 38,41
出生地主義 …………………………… 139
ジュネーヴ諸条約 ………………… 256
　――第一追加議定書 …………… 257
　――第二追加議定書 …………… 257
ジュネーヴ法 ……………………… 256
小委員会（パネル）……………… 221
障害者権利条約 …………………… 151
上級委員会 ………………………… 222
常設国際司法裁判所（PCIJ）規程
……………………………… 177
常設仲裁裁判所 …………… 172,176
上部サヴォアとジェクス自由地帯事
　件 ……………………………… 30
条　約 ……………………………… 1
　――難民 …………………………… 233
　――の国家承継に関するウィーン
　条約 …………………………… 48
　――の無効原因 …………………… 13
　――は第三者を害しも益しもしな
　い（pacta tertiis nec nocent nec
　prosunt）…………………… 29
　――法条約 ……………………… 44
職務説 ………………………………… 53
女子差別撤廃条約＝女子に対するあ

らゆる形態の差別の撤廃に関する
　条約 ‥‥‥‥‥‥‥‥‥‥ *14,151*

ジョホール海峡事件 ‥‥‥‥‥‥ *123*

白樺（春暁）ガス田 ‥‥‥‥‥‥ *107*

深海底 ‥‥‥‥‥‥‥‥‥‥ *40,100*

　──制度実施協定 ‥‥‥‥‥‥ *100*

人権委員会 ‥‥‥‥‥‥‥ *143,148*

人権高等弁務官事務所 ‥‥‥‥ *151*

人権理事会 ‥‥‥‥‥‥‥‥‥ *150*

新興工業諸国（NICs）‥‥‥‥ *226*

真実和解委員会 ‥‥‥‥‥‥‥ *268*

人種差別撤廃条約＝あらゆる形態の
　人種差別の撤廃に関する国際条約
　‥‥‥‥‥‥‥‥‥‥‥‥‥‥ *151*

人身取引議定書 ‥‥‥‥‥‥‥ *234*

真正な関係 ‥‥‥‥‥‥‥‥‥ *101*

信託統治地域 ‥‥‥‥‥‥‥‥ *37*

人道的介入 ‥‥‥‥‥‥‥ *145,198*

新独立国 ‥‥‥‥‥‥‥‥‥‥ *48*

人　民 ‥‥‥‥‥‥‥‥‥‥‥ *35*

瀋陽日本総領事館事件 ‥‥‥‥ *57*

侵略行為 ‥‥‥‥‥‥‥‥‥‥ *200*

人類の共同の財産 ‥‥‥‥‥‥ *100*

スイスの永世中立制度 ‥‥‥‥ *31*

スエズ紛争 ‥‥‥‥‥‥‥ *203,206*

ストックホルム人間環境宣言
　‥‥‥‥‥‥‥ *115,117,120,126*

ストラドリング魚種及び高度回遊性
　魚種の保存及び管理に関する
　1982年12月10日の国連海洋法
　条約の規定の実施に関する協定→
　国連公海漁業実施協定

ストラドリング魚類 ‥‥‥‥‥ *109*

全ての形態の有害廃棄物のアフリカ
　への輸入の禁止およびアフリカで
　生じた有害廃棄物の国境を越える
　移動の規制に関するバマコ条約
　‥‥‥‥‥‥‥‥‥‥‥‥‥‥ *128*

正戦論 ‥‥‥‥‥‥‥‥‥‥‥ *194*

正当防衛 ‥‥‥‥‥‥‥‥‥‥ *72*

政　府 ‥‥‥‥‥‥‥‥‥‥‥ *35*

　──間（国際）組織 ‥‥‥‥ *87*

　──承認 ‥‥‥‥‥‥‥‥‥ *47*

　──承認の廃止傾向 ‥‥‥‥ *47*

生物多様性条約 ‥‥‥ *119,126,127*

生物毒素兵器禁止条約 ‥‥‥‥ *259*

セーフガード（緊急輸入制限）‥‥ *223*

世界気象機関（WMO）‥‥‥‥ *91*

世界銀行→国際復興開発銀行
　──行政裁判所 ‥‥‥‥‥‥ *181*

世界人権宣言 ‥‥‥‥‥‥‥‥ *143*

世界知的所有権機関（WIPO）‥‥ *84*

世界貿易機関（WTO）‥‥‥ *84,133,220*

世界保健機関（WHO）‥‥‥‥ *84,91*

接続水域 ‥‥‥‥‥‥‥‥‥‥ *99*

尖閣諸島 ‥‥‥‥‥‥‥‥‥‥ *278*

全権委任状 ‥‥‥‥‥‥‥‥‥ *22*

戦時復仇 ‥‥‥‥‥‥‥‥‥‥ *263*

船　籍 ‥‥‥‥‥‥‥‥‥‥‥ *101*

戦　争 ‥‥‥‥‥‥‥‥‥‥‥ *194*

　──に至らざる武力行使 ‥‥ *196*

選択条項 ‥‥‥‥‥‥‥‥‥‥ *28*

専門機関 ‥‥‥‥‥‥‥‥‥‥ *89*

専門的国際組織 ‥‥‥‥‥‥‥ *90*

相当の注意（due diligence）‥‥‥ *70*

遭　難 ‥‥‥‥‥‥‥‥‥‥‥ *73*

相隣関係の法理 …………………… 116

ソフト・ロー ……………………… 120

〔た行〕

第一追加議定書→ジュネーヴ諸条約
　　第一追加議定書

第一回赤十字条約 ………………… 256

対抗措置 …………………………… 72

第五福竜丸事件 …………………… 64

対人管轄権 ………………………… 138

対人地雷禁止条約＝対人地雷の使用,
　　貯蔵, 生産及び移譲の禁止並びに
　　廃棄に関する条約 ………… 248,258

大西洋憲章 ………………………… 273

対世的義務 …………………… 188,189

対テロ戦争 ………………………… 252

第二次国連ソマリア活動
　　（UNOSOM II） ………………… 208

第二追加議定書→ジュネーヴ諸条約
　　第二追加議定書

代表（性）説 ……………………… 53

逮捕状事件 ………………………… 60

大陸間弾道ミサイル（ICBM） …… 112

大陸棚 ……………………………… 107

　　──条約 ……………………… 32

竹　島 ……………………………… 277

多国籍軍 …………………………… 208

タラ戦争 …………………………… 95

単一ヨーロッパ議定書 …………… 162

地域的機関 ………………………… 205

地域的国際組織 …………………… 90

地域的人権条約 …………………… 155

地域的取極 …………………… 175,205

チェチェン紛争 …………………… 252

チェルノブイリ原子力発電所
　　…………………………… 117,123

治外法権説 ………………………… 53

仲　介 ………………………… 76,173

仲裁裁判 …………………………… 176

朝鮮国連軍 ………………………… 208

調　停 ……………………………… 76

通商航海条約 ……………………… 215

通商の自由 ………………………… 215

月協定＝月その他の天体に関する条
　　約 …………………………… 111

敵性戦闘員 ………………………… 262

テロ資金供与防止条約 …………… 245

同　意 ……………………………… 72

東京裁判＝極東国際軍事裁判 …… 272

東京宣言 …………………………… 275

東京ラウンド ……………………… 219

等距離原則 ………………………… 32

投資紛争解決国際センター（ICSID）
　　…………………………………… 182

東南アジア諸国連合（ASEAN） …… 90

逃亡犯罪人引渡法 ………………… 237

毒ガス等の禁止に関する議定書 … 258

特定通常兵器使用禁止制限条約 … 248

特別協定 …………………………… 202

特別多数決制 ……………………… 164

ドッガー・バンク事件 …………… 173

富丸事件 …………………………… 106

トリー・キャニオン号事件 ……… 73

トルーマン宣言 …………………… 98

トレイル熔鉱所事件 ……………… 116

事項索引

〔な行〕

内国民待遇 ………………………… 218
内政干渉 …………………………… 137
ナミビア事件 ……………………… 188
南極条約 …………………………… 40
　——議定書 ………………… 125, 126, 127
南西アフリカ事件〔第2段階〕
　………………………………… 75, 127
難民議定書 ………………………… 232
難民条約＝難民の地位に関する条約
　…………………………………… 232
難民の地位に関する条約 ………… 152
ニカラグア事件＝ニカラグアに対す
　る軍事的および準軍事的活動事件
　………………………… 179, 184, 197
ニコルソン ………………………… 24
日米安全保障条約 ……………… 29, 206
日華平和条約 ……………………… 270
日韓基本関係条約 ………………… 271
日韓漁業協定 ……………………… 105
日韓請求権協定 …………………… 272
日ソ共同宣言 …………………… 270, 275
日中共同声明 …………………… 270, 272
日中漁業協定 ……………………… 106
日中平和友好条約 ………………… 270
任意規範 …………………………… 12
人間の安全保障 …………………… 210
ノン・ルフルマンの原則 ………… 232

〔は行〕

ハーグ国際法典編纂会議 ………… 8
ハーグ条約＝航空機の不法な奪取に

関する条約 ………………… 177, 245
ハーグ平和会議 …………………… 8, 172
ハーグ法 …………………………… 256
ハーグ陸戦条約 ………………… 256, 272
バーゼル条約 …………… 124, 126, 127, 130
灰色措置 …………………………… 219
賠償（reparation） ………………… 77
排他的経済水域 …………………… 99
爆弾テロ防止条約 ………………… 246
ハマーショルド …………………… 201
パリ条約＝ヨーロッパ石炭鉄鋼共同
　体設立条約 ……………………… 160
パリ不戦条約→不戦条約
バルセロナ・トラクション事件
　（第2段階） ……………………… 144
パレスティナ戦争 ………………… 203
パレスティナの壁事件 …………… 189
ハンガリー動乱 …………………… 203
判　決 ……………………………… 178
万国郵便連合（UPU） …………… 84, 90
犯罪人引渡条約 …………………… 237
PKO参加五原則 ………………… 210
被害国 ……………………………… 74
東ティモール事件 ………………… 188
引渡犯罪 …………………………… 246
非軍事的措置 …………………… 200, 203
庇護権 ……………………………… 58
庇護事件 …………………………… 58
批　准 ……………………………… 22
人質をとる行為に関する国際条約
　………………………………… 245
ピノチェト事件 …………………… 59
不可抗力 …………………………… 73

xi

父系主義 …………………… 140
不審船 ……………………… 102
不戦条約＝戦争放棄に関する条約
　………………………… 26,86,196
腐敗に関する刑事条約 ……… 241
不平等条約 …………………… 43
普遍的国際組織 ……………… 89
武力行使禁止原則 …………… 197
武力紛争における子どもの関与に関
　する選択議定書 …………… 263
武力紛争法 …………………… 255
ブレトン・ウッズ体制 ……… 216
文民条約 ……………………… 262
文明国 ………………………… 36
　――が認めた法の一般原則 ……… 4
閉鎖海論 ……………………… 96
米州開発銀行 ………………… 91
米州機構（OAS） ……… 90,175,206
米州人権条約 ………………… 181
平和維持活動（PKO） …… 62,204,207
平和に対する脅威 ………… 200,202
「平和のための結集」決議 …… 205,206
平和の破壊 ………………… 200,202
ヘーグ条約→ハーグ条約
ベーリング海オットセイ事件 …… 116
ベネルクス関税同盟 ………… 160
ヘルシンキ最終議定書 ……… 175
ベルリン封鎖 ………………… 203
便宜置籍 ……………………… 101
ヘンキン ……………………… 21
ベンサム ……………………… 7
包括承継 ……………………… 48
砲艦外交 ……………………… 43

法　源 ………………………… 4
豊進丸事件 …………………… 106
法整備支援 …………………… 156
法的確信→法的信念
法的信念 ……………………… 5
法典化 ………………………… 7
法の下の平等 ………………… 42
補完性の原則 ………………… 268
捕鯨事件 ……………………… 190
ボゴタ憲章 …………………… 175
北海大陸棚事件判決 ………… 32
ポツダム宣言 ………………… 275
北方領土 ……………………… 273
ボパール事件 ………………… 131
捕虜条約 ……………………… 261

〔ま行〕

まぐろ輸入制限事件 ………… 134
麻薬単一条約 ………………… 237
密入国議定書 ………………… 234
みなみまぐろ事件 ………… 123,186
みなみまぐろ保存委員会 …… 186
みなみまぐろ保存条約 ……… 186
ミロシェビッチ ……………… 60
民族自決 ……………………… 36
　――権 ……………………… 144
「民族浄化」（ethnic cleansing）政
　策 ………………………… 253,265
無害通航権 …………………… 103
無国籍 ………………………… 140
　――の減少に関する条約 ……… 140
無差別戦争観 ………………… 195
無主地 ………………………… 36

明示的承認 ……………………… 46

黙示的承認 ……………………… 46

モントリオール議定書 ………… 119

モントリオール条約＝民間航空の安
全に対する不法な行為の防止に関
する条約 ………… 180,211,245,285

〔や行〕

ヤルタ協定 ……………………… 275

友好関係原則宣言＝国際連合憲章に
従った諸国間の友好関係および協
力についての国際法の原則に関す
る宣言 ……………………………… 38

ユーロ …………………………… 163

輸出自主規制 …………………… 219

ユネスコ（国際連合教育科学文化機
関；UNESCO）………………… 90

ヨーロッパ安全保障協力会議
（CSCE）……………………… 175

ヨーロッパ安全保障協力機構
（OSCE）………………… 90,175

ヨーロッパ議会 ……………… 162,164

ヨーロッパ共通市場 …………… 162

ヨーロッパ共同体（EC）………… 161

ヨーロッパ経済共同体（EEC）…… 161

ヨーロッパ原子力共同体（EUR-
ATOM または EAEC）………… 161

「ヨーロッパ憲法」草案 ………… 165

ヨーロッパ司法裁判所 ………… 182

ヨーロッパ首脳会議 …………… 162

ヨーロッパ審議会 ………………… 90

ヨーロッパ人権委員会 ………… 155

ヨーロッパ人権裁判所 ………… 155

ヨーロッパ人権条約 ………… 155,181

ヨーロッパ・ダニューブ委員会 …… 82

ヨーロッパ中央銀行（ECB）……… 163

ヨーロッパ連合（EU）………… 90,162

──条約（EU 条約）＝マースト
リヒト条約 ……………………… 162

ヨハネスブルグ宣言 ………… 117,129

予防原則 ………………………… 126

予防的アプローチ ……………… 126

〔ら行〕

ライアビリティー（賠償責任）に関
する条文草案 ………………… 122

ライン河中央委員会 ……………… 82

ラヌー湖事件 …………………… 122

利益保護国 ……………………… 264

リオ宣言＝環境と開発に関するリオ
宣言 ………… 117,120,126,129,131

陸戦規則 ………………………… 256

陸戦の法規慣例に関する条約→ハーグ
陸戦条約

リスボン条約 …………………… 165

留 保 ……………………………… 26

領域管轄権 ……………………… 138

領域主権 ………………………… 39

領域的庇護 ……………………… 58

領 海 ………………………… 39,97,98

──侵犯 ………………………… 95

領 空 …………………………… 39

──主権 ……………………… 110

──侵犯 …………………… 95,110

両系主義 …………………… 140,141

領事官 …………………………… 52

xiii

事項索引

領事関係条約＝領事関係に関する
　ウィーン条約 ·················· *44,51*
領事特権 ························ *54,55*
領事任務 ···························· *52*
領　土 ·························· *35,39*
　──不拡大原則 ················ *275*
両立性の原則 ······················ *28*
旅券（パスポート） ················ *52*
ルソー ···························· *255*
ルワンダ国際刑事裁判所（ICTR）
　···················· *182,203,266*
レインボー・ウォーリア号事件

　······························ *73,77*
劣化ウラン弾 ···················· *258*
ローデシア問題 ·················· *203*
ローマ条約 ·················· *161,166*
ロカルノ条約 ······················ *86*
ロッカビー事件 ·················· *203*

〔わ行〕

枠組条約 ·························· *118*
ワシントン条約 ········· *126,127,182*
ワルシャワ条約機構 ·············· *206*

xiv

〈編者紹介〉

植木 俊哉（うえき・としや）
 1960 年 大分市に生れる
 1983 年 東京大学法学部卒業
 現 在 東北大学理事，大学院法学研究科教授

〈主要著書・論文等〉
『基本論点国際法（改訂版）』（法学書院，1998 年），「国際テロリズムと国際法理論」『国際法外交雑誌』105 巻 4 号（2007 年），「東日本大震災と福島原発事故をめぐる国際法上の問題点」『ジュリスト』1427 号（2011 年），『グローバル化時代の国際法』（信山社，2012 年）（編著），「自然災害と国際法の理論」『世界法年報』32 号（2013 年），「国際組織による感染症対策に関する国際協力の新たな展開」『国際問題』642 号（2015 年）ほか。

ブリッジブック国際法〔第 3 版〕
〈ブリッジブックシリーズ〉

2003（平成 15）年 6 月 30 日	第 1 版第 1 刷発行	2306-0101
2009（平成 21）年 2 月 23 日	第 2 版第 1 刷発行	2325-0201
2016（平成 28）年 4 月 21 日	第 3 版第 1 刷発行	2354-0301

編　者	植　木　俊　哉
発行者	今　井　　　貴
	渡　辺　左　近
発行所	信山社出版株式会社

〒113-0033 東京都文京区本郷 6-2-9-102
電　話　03（3818）1019
ＦＡＸ　03（3818）0344

Printed in Japan.
©植木俊哉，2016. 印刷・製本／暁印刷・渋谷文泉閣

ISBN978-4-7972-2354-5　C3332
NDC　329.001　国際法

さあ，法律学を勉強しよう！

　サッカーの基本。ボールを運ぶドリブル，送るパス，受け取るトラッピング，あやつるリフティング。これがうまくできるようになって，チームプレーとしてのスルーパス，センタリング，ヘディングシュート，フォーメーションプレーが可能になる。プロにはさらに高度な「戦略的」アイディアや「独創性」のあるプレーが要求される。頭脳プレーの世界である。

　これからの社会のなかで職業人＝プロとして生きるためには基本の修得と応用能力の進化が常に要求される。高校までに学んできたことはサッカーの「基本の基本」のようなものだ。これから大学で学ぶ法律学は，プロの法律家や企業人からみればほんの「基本」にすぎない。しかし，この「基本」の修得が職業人の応用能力の基礎となる。応用能力の高さは基本能力の正確さに比例する。

　これから法学部で学ぶのは「理論」である。これには２つある。ひとつは「基礎理論」。これは，政治・経済・社会・世界の見方を与えてくれる。もうひとつは「解釈理論」。これは，社会問題の実践的な解決の方法を教えてくれる。いずれも正確で緻密な「理論」の世界だ。この「理論」は法律の「ことば」で組み立てられている。この「ことば」はたいへん柔軟かつ精密につくられているハイテク機器の部品のようなものだ。しかしこの部品は設計図＝理論の体系がわからなければ組み立てられない。

　この本は，法律の専門課程で学ぶ「理論」の基本部分を教えようとするものだ。いきなりスルーパスを修得はできない。努力が必要。高校までに学んだ「基本の基本」を法律学の「基本」に架橋（ブリッジ）しようというのがブリッジブックシリーズのねらいである。正確な基本技術を身につけた「周りがよく見える」プレーヤーになるための第一歩として，この本を読んでほしい。そして法律学のイメージをつかみとってほしい。

　さあ，21世紀のプロを目指して，法律学を勉強しよう！

　　2002 年 9 月

　　　　　　　　　　　信山社『ブリッジブックシリーズ』編集室

芹田健太郎 編集代表

コンパクト学習条約集〔第2版〕　　　1,000円

芹田健太郎・薬師寺公夫・坂元茂樹 著

ブリッジブック国際人権法　　　　　2,500円

柳原正治・森川幸一・兼原敦子 編

プラクティス国際法講義〔第2版〕　3,800円

小松一郎 著

実践国際法〔第2版〕　　　　　　　5,000円

（本体価格）

信 山 社

———————— 判例プラクティス・シリーズ ————————

憲法判例研究会 編
（執筆　淺野博宣・尾形健・小島慎司・
宍戸常寿・曽我部真裕・中林暁生・山本龍彦）
判例プラクティス憲法〔増補版〕　　　3,880円

松本恒雄・潮見佳男 編
判例プラクティス民法Ⅰ　総則・物権　　3,600円
判例プラクティス民法Ⅱ　債権　　　　　3,600円
判例プラクティス民法Ⅲ　親族・相続　　2,800円

成瀬幸典・安田拓人 編
判例プラクティス刑法Ⅰ　総論　　　　　4,000円

成瀬幸典・安田拓人・島田聡一郎 編
判例プラクティス刑法Ⅱ　各論　　　　　4,480円

（本体価格）
———————— 信 山 社 ————————